Carl-Albrecht v. Treuenfels

Unter Pandas und Pinguinen

Reportagen aus der bedrohten Natur

Sämtliche Abbildungen: Carl-Albrecht v. Treuenfels

Rasch und Röhring Verlag

Inhalt

Vorwort

Von den Bambuswäldern Chinas bis zu den Falkland-Inseln schlägt dieses Buch einen weiten geographischen Bogen – daher sein Titel. Als ich es schrieb und die Bilder aus Abertausenden von Diapositiven auswählte – wegen des begrenzten Platzes unter Verzicht auf viele mir am Herzen liegende Motive –, tauchten zahllose Erlebnisse in meiner Erinnerung auf. Begegnungen mit Menschen und Tieren wurden wieder lebendig, Landschaften erschienen vor meinem inneren Auge und auf dem Leuchttisch. Ich empfand Laute und Düfte aufs neue, spürte Stimmungen und Gedanken von einst nach. Beim Lesen von Tagebuchaufzeichnungen veränderte sich auch manche Erinnerung. Die eine oder andere Begebenheit hatte sich doch etwas anders zugetragen, als sie sich im Lauf der Jahre in meinem Kopf festgesetzt und mit der Zeit gewandelt hatte.
Doch eins hat sich in der Spanne von rund zehn Jahren, in der ich die meisten der auf den folgenden Seiten in Auszügen beschriebenen Reisen unternommen habe, nicht verändert: die Begeisterung für die Natur und der Wunsch, sich für ihren Schutz einzusetzen.
In fast allen Ländern, über die ich in diesem Buch berichte, habe ich mich mehrfach längere Zeit aufgehalten. Die Eindrücke, Aufzeichnungen und Bilder aus jedem dieser Länder könnten ein Buch für sich oder zumindest viel mehr Seiten, als es in einem einzelnen Buch möglich ist, füllen. Doch ich wollte einen bunten Querschnitt bieten, um wenigstens einen Hauch von der Vielfalt der Natur und insbesondere der Tierwelt auf unserer Erde wiederzugeben. Wohl wissend, daß die Auswahl unzulänglich und oftmals zufällig ist, daß die dargestellten Erlebnisse oder die Schilderung von Zuständen immer nur einen Teil wiedergeben können und die Sicht sehr persönlich ist, habe ich mich an die Zusammenstellung gewagt. In einigen Fällen habe ich auf zuvor von mir veröffentlichte Beiträge in Zeitungen und Zeitschriften zurückgegriffen, diesen aber vieles hinzugefügt und sie aktualisiert.
Trotz der Erweiterung des ursprünglich geplanten Umfangs um etwa ein Viertel, wofür ich meinem Verlag sehr dankbar bin, bleibt am Ende doch ein Gefühl, als hätte ich nur einen Bruchteil dessen »untergebracht«, was ich mir vorgenommen hatte. Aber so ist es auch bei vorausgegangenen Büchern stets gewesen. Europa ist diesmal ganz »außen vor« geblieben, nicht zuletzt deshalb, weil ich mich an anderer Stelle wiederholt mit europäischen, insbesondere mit deutschen Naturschutzanliegen beschäftigt habe. Außerdem gibt es dazu eine Fülle von Veröffentlichungen vieler sachkundiger Autoren.
Oft werde ich gefragt, welches Land mir auf meinen vielen Reisen am besten gefallen habe, welches mein aufregendstes Erlebnis gewesen sei oder wie mein Lieblingstier heiße. Ich kann darauf keine eindeutige Antwort geben. Was das Lieblingstier betrifft, so ist es immer dasjenige, das ich gerade sehe oder fotografiere – mit wenigen Ausnahmen. Mit den Ländern ist es ähnlich, und einige mich besonders berührende Naturerlebnisse schildere ich in diesem Buch.
Manches »Abenteuer« ist gar nicht so sehr mit den Tieren als vielmehr auf dem Weg zu ihnen zu bestehen. So werde ich nie vergessen, wie ich im Nordosten Chinas um zwei

Uhr morgens, schwer bepackt, allein auf einem kleinen Bahnhof aus dem Zug stieg und vergebens nach einer Person Ausschau hielt, die mich hier abholen sollte. Statt dessen umringten mich nach dem Betreten des Bahnhofsgebäudes von Keitong Dutzende von chinesisch sprechenden Menschen, die mich für einen Besucher von einem anderen Stern, zumindest aber für eine am falschen Ort ausgestiegene »Langnase« hielten und in mir unverständlichen Worten auf mich einredeten oder mich anschrien. Zehn Stunden lang fühlte ich mich völlig verloren und schalt mich wegen meiner immer wieder aufkommenden Lust, in völlig abgelegene Gebiete vorzudringen, um dort die Natur und die in und mit ihr lebenden Menschen kennenzulernen.

Doch nach dem Durchstehen banger Stunden der Ungewißheit, in denen Zeichen und Zeichnungen die einzigen Mittel der Verständigung waren, nach dem Verbringen der Nacht auf dem Bahnhof unter immer zahlreicheren neugierigen Augen und der späteren Verfrachtung in das einzige Hotel durch Polizisten klärte sich am Nachmittag alles. Ein Mißverständnis und eine Überschwemmung hätten dazu geführt, daß ich sogar in Verdacht geraten sei, mich unerlaubt im Lande zu bewegen. Nach guter chinesischer Tradition nie um eine Ausrede verlegen, erklärten mir das später meine Gastgeber, bevor wir zu einer achtstündigen Autofahrt über grundlose Wege in ein Naturschutzgebiet aufbrachen, wo mich herrliche Naturerlebnisse und köstliche Fischgerichte erwarteten.

Neben der Unterhaltung soll dieses Buch für den Naturschutz werben. Mit einer Mischung aus Sachinformationen und persönlichen Eindrücken, nicht zuletzt natürlich auch mit den vielen Fotos, möchte ich bei möglichst vielen Menschen Interesse wecken, dem Motto entsprechend: Nur was ich kenne, schätze ich, und was ich schätze, schütze ich – direkt oder indirekt. Es wäre schon viel gewonnen, wenn das Buch dazu beitragen würde, die Aufgaben und Ziele des Naturschutzes und der sich weltweit für ihn einsetzenden Menschen und Organisationen zu verbreiten und dafür Unterstützung zu gewinnen. In materieller Hinsicht ist das ganz unmittelbar durch einen im Kaufpreis enthaltenen Spendenanteil für den WWF – World Wide Fund for Nature – gewährleistet.

Beim Zustandekommen dieses Buches, vor allem vieler Fotos, haben mir über die Jahre viele Menschen geholfen, denen ich mich dankbar verbunden fühle. Neben den Freunden und Freundinnen, die mich auf mancher meiner Reisen begleitet haben, neben den vielen amtlichen und privaten Naturschützern, die meine Unternehmungen in allen Ländern mit Rat und Tat gefördert haben, neben der Lufthansa, die mich im Rahmen ihres Naturschutz- und Umweltschutzengagements zu den meisten meiner Reiseziele großzügig befördert hat, neben Hans-Helmut Röhring, Peter Albers und den anderen Angehörigen des Rasch und Röhring Verlages und neben Monika Holl, die einen Großteil der Manuskripte an ihrem PC in eine saubere Form gebracht hat, danke ich besonders meiner Frau, die mit viel Geduld, Rat und Aufmunterung den Entstehungsprozeß des Buches begleitet hat. Ihr und meinen verstorbenen Eltern, die mir seit frühester Jugend »freie Bahn für die Natur« gelassen haben, widme ich dieses Buch.

Carl-Albrecht von Treuenfels

Im Revier von Bärenkatze, Rindergemse, Streifengans und Mandschurenkranich

Da haben wir alle drei Raritäten der chinesischen Wildbahn auf einen Blick vor uns: den Großen Panda, den Takin und die Goldstumpfnase. Dahinter, von einem leichten Wolkenschleier verhangen, erheben sich die Berge gleich zweimal. Zunächst auf dem gut zehn Quadratmeter großen Bild mit der gelungenen Darstellung der drei Tiere neben der Einfahrt zum 40 000 Hektar großen Reservat *Tangjiahe* im Norden der Provinz Sichuan. Wenige hundert Meter weiter verhüllen sich die Gipfel des Min-Gebirges (Min Shan) sehr viel stärker im Nebel als auf der eindrucksvollen Tafel, die den Ankömmling in chinesischer Schrift darauf hinweist, daß das Jagen im Schutzgebiet verboten ist.
Wir haben zwar vor, hier auf die Jagd zu gehen, doch auf friedliche Art: mit dem Fernglas und mit der Kamera. Und wir hoffen, diesmal (noch) mehr Glück zu haben als im vergangenen Jahr. Im Sommer zuvor sahen wir hier immerhin den ersten Großen Panda in freier Wildbahn, wenngleich die Begegnung nur kurz war. Um wieviel aufregender ein Zusammentreffen mit dem »Bambusbär« wenige Tage später werden soll, können wir jetzt, im Angesicht des Bildes, noch nicht ahnen. Genausowenig ist vorauszusehen, daß wir reichlich Gelegenheit erhalten werden, eines der geheimnisvollsten Säugetiere der chinesischen Bergwelt kennenzulernen: den Takin.

Gut acht Stunden haben wir mit dem Auto der Forstbehörde für die 350 Kilometer von Sichuans Hauptstadt Chengdu bis hierher gebraucht. Auf der Fahrt lernen wir eine Menge über Chinas gegenwärtige Umweltprobleme. Fast zwei Stunden dauert es, bis wir uns aus dem Verkehrsgewühl der Stadt und der weit ins Vorland reichenden Ausfallstraßen befreit haben. Kilometer um Kilometer geht es auch später in der fruchtbaren Ebene zunächst nur im Schrittempo auf einer viel zu engen Fahrbahn voran. Sie wird aber immerhin von dicht nebeneinander gepflanzten, etwa zwanzigjährigen Pappeln gesäumt. Das Wasser im Graben daneben lädt nicht gerade zum Baden ein.
Immer wieder stehen wir in den von Lastwagen, Bussen und Motorkarren ausgestoßenen Abgaswolken und versuchen herauszufinden, warum es nicht wenigstens auf einer der beiden Straßenseiten vorangeht. Nur die vielen Radfahrer und Fußgänger bleiben in Bewegung. Selbst die zumeist überladenen und von zwei oder drei Männern gezogenen Handwagen sind eingekeilt. Bis sich auf wundersame Weise plötzlich der von Qualm und Staub überlagerte Heerwurm rührt. Man ist schon dankbar, wenn es auf der Gegenfahrbahn weitergeht, denn das läßt Hoffnung für die eigene Seite aufkommen. Wer auf Chinas Straßen unterwegs ist, muß Zeit haben. Insbesondere zwischen elf und dreizehn Uhr, wenn die Fahrer ihre Lastwagen ohne viel Rücksicht auf den fließenden Verkehr vor einem der zahlreichen kleinen Gasthäuser am Straßenrand abstellen.
Je weiter wir nach Norden kommen, desto leerer und unbefestigter werden die Straßen. Die Mehrzahl der mehr als 100 Millionen Einwohner Sichuans, Chinas bevölkerungsreichster Provinz, drängt sich in der fruchtbaren Ebene nordwestlich des 6300 Kilometer langen Yangtze-Flusses mit seinen zahlreichen Nebenflüssen zusammen. Pro Kopf der Bevölkerung stehen weniger als 700 Quadratmeter ackerfähigen Bodens zur Ver-

fügung. Jede neue Straße verschlechtert dieses Verhältnis ebenso wie jeder weitere Geburtenüberschuß, den es trotz der Ein-Kind-Regelung gibt.

Zusätzliche landwirtschaftliche Flächen sind kaum mehr zu erschließen: Je weiter wir in die Berge kommen, desto halsbrecherischer legen die Bauern ihre Felder an den steilen Hängen an. Selbst dort, wo sich nur wenige Quadratmeter zur Bestellung eignen, bauen sie Raps oder Kartoffeln an. Mit einer Kiepe Dung auf dem Kopf oder mit zwei Körben an einer Stange auf der Schulter sehen wir Frauen, Männer und auch Kinder auf dem beschwerlichen Weg nach oben. Der Anstieg zu manchem der Feldchen mag mehr als eine Stunde dauern.

Nicht nur einmal können wir an den Berghöhen erkennen, wie Menschen neue Terrassen anlegen und Buschwald roden. Der Gewinn weniger Quadratmeter muß hier in der Regel teuer bezahlt werden: Die Bodenerosion ist eines der größten Probleme in China. Seit 1957 hat das drittgrößte Land der Erde, dessen Bevölkerung sich in den vergangenen 35 Jahren auf über eine Milliarde Menschen verdoppelt hat, etwa zehn Prozent seiner Ackerfläche durch Erosion und Erschließung verloren. Durchschnittlich waren es pro Jahr 520 000 Hektar.

Einige mühsam dem Berg abgerungene Parzellen sind mitunter schon nach einer Ernte von einem starken Regenguß »abgewaschen«. Selbst Büsche und Bäume können dann nicht mehr Wurzeln schlagen. Der Verlust von Wald schreitet rapide voran. Der alljährlich am 12. März unter Beteiligung aller Politiker stattfindende »Baumpflanztag«, an dem jeder Chinese mindestens einen Baum pflanzen soll, kann dafür keinen Ausgleich bringen. Viele der an diesem Tag in die Erde gesteckten Pappelschößlinge vertrocknen bald oder werden schon nach wenigen Jahren abgeschnitten. Natürliche Wälder sind mit derartigen kosmetischen Bemühungen nicht wiederzugewinnen. Gleichwohl sind Wiederaufforstungsprogramme, nicht zuletzt mit bundesdeutscher Unterstützung, die einzige Möglichkeit, die besonders in den letzten 30 Jahren angerichteten Schäden wenigstens teilweise auszugleichen, wenn auch nur quantitativ. In Sichuan schrumpfte der Waldanteil während dieser Zeitspanne um knapp ein Drittel; die einst mit tropischen Urwäldern reichgesegnete Provinz Yunnan im Südwesten büßte gar 45 Prozent ein.

Am Eingang vieler chinesischer Naturschutzgebiete wird der Besucher darauf hingewiesen, daß die Jagd und die Beeinträchtigung von Pflanzen und Tieren verboten sind – so auch im Reservat von Tangjiahe *im Norden der Provinz Sichuan. In der Praxis mangelt es häufig noch an konsequenten Schutzmaßnahmen durch die Behörden. Nationalparke gibt es in China bisher nicht.*

Der Takin, eine »Mischung aus Gemse, Gnu und Moschusochse«, gehört zu den noch unvollständig erforschten Bewohnern der nordwestchinesischen Berge. Hier stärkt sich ein Bulle an einem Rhododendronbusch, der von Bambus umgeben ist.

Die Spuren großflächiger Kahlschläge sind auch unübersehbar, als wir den Schlagbaum am Eingang zum Reservat *Tangjiahe* hinter uns lassen und etwa zehn Kilometer dem Fluß Bei Lu zum Sitz der Verwaltung in Maoxiangba folgen. Das »Headquarter«, 1490 Meter hoch gelegen, war bis 1978 die Zentrale der Holzfäller. Zwischen 1960 und 1978 arbeiteten von hier aus zeitweise gut 1000 Menschen und holten aus einer Höhe von bis zu 2200 Metern alles verwertbare Holz herunter. Ausgewählte Bäume wurden, sofern sie zugänglich und abtransportierbar waren, auch noch höher geschlagen.

Als sich nach 1976, mit dem Ende der Kulturrevolution, in China neue politische Strömungen bemerkbar machten, bekam auch das Wort »Naturschutz« langsam konkrete Bedeutung. Noch bevor in den meisten Provinzen in den Jahren 1979 und 1980 Umweltschutzbüros eingerichtet wurden, mußten die Holzfäller das Tal und die Hänge von Tangjiahe im Landkreis Qingchuan verlassen: Das Gebiet wurde – zunächst auf einer Fläche von 28 000 Hektar – zum Naturschutzgebiet auf Provinzebene erklärt.

Während der fast zwanzigjährigen Ausbeutung der Berge entlang der Grenze zur Provinz Gansu hatte zwar auch die Tierwelt Einbußen erlitten, doch es gab noch einen annehmbaren Bestand von Großen Pandas, von Kragenbären (*Ursus tibethanus*), von Takins, Moschustieren und Goldstumpfnasen. Unter den 90 bisher festgestellten Säugetierarten sind auch der Leopard und der Otter mit wenigen Exemplaren vertreten. Gut 200 Vogelarten zieren die Einwohnerliste von *Tangjiahe*. Unter den etwa 2000 Pflanzenarten gelten etliche als gefährdet und selten.

Dem Großen Panda, dem Takin und der Goldstumpfnase, dem »Goldenen Affen«, verdankt *Tangjiahe* die Anerkennung als nationales Naturschutzgebiet im Jahr 1986. Diese drei als selten und wertvoll (»rare and precious« ist eine offizielle Bezeichnung in der chinesischen Naturschutzterminologie) geltenden Arten haben höchste Priorität auch bei den Behörden in Peking.

Der Große Panda – seit 1961 Wappentier der internationalen Naturschutzorganisation WWF (World Wide Fund for Nature) –, mittlerweile nicht nur zum weltweiten Naturschutzsymbol schlechthin, sondern auch zum Wahrzeichen Chinas geworden, steht dabei mit weitem Abstand ganz oben auf der Liste, obwohl er mit seinen schätzungsweise 800 bis 1100 freilebenden Vertretern vielleicht noch häufiger vorkommt als manche andere der 450 in China heimischen Säugetierarten mit rund 1000 Unterarten. Unter den 1186 bisher in China festgestellten Vogelarten – knapp 14 Prozent der auf der Erde existierenden etwa 9000 Arten – haben, neben anderen, einige der zehn in China lebenden Fasanenarten und mehrere der neun hier als Brutvogel oder als Wintergast vorkommenden Kranicharten die besondere Aufmerksamkeit der Naturschützer auf sich gezogen.

Seit 1983 gibt es eine Betreuung und Verwaltung des Naturschutzgebietes. Die Verwalter, Wächter und Wissenschaftler sind die einzigen Menschen, die ständig innerhalb der Reservatsgrenzen leben. Das ist in China eine Ausnahme, denn die meisten der gut 650 nationalen und regionalen Naturschutzgebiete werden von Menschen, zumeist Bauern, bewohnt. In *Tangjiahe* ist dem Pekinger Forstministerium, in Zusammenarbeit mit den Behörden der Provinz, des Distrikts und des Kreises, etwas gelungen, was für die meisten anderen Schutzgebiete bislang vergeblich versucht wurde oder von vornherein ausgeschlossen war: Bis 1986 wurden 65 Bauernfamilien mit gut 300 Personen aus *Tangjiahe* ausgesiedelt und mit insgesamt 1,1 Millionen Yuan (rund 600 000 Mark) abgefunden.

So können wir am Morgen nach unserer Ankunft sicher sein, daß wir auf dem Weg zur zehn Kilometer vom Hauptquartier entfernten und 400 Meter höher gelegenen Station Baixiongping niemandem, außer vielleicht einem Angehörigen der Reservatsverwaltung, begegnen. Schulklassen oder Gruppen von Soldaten, die gelegentlich das Schutzgebiet nach vorheriger Anmeldung besuchen, sind für heute nicht vorgesehen. Jetzt, Anfang April, seien die Aussichten gut, einen Takin in der Nähe des Weges zu sehen, hat Direktor Jiang Mingdao beim Aufbruch gesagt. Um diese Jahreszeit hielten sich vor allem die älteren Bullen als Einzelgänger in den tieferen Lagen auf.

Schon eine Viertelstunde später läßt er den Geländewagen halten. Auf der anderen Seite des Flusses, etwa 200 Meter höher als die ehemalige Forststraße, die jetzt den Naturschützern dient, steht eines der Wesen, die ich bisher nur von Bildern kannte: jene Mischung aus Elch, Moschusochse und Schneeziege, die erst 1850 entdeckt wurde und deren zoologische Zuordnung bis heute Schwierigkeiten bereitet. Das bis 130 Zentimeter hohe, 220 Zentimeter lange und 350 Kilogramm schwere Tier ist auch als »Gnuziege« und »Rindergemse« bekannt geworden.

Ich habe noch gut die vergebliche einwöchige Suche nach einem Takin im Juni des Vorjahres in Erinnerung, und so frage ich den Direktor, ob ich mich an das Tier etwas heranpirschen dürfe. Er schmunzelt und fragt, ob ich gut laufen könne. Von unfreundlichen Takinbullen habe ich schon früher gehört, und so versichere ich meinem Gastgeber, vorsichtig zu sein und im Notfall rechtzeitig den Rückzug anzutreten. Während meine Begleiter auf dem Weg stehenbleiben, überquere ich den Fluß dort, wo große, rundgewaschene Steine einen Übergang möglich machen. Dann muß ich zwischen Bambus und Rhododendron einen Weg recht steil nach oben suchen.

So kurz nach dem gutgewürzten Frühstück komme ich schnell ins Schwitzen. Den Takin habe ich längst aus den Augen verloren; er muß irgendwo steil über mir stehen. Erst als ich den Dolmetscher rufen höre: »You are approaching«, weiß ich, daß er nicht mehr weit entfernt sein kann. So atme ich auf, als ich den unteren Rand der ehemaligen kleinen Apfelplantage erreiche, in der ich den Takin zum letzten Mal gesehen habe. Rund acht Hektar solcher Obstbaumflächen gibt es im Reservat; sie sind besonders bei den Bären zur Herbstzeit sehr beliebt und werden daher, auch zur Bienenweide im Frühling, erhalten.

Den Rufen und Armbewegungen meiner zurückgebliebenen Mitfahrer kann ich entnehmen, daß irgend etwas nicht in Ordnung ist. Um mich besser orientieren zu können, gehe ich etwa zehn Schritte parallel zum Hang und – stehe in höchstens 20 Metern Entfernung dem Takin gegenüber. Wie ein Standbild ragt er aus bräunlichem Gesträuch und äugt mich unverwandt an.

Er hat mich natürlich kommen hören. »Welch ein Urvieh«, schießt es mir durch den Kopf. Minutenlang starren wir einander an. Die große, gewölbte, dunkle Ramsnase, die

Im Winter ziehen die Takins von den hochgelegenen Weiden in der baumlosen Zone des Min-Gebirges in die Täler, um sich statt mit Gras und Blütenpflanzen mit Blättern, Rinde und Zweigen von Büschen und Bäumen bei Kräften zu halten. Auf ihrer Nahrungssuche müssen die »Träger des Goldenen Vlieses« häufig Flüsse durchqueren (Seiten 20/21).

kleinen gnuartigen Hörner, das goldbraune Fell mit dunkler Zeichnung auf dem Rücken und an den Flanken – alles nehme ich in mich auf. Während ich versuche, meinen Atem unter Kontrolle zu bringen, rührt sich beim Takin kein Muskel. Habe ich die Fluchtdistanz schon unterschritten, oder ist der Bulle vielleicht nur neugierig?

Da einige Zweige zwischen ihm und mir ein gutes Foto verhindern, will ich die Stellung wechseln. Zwei, drei Schritte zur Seite, den Takin fest im Blick. Er rührt sich nicht. Zwei, drei Schritte nach vorn, dann müßte ich freies Blickfeld haben. Da kommt ruckartig Bewegung in das Tier und sofort danach auch in mich. Der Takin nämlich nimmt reichlich schnell Kurs auf mich. Ich habe das Gefühl zu fliegen, so schnell sause ich bergab, höre es hinter mir knacken und bin im Nu dem Tal wieder 100 Meter näher. Nur gut, daß ich hier nicht am steilsten Stück meines mühsam zurückgelegten Anstiegs bin. Als ich anhalte und zurückblicke, merke ich, daß die Angst mir zu lange Beine gemacht hat: Der Takin steht etwa dort, wo ich meinen Rückzug begonnen hatte.

Wenn ich gewußt hätte, wie nah und wie fotogen ich in den nächsten Tagen noch einzelne Takinbullen antreffen würde, hätte ich mir das erneute langsame Anpirschen – nun aber Auge in Auge – erspart. Als ich mich im großen Bogen am Hang schließlich wieder bis auf etwa 40 Meter dem Takin genähert habe, dreht er sich um und verschwindet nahezu lautlos zwischen unbelaubtem Gesträuch und einigen grünen Rhododendronbüschen. Für kurze Zeit sehe ich noch seine goldbraune Hinterpartie und verstehe, daß dieses Tier als »Träger des Goldenen Vlieses« gilt.

Allerdings trifft diese Bezeichnung noch mehr auf eine andere der drei Unterarten zu. Hier in *Tangjiahe* lebt der *Sichuan-Takin*; in den Qinling-Bergen der nordöstlich angrenzenden Provinz Shaanxi gibt es – in einem kleineren Verbreitungsgebiet – den *Schensi-Takin*, den »Goldenen Takin«, dessen im Winter besonders langes Haarkleid weißgelb bis goldfarben scheint und fast ohne schwarze Zeichnung ist. Sein Bestand wird auf nur 1300 Tiere geschätzt. Der dunkelste der Art ist der *Mishmi-Takin*, der weiter westlich, bis nach Burma und Bhutan, vorkommt.

Takins, einst wegen ihres Fleisches, aber auch wegen ihres Fells, der Decke, stark bejagt, gäbe es heute vielleicht nicht mehr, hätten die Chinesen sie nicht rechtzeitig unter Schutz gestellt. Ihnen erging es wie den beiden anderen Trägern eines kostbaren Fells, mit denen sie den Biotop der chinesischen Bergwelt teilen: Auch die bereits vor mehr als 4000 Jahren auf Vasen dargestellten Goldstumpfnasen, die zu den Schlankaffen zählen, und die Riesenpandas (»Giant Pandas«) mußten häufig wegen ihrer außergewöhnlichen Haartracht ihr Leben lassen.

Wer heute in China einen Großen Panda wildert, riskiert sein Leben, denn ein Gericht kann ihn seit 1987 zum Tode verurteilen. Dreimal wurde seitdem die Todesstrafe verhängt. Das scheint auf die illegalen Jäger jedoch keinen sonderlichen Eindruck zu machen, denn immer wieder werden Felle des Großen Pandas angeboten. Allein zwischen 1985 und 1990 sollen mehr als 100 beschlagnahmt worden sein, und die neueren Gerichtsurteile in Sichuan überstiegen selten eine zweijährige Gefängnisstrafe für die wenigen, die beim Handel mit Panda-Fellen erwischt wurden. Bei einem geschätzten Schwarzmarktpreis von 6000 Mark für ein Fell – das ist der fünffache Jahresverdienst eines Angestellten – scheint sich das Risiko zu lohnen. Der Schwarzhandelswert in Hongkong, Japan oder Taiwan soll bei 20 000 US-Dollar und mehr liegen.

Niemand weiß, wie viele Große Pandas in den letzten 20 Jahren durch Zerstörung ihres Lebensraumes, durch Verhungern als Folge der Blüte und des damit verbundenen großflächigen Absterbens ihrer Hauptnahrung, bestimmter Bambusarten, und durch Wilde-

rer ums Leben gekommen sind. Ihre Zahl wird auf mehrere Hundert geschätzt.
Alarmiert durch die schlechten Nachrichten über das Schicksal seines Wappentieres in der zweiten Hälfte der siebziger Jahre, nahm WWF-International Verhandlungen mit der Regierung der Volksrepublik China auf, um gemeinsam ein Forschungs- und Hilfsprogramm für die bedrohte Tierart zu entwerfen und durchzuführen. Zwischen 1966 und 1976, der Zeit der sogenannten Kulturrevolution in China, wäre ein solches Unterfangen undenkbar gewesen. Aber auch nach der »Öffnung« im Jahr 1978 war eine Naturschutzinitiative zwischen der chinesischen Regierung und einer privaten westlichen Organisation nicht einfach. Schließlich wurde der international bekannte Zoologe George B. Schaller, wissenschaftlicher Direktor von »Wildlife Conservation International«, einer Abteilung der New Yorker Zoological Society, vom WWF für das Projekt gewonnen. Von 1980 bis 1985 hat er, gemeinsam mit einem chinesischen Forscherteam unter der Leitung des Biologen Hu Jinchu, Professor am Lehrer-College in Nanchong in der Provinz Sichuan, die Lebensgrundlagen des Großen Pandas untersucht und Vorschläge für ein Schutzprogramm entwickelt. Vier Jahre bevor George B. Schaller 1993 in seinem jüngsten Buch, »The Last Panda«, eine spannend geschriebene Zusammenfassung seiner Erfahrungen veröffentlichte, in der er nicht mit Kritik am Umgang mit den seltenen Tieren und an den mangelhaften Bemühungen für ihre Erhaltung spart, hatten der WWF und die chinesischen Behörden ein Programm zum Schutz des Großen Pandas und seines Lebensraumes erarbeitet, das bis heute auf seine Umsetzung wartet.
Dafür ist es höchste Zeit. Es hat sich nämlich gezeigt, daß in den letzten acht Jahren trotz der wesentlich besseren Kenntnisse über

In den Hochlagen des Panda-Schutzgebietes Wolong *herrscht mitunter bis in den April hinein Winter. Häufiger Regen und Nebel sorgen bei niedrigen Temperaturen für eine schöne Kulisse. Lange Frostperioden machen den Tieren allerdings das Leben schwer.*

Für Bauern gedachte Ersatzhäuser am Rande des Wolong-Reservats.
Daß die Bewohner ihre einzeln stehenden Holzhäuser (Seite 25) nicht dagegen eintauschen wollen, ist verständlich. Umsiedlungsversuche dieser Art können kaum Erfolg haben.

seine Ansprüche und die Gefahren, denen er ausgesetzt ist, die Überlebensaussichten des Großen Pandas sich nicht verbessert haben. Zwar gibt es zur Zeit keine so dramatischen Ereignisse wie das große Bambussterben Mitte der siebziger Jahre in großen Gebieten der Min-Berge in Nordsichuan. Damals verhungerten wahrscheinlich mehr als 200 Große Pandas und damit mindestens ein Fünftel des auf der Welt existierenden Bestandes. Trotz dieses Aderlasses hat sich die Art *Aleo melaneuca* mit etwa 800 bis 1100 freilebenden Tieren in den Provinzen Sichuan (Hauptvorkommen), Gansu und Shaanxi bis heute erhalten, doch leben die Tiere weit verstreut und unter starkem Druck durch menschliche Besiedlung.
Die meisten der 13 Panda-Reservate, elf davon in Sichuan, eines in Gansu und eines in Shaanxi, mit einer Gesamtfläche von knapp 6000 Quadratkilometern haben untereinander keine Verbindung, so daß die Tiere nicht hin- und herwechseln können, sich dadurch zunehmend immer dieselben Pandas paaren und ein für die langfristige gesunde Entwicklung der Art notwendiger Genaustausch nicht stattfindet. Weder in Ernährungsnotlagen noch zur Verpaarung können sie von einem zum anderen Lebensraum ausweichen, denn zwischen den Schutzgebieten verlaufen besiedelte Täler, Felder und Straßen. Satellitenaufnahmen haben gezeigt, daß für den einstmals über weite Teile Chinas, im Norden Burmas und Vietnams verbreiteten Großen Panda (durch Knochenfunde aus dem Pleistozän nachgewiesen) die zuträgliche Habitatfläche allein im Verlauf der letzten 15 Jahre um die Hälfte abgenommen hat; sie macht nur noch etwa 11 000 Quadratkilometer in sechs voneinander isolierten Gebieten aus. Der 1989 erstmals vom WWF und vom chinesischen Forstministerium veröffentlichte Managementplan für den Großen Panda, der nach verschiedenen Änderungen 1992 vom Staatsrat genehmigt wurde, sieht die Schaffung weiterer vierzehn Reservate mit insgesamt 424 000 Hektar vor. Damit würden rund 5000 der 11 000 Quadratkilometer unter Schutz stehen. Durch die Wiederherstellung von »panda-gerechtem« Lebensraum soll die Habitatgesamtfläche auf 14 000 Quadratkilometer erweitert werden. (Die Ausdehnung der Reservate und des für den Großen Panda geeigneten Lebensraumes ist nicht identisch; nur in Teilen der Schutzgebiete finden die Tiere die ihnen zusagenden Lebensbedingungen.)
Ein weiteres entscheidendes Ziel des Schutzprogramms ist die vorgesehene Einrichtung von siebzehn Korridoren, um einzelne Schutzgebiete miteinander zu verbinden und den Tieren die Möglichkeit zum Hin- und Herwechseln zu geben. Dazu müssen aber Menschen umgesiedelt, Straßen aufgehoben und Täler wieder aufgeforstet werden – ein Vorhaben, das in manchen Regionen politisch nur schwer umzusetzen ist und, falls es hier und dort möglich wird, viel Geld kostet. Auch die bessere Überwachung der einzelnen Schutzgebiete ist vorgesehen.
Das ursprünglich für einen Zeitraum von fünf Jahren vorgesehene Budget von 19 Millionen Dollar ist von den chinesischen Behörden auf 110 Millionen Dollar für zehn Jahre veranschlagt worden. 63 Millionen Dollar wurden vom Staatsrat 1993 genehmigt; nur ein Fünftel wollen die Chi-

nesen selbst beisteuern. Der Löwenanteil soll möglichst durch andere Quellen finanziert werden. Im »Panda-Programm« sind viele Wünsche enthalten, die auch bei großzügiger Interpretation nur wenig mit Naturschutz zu tun haben. Mit dem pummeligen, schwarzweißen, millionenfach in Plüsch und Plastik über die Erde verbreiteten Star unter den Tieren wird auf vielfältige Weise Kasse gemacht. Seine Erhaltung steht in China dabei nicht immer an erster Stelle.

Die chinesische Regierung ist mit verschiedenen Staaten im Gespräch, so auch mit der Bundesrepublik Deutschland. Bundeskanzler Kohl hat bei seinem letzten Besuch in China Interesse an einem Hilfsprogramm für den Großen Panda und damit auch für eine Vielzahl von Infrastrukturmaßnahmen gezeigt. Zur Zeit (Sommer 1994) prüft die Gesellschaft für Technische Zusammenarbeit (GTZ) in Eschborn entsprechende Anträge. Auch bei der Europäischen Kommission in Brüssel wird über Hilfe für den Großen Panda nachgedacht. Größere Geldsummen für das Schutzprogramm durch das Ausleihen von Pandas an Zoos zu sammeln wird vom WWF als Partner des Programms kritisch beurteilt. Das Interesse gerade von nordamerikanischen und japanischen Zoos ist groß. Die Summen, die pro Jahr für ein Panda-Pärchen geboten werden, gehen in die Millionen. Doch die internationale Naturschutzorganisation befürchtet, daß die Tiere durch das Ausleihen unter derartigen Streß geraten, daß sie daran eingehen können, zumindest sich aber nicht vermehren. Das jedoch sei die einzige Rechtfertigung, Große Pandas, die bereits in menschlicher Obhut leben, weiter hinter Gittern und Gräben zu halten. Eine Entnahme aus der Wildbahn lehnt der WWF auch zu Zwecken der Zucht in Gefangenschaft ab.

Obwohl *Tangjiahe* zu den kleineren Schutzgebieten zählt, beherbergt es mit 50 bis 60 Großen Pandas vielleicht zwischen fünf und zehn Prozent des Weltbestandes. 1975 hatte das chinesische *Rare Animal Ressources Investigation Team* den Bestand noch mit 100 bis 140 Tieren angegeben. Eine genaue Zahl der in den Bambusbergwäldern Mittelchinas überwiegend auf einer Höhe zwischen 1800 und 3500 Metern äußerst heimlich lebenden Tiere ist ohnehin nicht festzustellen.

Wie schwierig es ist, einen Großen Panda zu sehen, obwohl er nur wenige Meter entfernt im Bambus hockt, erlebe ich wenige Tage nach dem ersten Zusammentreffen mit dem Takin. Auf einem meiner Fußmärsche, bei denen ich auf schmalen Pfaden Teile des Reservats in Höhen zwischen 1800 und etwa 2200 Metern, wo noch Schnee liegt, durchstreife, höre ich es um die Mittagsstunde plötzlich wenige Meter neben mir im Bam-

Selbst in Naturschutzgebieten wie in Wolong *sind die Täler besiedelt und landwirtschaftlich genutzt. Da bleibt kein Lebensraum für den Großen Panda; breite natürliche Korridore sollen künftig die inselähnlichen Panda-Reviere miteinander verbinden.*

Ungern läßt sich die »Große Bärenkatze« außerhalb des Bambusdickichts blicken, und es ist ein Glücksfall, wenn man eines der scheuen Tiere beim Überqueren eines trockenen Flußbettes für wenige Sekunden sehen kann. Dabei wird deutlich, daß das Fell des Großen Pandas oft eher eine bräunliche als eine rein schwarz-weiße Färbung hat und, wie in diesem Fall, Spuren aufweist, die auf ausgiebiges Wälzen auf dem Boden oder in den eigenen Kotballen schließen lassen.

bus rascheln. Kurz darauf sehe ich, wie sich die grünen Halme keine zehn Meter entfernt von mir parallel zur teilweise zugewachsenen früheren Forststraße bewegen. So leise wie möglich folge ich dem wandernden Geheimnis, irgendwie ahnend, daß es ein Großer Panda sein müsse. Mal bewegt sich das Tier schneller, so daß ich schon fürchte, es habe mich gehört oder – trotz des günstigen Windes – Witterung von mir bekommen. Mal verharrt es ein bis zwei Minuten und spannt mich auf die Folter. So sehr ich mich anstrenge: Ich kann nichts entdecken, obwohl das Gelände abfällt und ich von oben nach unten schaue. Aber ich habe schon zuvor die Pandawechsel im Bambus gesehen. Sie erinnern an kleine Tunnelröhren.

Meine Hoffnung scheint sich zu erfüllen. Das unsichtbare Lebewesen strebt auf ein ausgetrocknetes Flußbett zu, das auch meinen Weg kreuzt. Zum Glück kenne ich diesen Teil von *Tangjiahe* schon recht gut. Während ich meine Kamera mit dem 180-Millimeter-Objektiv fertigmache, werden meine Schritte schneller. Und trotzdem komme ich fast zu spät. Als ich über das Geröllfeld des Flusses blicke, sehe ich einen ausgewachsenen Großen Panda bereits in der Mitte der Schotterfläche. Höchstens 30 Meter entfernt von mir überquert er eilig auf allen vieren die freie Fläche. Hätte ich nicht einen kurzen Pfiff ausgestoßen, hätte ich nicht einmal sein Gesicht gesehen. So aber verweilt er kurz, blickt schräg rückwärts zu mir herüber. Ich drücke zweimal auf den Auslöser, und schon ist der schwarzweiße Fellträger auf der gegenüberliegenden Seite im dichten Weidengestrüpp und Bambus verschwunden.

Am nächsten Tag dringe ich vorsichtig ins Bambusdickicht ein, in dem *Da Xiong-mao*, die Große Bärenkatze, verschwunden ist. Ich möchte wissen, wohin der Panda sich zurückgezogen hat. An die Möglichkeit, das Tier noch einmal zu sehen, wage ich gar nicht zu denken. Es wird im wahrsten Sinne des Wortes über alle Berge sein. Ich will nur einen kurzen Blick in seinen Wohnbereich werfen. Die Kameraausrüstung lasse ich bis auf ein Gehäuse mit dem Normalobjektiv auf dem Weg zurück, denn in dem fast undurchdringlichen, düsteren Gewirr von

Bambusstengeln und deren Blätterdach ist das Fotografieren ohnehin so gut wie unmöglich.
Zweimal stoße ich auf plattgewalzte Stellen, und an jeder liegen etwa ein Dutzend dicke, längliche Kotballen, die in der Farbe und Form schlanken Avocados ähneln. Die »droppings« des Pandas stecken voll halbverdauter Bambusreste. Da ein ausgewachsenes Tier mit seinen 80 bis 125 Kilogramm Gewicht zwar täglich bis zu 40 Kilogramm der Pflanzen vertilgt, aber nur zu einem Bruchteil verwertet, hinterläßt es viele solcher Spuren.
Zehn Minuten etwa bin ich mehr gekrochen als gewandert und steuere auf einen rauschenden Fluß zu, als ich plötzlich meine, einer Halluzination aufzusitzen. Mir stockt der Atem. Keine 15 Meter vor mir sitzt der Große Panda auf seinem Hinterteil und schiebt sich gerade genüßlich einen Bambusstengel Stück für Stück zwischen die Kiefer. Das Rauschen des Flusses übertönt jedes andere Geräusch, der Wind steht gut, der Panda hockt schräg von mir abgewandt. So kann ich es wagen, meine Position noch etwas zu verbessern. Es ist kaum glaublich, und ich muß mich fast ins Bein kneifen, um sicher zu sein, daß ich nicht träume. Da befinde ich mich zum Greifen nahe einem Großen Panda in freier Wildbahn gegenüber. Wir beide sind ganz allein. Diese Minuten sind unbeschreiblich. Der Panda greift nach links und rechts und bricht Bambusstengel ab, die er schnell in seinem Mund verschwinden läßt. Dann setzt er sich um, macht zwei, drei Tapser bergan und ist mir noch etwas näher. Mein anfangs fliegender Atem hat sich beruhigt, ans Fotografieren ist wegen der vielen Bambushalme nicht zu denken.
Gerade habe ich beschlossen, hier so lange auszuharren, bis der Panda nicht mehr zu sehen ist, als er sich auf mich zubewegt. Dann geht alles recht schnell. Mir wird plötzlich klar, daß ich auf einem nicht gut erkennbaren Wechsel hocke, den das Tier von unten her ansteuert. Jetzt ist nur die Frage, ob es nach links oder nach rechts abbiegt. Wenige Sekunden später – ich bin zu irgendwelchen Reaktionen unfähig, will den Panda auch nicht erschrecken – steht er drei Meter weit vor mir und stutzt. Ich muß in meiner Hockstellung und in der olivfarbenen Kleidung ein rätselhafter Gegenstand für ihn sein. Der Wind steht von ihm auf mich zu. Ich hebe mit zitternden Händen die Kamera und drücke auf den Auslöser. Wenigstens ein Dokumentationsfoto, denke ich. Sehr viel ist von dem Tier nicht zu erkennen. Zwischen den vielen Bambushalmen wirkt es recht niedrig auf mich, wie es da – fast geduckt – auf seinen vier Beinen steht.
Der Panda beginnt, mit seinem mir riesig erscheinenden Kopf hin- und herzupendeln. »Übersprungshandlung«, schießt es mir durch den Kopf: Angriff oder Flucht? Er entschließt sich für das erste, denn die Fluchtdistanz ist bei weitem unterschritten, und er hat wahrscheinlich genausoviel Angst wie ich. Wäre ich jetzt ein Jäger mit einem

Im Bambusdickicht einen Großen Panda auszumachen ist selbst bei geringer Entfernung nicht einfach. Dieses Tier – mit dem Normalobjektiv fotografiert – duckt sich, im Abstand von weniger als drei Metern, zum Sprung auf den Autor.

Bis ein junger Großer Panda sich einige Meter von seiner Mutter entfernt, vergeht mehr als ein halbes Jahr. Doch auch die ersten Ausflüge, bei denen die Einzelkinder ihre scharfen Krallen erproben (unten), finden meist unter Aufsicht der »Bambusbärin« statt.

Gewehr, so würde ich – wie es früher manche Großwildjäger getan haben – sicher schießen. »In Notwehr«, hieße es dann hinterher, obwohl sich gleich herausstellen wird, daß der Große Panda dem Eindringling in sein Revier nur eine Lektion erteilen wird. Mit einem einzigen gewaltigen Bellen springt er auf mich zu. Ich stoße instinktiv einen Urschrei aus, versuche mich aufzurichten, falle aber nach hinten über und streife mit einem meiner Gummistiefel den Kopf des Pandas. »Hoffentlich mißversteht er das nicht als Angriff!« denke ich noch, da wirft das schwarzweiße Tier über mir seinen massigen Körper mit einem halb grunzenden, halb schnaufenden Laut herum und läuft eher gemächlich den röhrenförmigen Wechsel im Bambusdickicht bergaufwärts von mir fort. Ich rappele mich auf, sehe, daß mir außer einer Schramme an der linken Hand nichts geschehen ist, und folge dem Panda, der dem von mir zuvor verlassenen Weg zugestrebt ist.

Als ich schließlich mit noch zitternden Beinen und Händen aus dem Bambus herauskrieche und wieder auf dem Forstweg bin, traue ich meinen Augen erneut kaum. Der »Bambusbär«, bei dem die Wissenschaftler sich noch immer nicht einig sind, ob er näher mit den echten Bären oder – gemeinsam mit dem Kleinen Panda – mit den Waschbären verwandt ist, hat den Weg überquert und zieht durch einen lichteren Bambusbestand quer zum Hang auf eine gut 100 Meter höher gelegene Lichtung zu und läßt sich dort nieder. Mit einer weit ausholenden Bewegung greift er zu einem Bambusstengel. Ich habe den Eindruck, als sei er besonders gelassen und entspannt.

Als mich später meine chinesischen Begleiter mit dem Fahrzeug am Treffpunkt erwarten, erzähle ich ihnen von meiner Begegnung. Damit sie mich nicht für einen Aufschneider halten, überrede ich sie, mir zu folgen, damit ich ihnen den Großen Panda eventuell zeigen kann. Natürlich befürchte ich, daß er mittlerweile das Weite gesucht hat. Doch wir haben Glück. Das Tier, dessen Art seit vielen Jahren stets gut für eine Pressemeldung rund um die Welt ist, sobald ein Weibchen in einem Zoo ein Junges geboren hat oder wenn aus der Paarung von zwei aus verschiedenen Zoos »verkuppelten« Tieren nichts geworden ist, sitzt immer noch am Berghang zwischen Bambusstengeln und geht seiner Hauptbeschäftigung nach. Einer der Reservatsmitarbeiter will es nun auch wissen: Ganz vorsichtig klettert er dem Panda entgegen und nähert sich ihm, immer gut getarnt, ebenfalls bis auf etwa zehn Meter. Dieses Mal dreht sich das Tier gelangweilt um und zieht, gar nicht eilig, ein Stück weiter.

Derart hautnahe Begegnungen seien die Ausnahme und auch nicht erwünscht, versichert mir später der Direktor des Schutzgebietes, wenngleich es immer wieder mal vorkomme, daß der eine oder andere Große

Eine von verschiedenen Rhododendronarten, die in ihrer chinesischen Heimat eindrucksvolle Baumhöhe erreichen. Gemeinsam mit mehreren Bambusarten (oben) sind sie die bestimmenden Pflanzen im Lebensraum des Großen Pandas (unten). Im Winter verleihen Raureif und Schnee den Blättern und Zweigen zusätzliche Konturen und eine reizvolle optische Wirkung.

Panda ein sehr vertrautes Verhalten an den Tag legt. Ich hätte in doppelter Hinsicht Glück gehabt. Dann zeigt er mir seinen Unterarm mit einer tiefen Narbe. Die hat ihm ein etwa neun Monate alter Panda beigebracht, den ich auch schon kennengelernt habe: Er ist das Maskottchen der Station, seitdem er etwa vier Monate zuvor von einem Mann gebracht wurde, der ihn – angeblich – außerhalb des Reservats »gefunden« hat. Als Hauptdarsteller in einem japanischen Spielfilm hat er seiner Partnerin, einer jungen Schauspielerin, mit seinen scharfen Krallen tiefe Wunden im Gesicht beigebracht und so für eine mehrmonatige Drehpause gesorgt. Er hat der Naturschutzbehörde bereits viel Geld eingespielt.

An Geld mangelt es überall im chinesischen Naturschutz, oftmals allerdings auch an der Bereitschaft, Mittel für den Naturschutz einzuplanen. Der Natur zu helfen, können sich nach Meinung mancher Politiker in Peking die Chinesen erst leisten, wenn der Lebensstandard der Bevölkerung entscheidend gestiegen sei. Wer je durch China gereist ist, weiß, daß das noch Jahrzehnte dauern wird. Und bis dahin gibt es kaum mehr etwas zu schützen. Der Große Panda ist nur eines von vielen Beispielen. Obwohl seine Erhaltung formell fast zu einem der obersten Staatsziele geworden ist, gelingt es nicht, wenigstens die für ihn eingerichteten Reservate von Menschen freizumachen. Im 200 000 Hektar großen Schutzgebiet *Wolong*, 140 Kilometer nordwestlich von Chengdu gelegen, leben auch knapp zwanzig Jahre nach seiner Einrichtung im Jahr 1975 noch mindestens 4000 Menschen. 1800 von ihnen sollen in den kommenden Jahren wenigstens aus dem zentralen Bereich ausgesiedelt werden, doch bis heute ist nicht klar, wohin. Wohnsiedlungen, die mit Geldern der Weltbank errichtet wurden und im Randbereich des Schutzgebietes als neue Heimat dienen sollen, werden von den Bergbauern nicht angenommen. Wer die Gebäude gesehen hat, kann das verstehen.

Zwar ist die Holznutzung im unmittelbaren Lebensbereich des Großen Pandas in Wolong eingestellt, doch in den Randzonen werden immer noch Bäume geschlagen und durch das Reservat transportiert. Es wird noch lange dauern und große Anstrengungen und viel Geld kosten, bis für die letzten »Bambusbären«, die sich so schwer tun mit ihrer Vermehrung, genügend und hinreichend geeigneter und geschützter Lebensraum für eine dauerhafte Sicherung in freier Wildbahn zur Verfügung steht. Nicht wenige Fachleute bezweifeln, daß dies gelingen wird. Bei meinen insgesamt vier Besuchen im Panda-Land, zwei in *Wolong* und zwei in *Tangjiahe*, habe ich Menschen getroffen und Beispiele gesehen, die mich sowohl pessimistisch als auch optimistisch stimmen – ich gebe mir Mühe, letzteres zu bleiben.

Sieben Wochen nach meiner aufregenden Begegnung mit dem Großen Panda, Ende Mai, geht mein Blick weit über eine karge Hochlandfläche des östlichen Qinghai-Tibet-Plateaus. In einer Entfernung von 40 bis 50 Kilometern begrenzt eine karstige Bergkette den Horizont. Ihr einziger Schmuck sind die verschneiten Kuppen, die sich wie ein strahlendweißes Band unterhalb des kalten blauen Himmels parallel zu unserer Fahrtrichtung entlangziehen. Selten begegnet uns ein Lastwagen, ein Bus oder ein Reiter. Am frühen Morgen haben wir Xining, die Hauptstadt der Provinz Qinghai, verlassen. Auf den ersten Kilometern hinter der 1500 Meter hoch gelegenen Stadt, die gut eine Million Einwohner hat, sehen wir viele auf kleinen, von Erdmauern umgebenen Feldern arbeitende Menschen. Dann windet sich die Straße immer einsamer durch die Berge. Im dichten Schneetreiben erkennen wir schemenhaft kleine Tempel; als wir das Hochland erreichen, reißt die Wolkendecke auf.

Unser erstes Ziel auf dem 900 Kilometer langen Weg in den Distrikt Yushu am »Dreiländereck« zwischen Tibet, Qinghai und Sichuan ist eine Vogel-Halbinsel am Qinghai Hu, mit 4340 Quadratkilometern der größte See Chinas. Er liegt 3200 Meter hoch und hat stark salzhaltiges Wasser. Als wir ihn schließlich erreichen, habe ich das Gefühl, am Ozean angelangt zu sein. Nichts als Wasser bis zum Horizont; am Ufer hat sich eine weiße Kruste gebildet, an die eine vielfältige Salzvegetation anschließt. Stellenweise leuchten verschiedenfarbige Blumen zwischen braun-grauen Halmen hervor. Vier meiner sieben chinesischen Begleiter sind wie ich zum ersten Mal hier. Der See und die Straße scheinen kein Ende zu nehmen. Weit verstreut sind Hausyaks, Schafe mit eigenwillig gedrehten Hörnern, und Pferde damit beschäftigt, von einer kurzen Grasfläche etwas Futter abzurupfen. Einige Herden sind sich selbst überlassen, andere werden von Hirten zu Pferde oder auf dem Rücken von Hausyaks gehütet.

Auf dem Weg über das Qinghai-Tibet-Plateau gibt es nur alle paar Stunden eine kleine Siedlung mit einem Gasthaus. Hier gehen die Nudelherstellung und das Kochen der Suppe mit Hammelfleisch auf einem mit Yakdung beheizten Herd nahtlos ineinander über. Wegen der Kälte gibt es in den Hütten nur wenige Fenster, so daß es in ihrem Innern stets dämmerig ist.

Mittags kehren wir in ein kleines Gasthaus ein, das aus Lehm, Yakdung und von weit her transportierten Brettern zusammengehalten wird; Bäume wachsen hier nicht; der Herd wird mit getrocknetem Dung von Hausyaks beheizt. Die zum Stamm der Hui zählenden Wirtsleute sind Moslems. Geschickt fertigen sie per Hand über dem Herd aus Teig Nudeln an. Laufend füllen sie damit zwei große Blechtöpfe, in denen Hammelfleisch zu einer Brühe gart. Ab und zu schleppt eines der zwei Kinder von irgendwoher im Eimer Wasser heran, aus dem mit einer Schöpfkelle die Suppe immer wieder verlängert wird. Bei Hirten und Fernfahrern scheint dieses fast fensterlose Gasthaus gleichermaßen beliebt zu sein, denn der düstere Raum ist gedrängt voll. Bei der guten Qualität der Suppe und des »Drei-Kanonen-Tees« kein Wunder.

Der Besuch der eigentlichen Vogelinsel ist erst für morgen vorgesehen. Heute steht die Erkundung von Teilen des 37 550 Hektar großen »Bird Island Naturschutzgebietes« auf dem Programm. Es soll in absehbarer Zeit in die vergrößerte *Qinghai Lake Nature Reserve* umgewandelt werden. Wie in fast allen der mittlerweile mehr als 600 in der Volksrepublik existierenden Schutzgebiete von gesamtstaatlicher Bedeutung wird die Natur auch in diesem Gebiet mehr genutzt

Hausyaks beherrschen dort, wo noch Gras wächst, neben Schafen, Ziegen und Pferden das Bild auf dem Qinghai-Tibet-Plateau. Das Weidevieh hat in großen Bereichen die Wildtiere verdrängt. Seit die private Viehhaltung in China wieder möglich ist, haben die Zahl und die Größe der Herden stark zugenommen. Entsprechend weiten sich die Erosionsschäden an den empfindlichen Böden aus, denn harte Klimabedingungen haben kurze Vegetationsperioden zur Folge. Das Wetter auf dem Dach der Welt ist sehr wechselhaft. Wenn nicht gerade Wolken die Sicht versperren, herrscht in einer Höhe zwischen 3500 und 5500 Metern eine herrlich klare Luft.

als geschützt. Jetzt, Ende Mai, ist die Luft erfüllt vom Lerchengesang, von durchdringenden Rufen der Rotschenkel und anderer Limikolen, die alle im Grasland brüten wollen. Die einen brauchen trockene, die anderen die nassen Stellen. Selbst drei bis vier Paare der seltenen Schwarzhals-Kraniche, denen ich mich erst 600 Kilometer weiter südwestlich intensiv widmen möchte, versuchen jedes Jahrs aufs neue, hier Nachwuchs großzuziehen. Doch seit die private Viehhaltung wieder gestattet ist, nimmt die Zahl von Hausyaks, Schafen, Ziegen und Pferden fortlaufend zu. Nicht genug damit, daß die vielen Weidetiere keine höhere Vegetation – und damit Schutz und Nahrung für die freilebende Tierwelt – aufkommen lassen, sondern sie zertreten viele Gelege und stören die Vögel nachhaltig bei der Brut. Der zuständige Gebietsdirektor Liu Zhengfen erzählt, daß in den vergangenen Jahren jeweils nur ein Paar Schwarzhals-Kraniche erfolgreich gebrütet habe. Absprachen mit den Hirten seien zwar getroffen, aber weder sei das Schutzgebiet richtig markiert, noch gebe es Personal zur Überwachung. Doch die Probleme seien bald gelöst... Wie so oft hören wir eine derartige Vertröstung.
Vielleicht können einmal die rotgewandeten Schüler des nahegelegenen Lama-Klosters etwas für den Naturschutz in diesem Gebiet tun. Seit wenigen Jahren sind buddhistische Mönche in diesem vornehmlich von Tibetern und anderen Volksminderheiten bewohnten Gebiet Chinas wieder aktiv. Mehrfach sehen wir neue, ganz einfache Klöster und Tempel, in denen wie früher Gebetsmühlen, meist neuerer Machart, gedreht werden. In der Nähe des Qinghai Hu, wie auch auf unserem weiteren über 600 Kilometer langen Weg nach Yushu, flattern immer wieder Gebetsfahnen vor den dunklen jurtenartigen Hirtenzelten aus Yakwolle, aber auch an Rasthäusern und an wegmarkierenden Steinaufschichtungen. Bevor es mit unserem kleinen japanischen Bus weiter

in Richtung Tibet geht, führen mich meine Begleiter am nächsten Morgen noch zu dem Platz, der inzwischen ein beliebtes Reiseziel auch für ausländische Besucher von Xining aus geworden ist. »Bird Island« war früher eine Insel nahe dem Ufer des Qinghai Sees. Durch das Sinken des Wasserspiegels und Sandverwehungen ist daraus eine 500 Meter lange und 150 Meter breite Halbinsel geworden, die weniger als einen Quadratkilometer umfaßt. Ihre Spitze liegt zehn Meter über dem See. Jahr um Jahr verändern Wind, Wellenschlag und Sandflug ihre Gestalt.

Seit 1972 ist sie geschützt. Als wir uns die letzten 500 Meter zu Fuß nähern, können wir noch nicht viel sehen, weil eine mit Gras bewachsene Düne vorgelagert ist. Wir haben uns bei dem Wärterhäuschen eine Eintrittskarte besorgt und laufen zunächst auf einen halbkreisförmig in die Erde gebauten Betonbunker zu. Immer wieder überfliegen uns paarweise oder einzeln Streifengänse. Auch Tibet-Lachmöwen sind in der Luft zu sehen. Große Lerchen mit hübscher dunkler Kehle und Kopfzeichnung lassen uns ebenfalls immer wieder zum Fernglas greifen.

Langsam wird ein Geräusch wie das Summen in einem Bienenschwarm immer lauter. Als wir um die Düne biegen, bietet sich uns ein atemberaubendes Panorama. Die Spitze der Halbinsel ist mit unendlich vielen Vögeln übersät: Dicht an dicht stehen und sitzen mindestens 2000 bis 3000 Streifengänse beieinander. Die schön gezeichneten Vögel brüten hier auf der kahlen Sandfläche. Hinter der Brutkolonie liegt der vom leichten Wellengang bewegte See, eingerahmt von schneebedeckten Bergen. Zum belebten Bild tragen Hunderte von Tibet-Lachmöwen bei, die sich im Schutz der wachsamen Gänse angesiedelt und hier ebenfalls ihre Nistmulden mit der Brust in den Sand gedreht haben und ihre Gelege wärmen. In der Luft ist ein ständiges Kommen und Gehen. Vögel kehren von der Nahrungssuche zurück, andere fliegen und kreisen rufend über der Kolonie.

Ganz langsam gehen wir näher, das »Summen« steigert sich zu einem immer lauteren gleichmäßigen Ton. Aus den musikalischen, dunkel klingenden »Aang-aang«-Rufen wird ein einziger anschwellender Chor.

Unter der Leitung unseres Führers kommen wir bis auf etwa 50 Meter an den Rand der Kolonie, dann beginnen die vorderen Gänse, mit hochgestreckten Hälsen langsam zurückzuweichen. Sie stehen als Wachposten vor den ersten Gelegen. Wenn sie ihre Stellung räumen, ist für die brütenden Vögel

höchste Alarmstufe gegeben. Wir ziehen uns wieder ein paar Schritte zurück, und schon kehrt Ruhe in den äußeren Gürtel der Gänse ein. Das heißt, wirkliche Ruhe herrscht hier in der Kolonie nie. Unentwegt sind viele Vögel auf den Beinen, watscheln zwischen den teilweise nur 50 bis 70 Zentimeter auseinanderliegenden Nestern umher. Manche versuchen eine kurze Startbahn freizubekommen, um abzuheben. An vielen Stellen herrscht Streit. Sowie eine Gans auf ihrem Weg zwischen den Nestern in die Reichweite einer brütenden Artgenossin gelangt, wird sie mit durchdringendem Zischen auf Abstand gehalten und, wenn das nichts nützt, mit Schnabelhieben traktiert. Die Nester sind gerade so weit voneinander entfernt, daß die brütenden Vögel sich nicht gegenseitig mit den Schnäbeln erreichen können. Wo eine Gans aufsteht, wird das aus drei bis sechs weißen Eiern bestehende Gelege auf einem dichten Polster von Daunenfedern sichtbar. Unter dem Bauch und aus dem Rückengefieder mancher Streifengans lugt

Streifengänse und Tibet-Lachmöwen brauchen freie Sicht an ihrem Brutplatz. Eine sandige Halbinsel am Qinghai-See bietet einigen tausend Vögeln die richtigen Bedingungen für ihre Kolonie.

Ein bis zwei Tage nach dem Schlüpfen führen Gans und Ganter ihre Gösselschar aus dem Nestbereich auf die nahe gelegenen Grasflächen. Der Weg durch die Brutkolonie wird von vielen Abwehrzischlauten und manchem Schnabelhieb begleitet. Jedes Paar verteidigt seinen unmittelbaren Brutplatz vehement gegen Artgenossen, auch gegen ganz junge, die dabei bisweilen zu Tode kommen.

ein goldgelbes Köpfchen hervor. Hier und dort steht ein Altvogel über der kurz zuvor geschlüpften Gösselschar. Einige Gänsepaare führen ihren Nachwuchs bereits aus der Kolonie heraus. Die Mutter vorn, dann kommen die kleinen Küken, der Vater bildet die Nachhut. Immer wieder müssen sich die Eltern nach links und rechts mit vorschnellendem Kopf Respekt verschaffen. Wo das Auge hinschweift, herrscht intensives Leben. An einer Stelle hat eines der Gössel den Anschluß verpaßt und weiß nicht mehr, wo es hingehört. Immer wieder versucht es, irgendwo bei einer Gans unterzuschlüpfen, wird aber geradezu bösartig fortgebissen. Schließlich taumelt es völlig irritiert zwischen zwei Nestern hin und her, erhält von jeder Seite Bisse und bleibt ermattet liegen. Später holt unser Begleiter zwei tote Gössel aus der Menge heraus. Sie sind regelrecht gelyncht worden. Wer hier den Familienanschluß verliert, scheint verloren zu sein. Nur die eigene Brut zählt. Mitunter aber gibt es auch Adoptionen. Und ab einem gewissen Alter der Gössel bilden sich größere Familienverbände, in denen eine Gans mehrere Dutzend Junge führt.

Trotz des häufigen Streits halten die Vögel als Nistgesellschaft zusammen. In der Konzentration sind sie stark gegen Feinde. Ihre Zahl, so hören wir von dem Wärter, schwankt von Jahr zu Jahr ein wenig. Bei unserem Besuch sind etwa 2000 Paare mit der Brut beschäftigt. Zur Zeit, als die Insel noch existierte und den Vögeln einen besseren Schutz bot, sollen es mehr als 3000 Brutpaare gewesen sein. Mehrfach sehen wir, wie Mongolen-Bussarde über der Brutkolonie kreisen; einmal läßt sich sogar ein Steinadler blicken, zieht aber unverrichteterdinge wieder ab.

In der Kolonie herrscht ein geordnetes Chaos. Etliche Nester scheinen verlassen zu sein. Überall liegen einzelne Eier zwischen den Nestern umher. Ein ständiger Wind weht Federn und Sand über den Boden. Die Tibet-Lachmöwen, die von der Wachsamkeit der ständig palavernden Streifengänse profitieren, sorgen dafür, daß es nie Ruhe im Luftraum gibt. Mitunter werden sie sogar den

Gänsen lästig, wenn sie sich zu nahe an ein daunengepolstertes Nest wagen. Doch die Möwen wiederum nützen auch den »indischen Gänsen« (*Anser indicus* oder auch *Eulabeia indica*). Kreischend fallen sie über jeden Eindringling her, der zu Lande oder aus der Luft der Kolonie zu nahe kommt.

Einen ganzen Tag halten wir uns am Rande der großen Vogelkommune auf. Wir sind zur richtigen Zeit hier, denn jetzt schlüpfen innerhalb von wenigen Tagen die meisten Jungen. Die Gänse kommen Ende März und im April aus ihren Winterquartieren in den chinesischen Provinzen Guizhou und Yunnan, aus Vietnam, Laos, Burma und Indien hierher zurück. In langen Keilformationen ziehen sie einige tausend Kilometer weit, um hier, auf dem Dach der Welt, zu brüten. Ähnlich wie zwischen Sibirien und Europa sowie zwischen Alaska, Kanada und Mexiko und den südlichen Staaten Nordamerikas findet auch in Asien zweimal im Jahr der große Gänsezug statt. Dabei steuern die Streifengänse mit navigatorischer Sicherheit über große Entfernungen zielgenau immer wieder die gleichen Brutorte an, wie hier die Vogelinsel am Qinghai Hu.

Nach der Ankunft richten sich die in lebenslanger Ehe zusammenhaltenden Paare eng beieinander ein, obwohl genügend Fläche vorhanden ist. Sowie das Wetter einen Hauch von Frühling ankündigt, beginnen die Gänse ziemlich zeitgleich mit dem Legen. 27 bis 30 Tage brütet das Weibchen allein und muß während dieser Zeit Kälte, Schnee, Regen, Sonne und Sturm über sich ergehen lassen. Die Ausfallquote beim Gänsenachwuchs ist groß. Höchstens ein Drittel der Jungen wird flügge. Viele überstehen die ersten zwei Wochen nicht, vor allem dann, wenn ein Temperatursturz lebensfeindliche Bedingungen schafft. Nicht wenige werden später auf dem Zug geschossen oder kommen vor Entkräftung um. Gebiete, in denen die Streifengänse gemeinsam mit anderen Vogelarten die Wintermonate ruhig und mit genügend Nahrung verbringen können, werden in Asien immer seltener. Noch fehlt es, wie etwa in Nordamerika, an einem dichten Netz von »Trittsteinen«. Die Internationale Naturschutzunion (IUCN) hat gemeinsam mit dem International Waterfowl and Wetlands Research Bureau (IWRB), Birdlife International (damals noch International Council for Bird Preservation – ICBP) und dem World Wide Fund for Nature (WWF) vor einigen Jahren eine Bestandsaufnahme der wichtigen Feuchtgebiete Asiens veranlaßt. 1988 wurde die »Asian Wetlands Directory«, an der mehr als 500 Organisationen und Einzelpersonen mitgearbeitet haben, fertig. Auf dieser Grundlage wird seitdem an einem staatenübergreifenden System von Schutzgebieten gearbeitet. Die schöne, eher zierlich und elegant wirkende Streifengans, die, wie wir später an einem anderen Ort ein weiteres Mal sehen, so viele Mühen auf sich nimmt, um ihre Art zu erhalten, hat es verdient, daß ihr vom Menschen möglichst viel Hilfe zuteil wird.

Hier, am größten Binnensee Chinas, versuchen die Behörden, Naturschutz und einen wachsenden Tourismus miteinander zu ver-

Zwar haben die großen Fangflotten am Qinghai-See wegen des geringen Fischangebots ihre Tätigkeit vor einigen Jahren eingestellt, doch für fischfressende Vögel findet sich im zunehmend salzhaltigen Wasser vorerst noch genügend Beute. An mehreren Stellen des Ufers und auf Inseln haben Kormorane ihre Brutkolonien eingerichtet.

binden. Rund 50 000 Besucher, die meisten aus der Provinz, so sagt uns einer der Vogelwärter, schauen hier im Jahr durch die Bullaugen der Betonbunker. Diese Konstruktion kommt den Gänsen und den Menschen gleichermaßen zugute: Nur wenige Meter vor den Fenstern brüten die ersten Gänse, die von den – schalldicht abgetrennten – Zuschauern wie im Kino betrachtet werden können. Wer Lust hat, kann von hier aus den ganzen Tag das Treiben in der Brutkolonie beobachten. Mit dem Müll, den so viele Menschen hinterlassen, werden die Verantwortlichen allerdings nur sehr unzureichend fertig. Ein Glück nur, daß der Wind meistens vom See weg weht und die Gänse nicht zwischen Picknick- und Plastikresten brüten müssen. Ein Glück auch, daß die Streifengänse nicht von Fisch leben, wenngleich sie es zunehmend schwerer haben, auf den überweideten Flächen genügend Gras und andere Pflanzenkost zu finden.

Die Tibet-Lachmöwen, die sich zu einem guten Teil von kleinen Fischen ernähren, haben es da schon schwerer. Ebenso die in der Nähe auf einem felsigen Eiland zu einigen hundert Paaren brütenden Kormorane. Der große See, auf dem bis vor einigen Jahren eine ganze Fischfangflotte ihre Netze auswarf, ist total überfischt. Die Fischfabrik, in der mehrere hundert Menschen gearbeitet haben, ist längst demontiert, die Schiffe sind eingemottet. Auch hier ist das ökologische Gleichgewicht empfindlich gestört. Schon befürchten einige Naturwissenschaftler, daß der Qinghai-See ein ähnliches Schicksal wie der Aralsee in der ehemaligen Sowjetunion nehmen könnte. Immer weniger Wasser fließt von den Bergen in ihn hinein. Seine Ausdehnung schrumpft, der Salzgehalt des Wassers steigt weiter.

Um zum Ngoring Hu und zum Gyaring Hu, zwei rund 300 Kilometer weiter südwestlich gelegene Seen, zu gelangen, müssen wir den ganzen nächsten Tag mit unserem vollgepackten Bus über schlechte Gebirgsstraßen fahren. Zeitweise steigt die Straße auf gut 4300 Meter, wie der mitgeführte Höhenmesser anzeigt. Ich bin einigermaßen beruhigt, daß auch meine chinesischen Begleiter Kopfschmerzen bekommen, die das Wahrnehmungsvermögen trüben. Das karge Hochland scheint auf den ersten Blick ohne Leben zu sein. Vor allem jetzt, da hier trotz des nach dem Kalender fortgeschrittenen Frühjahrs noch spätwinterliche Verhältnisse herrschen, wirkt die Landschaft allein durch ihre Weite eindrucksvoll. In feuchten Senken zeigt sich etwas Grasbewuchs, der an vielen Stellen noch von Schnee bedeckt ist. Irgendwo lassen sich ständig Yak- oder Schafherden blicken. Streckenweise wimmelt es nur so von flinken Pfeifhasen (Schwarzlippen-Pikas), die wie der Blitz in ihren unterirdischen Bau verschwinden, sobald sich das Auto nähert. Sie scheinen aber nicht nur vor den Menschen auf der Hut zu sein. Auf mindestens jedem zweiten der Holzpfähle, die eine Telefonleitung nach Madoi führen, sitzt ein Mongolen-Bussard, der es auf eines der kleinen Nagetiere abgesehen hat. Einmal sehen wir einen Lannerfalken, der einen rasanten Angriff auf einen der Pfeifhasen fliegt, seine Beute aber um wenige Zentimeter verfehlt und im hoch aufspritzenden Schneematsch landet. Gelegentlich läßt sich ein Himalaja-Murmeltier blicken, zweimal begegnen wir einem Schakal, und in gehörigem Abstand von mindestens 500 Metern lassen sich sieben Tibetgazellen beobachten. Sie sind scheu, denn sie werden hier – wie fast alles Wild – gejagt. Wiederholt sehen wir Hirten mit Gewehren – einmal sogar begegnen wir drei bewaffneten Männern mit einem toten Mongolen-Bussard und einem erlegten Grünschenkel.

In der kleinen Distrikthauptstadt Madoi werde ich zunächst von einem Polizisten in Augenschein genommen, denn dieses Gebiet ist für Fremde nicht geöffnet. Als meine Begleiter ihm mein Sondervisum zeigen, ist er beruhigt und setzt sich zu uns an den

Tisch der kleinen behördlichen Unterkunft. Dort wird unsere Gruppe mit dem über zwei Meter langen Europäer, wie überall auf den Reisen in China, von dem zuständigen »Direktor« und einigen offiziellen Vertretern der Gemeinde bewirtet. Hierher, in die in baum- und strauchloser Landschaft gelegene Stadt, die immer wieder von furchtbaren Sandstürmen heimgesucht wird, müssen alle Lebensmittel außer Yak- und Schaffleisch herantransportiert werden. Doch dem Koch gelingt es, auch aus wenigem ein reichhaltiges Mahl mit vielen verschiedenen Gerichten zu zaubern. Das Essen in China schmeckt ganz anders und viel besser, als ich es aus den chinesischen Restaurants in Deutschland gewohnt bin. Immer wieder bin ich durch die Fülle der verschiedenen Speisen überrascht, gelegentlich auch von dem Geschmack des einen oder anderen Gerichtes irritiert. Unter den bisweilen bis zu 30 verschiedenen Speisen, die zu einer Mahlzeit aufgetischt werden, gibt es wenige, von denen ich mir nicht zum zweiten Mal nehme.

Trotz der Kopfschmerzen, die uns alle plagen, gibt es ein paar Stunden Schlaf in der Nacht. Die Höhe macht uns zu schaffen, und es wird einige Tage dauern, bis wir uns daran gewöhnt haben. Der gut 600 Quadratkilometer große Ngoring-See ist von einer wüstenartigen Landschaft umgeben, in der immer wieder eine weiße Salzschicht an die Oberfläche tritt. Auf unserer 70 Kilometer langen Fahrt mit zwei Militärjeeps sorgen zahllose Pfeifhasen für Kurzweil. In zwei Herden von jeweils etwa 30 Tieren zusammenstehende Pferde halten respektvollen Abstand zu den Autos. »Sie leben hier halb wild«, sagt der heimische Begleiter. »Früher gab es auch in dieser Gegend wilde Esel, doch die haben wir schon über zehn Jahre nicht mehr gesehen.« Immer wieder fahren wir an flachen Lagunen und kleinen

Früher zogen große Rudel von Tibetgazellen über das Qinghai-Tibet-Plateau. Heute kann der Reisende froh sein, wenn er, auf große Entfernung, mal einen einzelnen Bock zu Gesicht bekommt. Unkontrollierte Jagd und Nahrungskonkurrenz durch das Weidevieh machen den scheuen Tieren schwer zu schaffen.

Auch halbwilde Pferde tragen dazu bei, daß die karge Vegetation in der Salzsteppe kurz bleibt. Die Tiere leben das ganze Jahr hindurch draußen. An ihrer Scheuheit zeigt sich, daß sie selten zusammengetrieben und nicht alle vom Menschen genutzt werden.

Seen vorbei. Sie sind für viele Schnepfenvögel wie Rotschenkel, Strand- und Wasserläufer wichtige Rastplätze auf dem Zug. Auf größeren Wasserflächen beobachten wir Tibet-Lachmöwen, Rostgänse, Streifengänse, Mittelsäger und Küstenseeschwalben. Am salzigen Uferrand einer Blänke fällt die rotbraune Brust des Wermutregenpfeifers (*Charadrius asiaticus*) auf. Erst nach längerer Beobachtung entdecken wir in einiger Entfernung das schlichter gefiederte Weibchen. Viele Lerchen, Schmätzer, Finkenvögel und eine ganze Reihe von Kleinvogelarten, die ich bisher nie gesehen habe, scheinen auf dem Durchzug zu sein. Neben den für uns schon zum alltäglichen Anblick gehörenden Mongolen-Bussarden tauchen Kolkraben auf, und ein Steppenadler läßt sich ebenfalls einmal blicken.

Als wir schließlich am See ankommen, durch den der hier noch kleine Huang He/Hwangho (Gelber Fluß) am Beginn seiner 4845 Kilometer langen, gewundenen Reise durch China bis zur Mündung in die Bohai-See südlich von Peking fließt, landen gerade rund 40 Fischer in mehreren Booten ihren Fang an. Zwischen einem und zehn Kilogramm wiegen die Fische, von denen sie hier täglich bis zu 20 Zentner mit Netzen fangen. Die Männer kommen aus der Provinz Sichuan und fischen von April bis Oktober. Ein Teil des Fanges wird getrocknet, ein anderer Teil wird regelmäßig mit Lastwagen abgefahren. Umgerechnet 20 Pfennig erhalten sie pro Kilogramm. Wenngleich dieser Betrag hier mehr wert ist als etwa in Peking, so ist der Lohn dennoch karg.

Kurz nachdem wir die Fischer, die uns noch drei ansehnliche Fische für unser Abendessen mitgeben, verlassen haben, sehen wir auf einem Bergrücken einen starken Wolf. Es ist wie im Film: Die Silhouette des Tieres hebt sich gegen den Himmel ab. Es äugt zu uns herab, die Lauscher sind gespitzt. Doch ehe ich die Kamera mit dem Teleobjektiv in Anschlag bringen kann, ist es hinter der Bergkuppe verschwunden. Hier muß Isegrim auf der Hut sein, denn die Hirten werden Wölfe nicht besonders in ihr Herz geschlossen haben. Nachdem die natürliche Beute wie Tschirus und Tibetgazellen durch Jäger, aber auch durch die Konkurrenz des Weideviehs weitgehend dezimiert und verdrängt worden sind, werden die überlebenden Wölfe sich gelegentlich an Schafen oder an einem jungen Hausyak schadlos halten. Den Großteil ihrer Beute machen aber Pfeifhasen und Murmeltiere aus.

Auf der Weiterfahrt stoßen wir auf einen Konvoi von Lastwagen, deren Ladeflächen mit vielen Männern besetzt und mit allerlei Gerätschaften, bis hin zu Kochtöpfen, hoch bepackt sind. Sie machen gerade eine Pause. Zwei wild aussehende, bewaffnete Gestalten kommen auf uns zu und fragen, ob wir auch zum Goldwaschen unterwegs seien. Erst als wir das glaubhaft verneinen, dürfen wir weiterfahren. Goldwäscher sind in vielen Teilen Chinas unterwegs. Oftmals bewegen sie sich in Gegenden ohne behördliche Erlaubnis, und es gibt vielfach Streit und »Probleme« bis hin zu Mord- und Totschlag. Nicht selten arbeiten Goldwäscher illegal in Naturschutzgebieten, für die sie eine große Belastung bedeuten. Wo sie ihre Camps aufschlagen, verschwindet das Wild sowohl durch Störung als auch vor allem durch Wilderei.
Wer in so weit abgelegenen Gebieten Chinas unterwegs ist, erlebt eine Menge. Besondere Beobachtungen über zwischenmenschliches Verhalten lassen sich immer dann anstellen, wenn das eigene Fahrzeug – was häufig genug vorkommt – irgendwo auf einem der unbefestigten Fahrwege steckenbleibt. Bei Ausflügen in das tibetische Hochland, die ohne einheimische Begleiter gar nicht möglich sind, empfiehlt es sich, mehrere Tage für »Zwangspausen« einzukalkulieren. In menschenleeren Landschaften geht es während solcher Phasen, in denen sich sehr gut Langmut üben läßt, nicht eben gemütlich und komfortabel zu. Bei dieser Reise, die mich an den folgenden Tagen von Madoi weiter über Yushu in das 4200 Meter über dem Meeresspiegel gelegene Tal von Longbaotan und später wieder die gut 900 Kilometer zurück nach Xining führt, habe ich über chinesische Mentalität viel gelernt.
In der rund 7000 Einwohner zählenden Präfekturstadt Yushu werde ich wie ein Bewohner von einem anderen Stern betrachtet. Eine 2,05 Meter hohe »Langnase« hat man hier noch nie gesehen. Auf den zwei Hauptstraßen der Stadt gibt es regelrechte Volksaufläufe, wenn ich mit meinen Begleitern unterwegs bin. Das ist für mich seit meinem ersten Besuch in der Provinz Guizhou vor zwei Jahren nicht neu. Hier aber erlebe ich etwas Besonderes: Immer wieder werden meine Beine befühlt. Auf meine Frage, warum gerade die solches Interesse erzeugen, erfahre ich, daß die Menschen der Meinung seien, ich laufe auf Stelzen. Wie überall ist der Empfang zwar neugierig, aber freundlich. Die hier lebenden Tibeter erinnern mich an Indios. Viele Frauen tragen Hüte; sie sind – im Gegensatz zu den Chinesinnen und Chinesen in den Städten – recht bunt gekleidet. Manche der hier lebenden Menschen zeigen leicht negroide Züge. Allerdings sind in die-

Goldsucher machen in der Steppe eine Rast. Wo ihre Karawane sich niederläßt, nimmt die Natur meist Schaden (oben). Fest ansässige sowie in Jurten mal hier und mal dort lebende Hirten (Seiten 42/43) pferchen ihre Schafe für die Nacht zwischen Wällen aus Yakdung zusammen (unten). Hunde sollen durch ihr Gebell auch Wölfe abhalten.

Luo Song Yuan Pei (zweiter von links), seine Frau (hinten rechts) und sechs seiner sieben Kinder – unsere Gastgeber in Longbaotan. Sie bewohnen das einzige feste Haus, ziehen aber für den kurzen Sommer mit ihren Hausyaks, Schafen und Pferden von 4200 Metern Höhe auf über 5000 Meter in die Berge. Dann wohnt die ganze Familie gut zwei Monate lang in einer Jurte.

sen Teil Chinas auch viele Han-Chinesen aus dem dichtbesiedelten Osten des Landes umgesiedelt worden, so daß ein vielfältiges Gemisch von verschiedenen Volksstämmen zusammenlebt.

Trotz der langen und intensiven Vorbereitung durch meine Freunde aus der Provinz Guizhou dauert es einen weiteren Tag, bevor wir zur letzten Etappe aufbrechen können. Es müssen noch einige bürokratische Hürden überwunden werden, denn auch diese ganze Region ist für Ausländer gesperrt. Das gilt erst recht für das Naturschutzgebiet Longbaotan, in das wir einen Tag später unter Führung des stellvertretenden Agrar- und Forstdirektors in zwei Jeeps aufbrechen. Unser Kleinbus ist nun, zusätzlich zu all den aus Xining mitgebrachten Lebensmitteln und Kochutensilien, mit Decken, Kopfkissen, Bezügen und einer halben Hotelausrüstung beladen.

Zur Ausfahrt aus der Stadt begleiten uns mehrere Wiedehopfe. Die Serpentinenstraße ist an beiden Seiten von starker Erosion gekennzeichnet. Hier sind viele Ziegen am Werk; schon bei der Einfahrt sahen wir große Herden. 50 Kilometer hinter Yushu weitet sich der Blick in ein schönes Tal, das von einzelnen Lagunen, Schlammflächen und vielen kleinen Grasinseln überzogen ist. Immer wieder durchfahren die Autos kleine Flüsse. Häufig müssen wir vorher einige tiefe Erosionseinschnitte mit Geröll auffüllen, bevor wir es wagen können, sie zu überqueren.

Wir versinken mehrfach bis über die Achsen im Wasser, bis wir schließlich die beiden einzigen festen einstöckigen Gebäude von Longbaotan erreichen. Gelegentlich sind wir an kleinen Ansiedlungen von Zelten mit ihren durch niedrige Mauern aus Yakdung abgegrenzten Kralen vorbeigefahren und haben mit einigen der in Schafsfellmäntel gekleideten Bewohner freundliche Begrüßungen ausgetauscht, wurden wiederholt von den in der Nähe herumlaufenden Hunden angebellt und haben immer wieder Herden von Hausyaks, Schafen und kleine Gruppen von Pferden passiert. Bei Luo Song Yuan Pei, seiner Frau und seinen sieben Kindern beziehen wir in einem flachen, einstöckigen, aus Steinen und Erde errichteten Gebäude unser Quartier. Er ist der Bürgermeister, der Parteisekretär und der Naturschutzwächter von Longbaotan. Rund um die beiden Hütten (eine Reihe von weiteren aus Steinen und Yakdung errichteten Mauern sind noch zu erkennen) hat gut zehn Jahre lang ein Umerziehungsprozeß stattgefunden: Hier sollten nomadisierende tibetische Hirten seßhaft gemacht werden. Das Vorhaben wurde mit Einsetzen des Reformkurses in China beendet. Die früheren Brigaden, die ihr Vieh gemeinschaftlich bewirtschafteten, lösten sich auf, die einzelnen Familien erhielten wieder Land zugeteilt. Die Folge ist seitdem, daß der Bestand an Yaks, Schafen, Ziegen und Pferden stark gewachsen ist – zum Wohl der Besitzer gemäß dem tibetischen Wahlspruch: »Je mehr Yaks eine Familie besitzt, desto glücklicher ist sie.« Aber zum Nachteil der Natur.

Das sieht selbst unser Gastgeber so. Im Verlauf der nächsten Tage antwortet er den beiden Dolmetschern (von denen ein Einheimischer erst ins »Normalchinesische« für den mitgereisten Wu Xinde und dieser mir dann ins Englische übersetzt) häufig auf meine Fragen: In seiner Jugend, und die liege erst 25 Jahre zurück, hätten auf den 4500 Hektar, die heute das Schutzgebiet von Longbaotan ausmachen, etwa 15 Paare Schwarzhals-Kraniche gebrütet. Heute seien es noch fünf oder sechs. Es habe mehr Streifengänse und mehr Rostgänse gegeben. Auch andere Vogelarten seien zahlreicher vorgekommen. Von Murmeltieren und Pfeifhasen habe es nur so gewimmelt. Ihre Zahl sei stark zurückgegangen. Bei den Murmeltieren, deren außergewöhnliche Scheu mir schon am ersten Tag aufgefallen ist, läge das auch an den Fängern, die jedes Jahr im Herbst aus Sichuan hierherkämen. Anfangs hätten sie viele hundert erbeutet, in den letzten Jahren sei die Strecke erheblich kleiner ausgefallen. Das alles geschieht übrigens in einem Schutzgebiet.

In den vergangenen 30 Jahren haben sich hier anscheinend viele Dinge geändert. Heute leben rund 900 Menschen und etwa 50 000 Weidetiere in Longbaotan. Weil zwischen Anfang September und etwa dem 20. Juni kaum ein Grashalm oder eine Blume wachsen und die Vegetation sich nur in den knapp zweieinhalb Sommermonaten dazwischen erholen kann, wenn die Familien mit ihren Tieren zur Sommerweide höher in die Berge ziehen, zeigen sich überall starke Spuren der Erosion als Folge der Überweidung des Bodens. Der Direktor des Büros für Landschaft und Tierzucht der Präfektur Yushu, die hier auch für den Naturschutz zuständig ist, äußert sich besorgt darüber, wie stark der Wasserstand im einst überaus nassen Tal in den letzten Jahren gefallen sei. Schon lange fließen nicht mehr so viele Bäche von den Bergen wie einst. Weil die Grasnarbe überall kurzgefressen ist und da viele scharfkantige Hufe den Boden großflächig zerstört haben, strömt das Wasser, wenn es stark und anhaltend regnet, schnell talwärts, statt langsam zu sickern und stellenweise länger zu verweilen.

Wie einst die Cowboys im Wilden Westen Nordamerikas ziehen heute bunt gekleidete und abenteuerlich aussehende Hirten und Händler mit ihren Pferden über das Dach der Welt und verdingen sich für einige Zeit in den Jurtensiedlungen. Getrocknetes Yak- und Hammelfleisch sowie Yoghurt, Käse und (ranzige) Butter zu Tee sind ihre Hauptnahrung.

Doch die gewährten Freiheiten wieder einzuschränken ist nicht einfach. Die Behörden sind dabei, die Viehhaltung zu begrenzen. Schließlich kommt das den Landnutzern, die nur von der Viehhaltung leben, selbst zugute. Noch wichtiger aber ist es für die wilden Tiere, die hier leben. Unter ihnen rangieren an besonderer Stelle die Schwarzhals-Kraniche, deretwegen ein Teil von Longbaotan (der Name leitet sich ab von »Longbao«, einem tibetischen Volksstamm, und »Tan« = flacher Fluß) unter Naturschutz gestellt wurde.

Die meiste Zeit in den neun Tagen, die ich im 4200 Meter hoch gelegenen, 25 Kilometer langen und bis zu drei Kilometer breiten Tal von Longbaotan verbringe, widme ich einem brütenden Paar Schwarzhals-Kraniche. Sie gehören zu den seltensten innerhalb der 15 verschiedene Arten umfassenden Familie und genießen in China, dem an Kranichen »reichsten« Land, höchsten Schutzstatus. (In dem nach Kanada zweitgrößten Staat der Erde brüten sieben Arten, und zwei weitere überwintern hier. Seit Jahrtausenden spielen Kraniche in fernöstlichen Religionen, in der Mythologie und in der Kunst eine herausragende Rolle.) Die Schwarzhals-Kraniche, die abendländischen Naturkundlern als letzte ihrer Familie erst 1876 durch den russischen Naturforscher Nikolaj Michajlowitsch

Przewalski bekannt wurden, sind in ihrem Vorkommen im Gegensatz zu den anderen acht Arten fast ausschließlich auf China und Tibet beschränkt und waren daher bis in die achtziger Jahre von der Beobachtung in ihren natürlichen Lebensräumen durch westliche Ornithologen so gut wie ausgeschlossen. In zoologischen Gärten der kapitalistischen Welt waren sie auch bis dahin nicht zu finden. Kein Wunder, daß sie als eine recht geheimnisvolle Großvogelart galten, über die nicht allzu viel bekannt war.

Als Kranichliebhaber hatte ich mich seit 1983 darum bemüht, zunächst einmal bis zu einem Winterquartier von *Grus nigricollis* vorzudringen. Nachdem ich einige hundert der Vögel erstmalig im März 1986 an einem 2200 Meter hoch gelegenen See, dem Cao Hai, in der südwestchinesischen Provinz Guizhou einige Tage beobachtet hatte, war der Wunsch, ihre Brutgebiete ebenfalls kennenzulernen, in mir immer stärker geworden. Und da es die schwarznackigen Vögel (auf englisch heißen sie »black-necked cranes«) zur Brut – ähnlich wie die Streifengänse – auf eine Höhe zwischen 3500 und 5000 Metern zieht, habe ich es ihnen gleichgetan und dieses durch seine eindrucksvolle Bergkulisse, durch seine klare Luft, durch wunderbares Licht ausgezeichnete und von starkem Wetterwechsel innerhalb kürzester Zeit geprägte Tal aufgesucht.

Das wäre nicht möglich gewesen ohne die intensive Hilfe der amtlichen Naturschützer aus Guiyang, der Hauptstadt der Provinz Guizhou, die mit ihren Kollegen in Xining eine Zusammenarbeit zum Schutz der Schwarzhals-Kraniche vereinbart haben und nun selber zum ersten Mal ein Brutgebiet ihrer Wintergäste besuchen. Zu fünft teilen wir uns während des Aufenthaltes einen kleinen Raum, in dem auch gekocht wird. Während ich tagsüber einen Großteil der Zeit in einem Beobachtungszelt in störungsfreiem Abstand von einem der drei uns bekannten Nester der Kraniche verbringe, um von dort

Das Tal von Longbaotan wird in der Zeit von April bis August von vielen Zugvögeln zum Brüten aufgesucht. Die Schwarzhalskraniche sind die größten und eindrucksvollsten (Seite 47: ein Paar bei der Brutablösung in der Nähe des Nestes). Auch sie leiden unter der intensiven Beweidung und der dadurch verursachten Veränderung der Wasserstände.

Das Hermelin sieht mit seinem überwiegend gelben Sommerfell zwar etwas anders aus als seine europäischen Artgenossen, doch es zeigt auch im Tibetischen Hochland ein ähnliches Verhalten wie überall: neugierig und wieselflink im Hin- und Herhuschen. Im Sommer ist sein Tisch mit Eiern und Jungen von Vögeln zusätzlich gedeckt. Mäuse und Pfeifhasen machen einen guten Teil seiner Beute aus.

insgesamt 55 Stunden lang das Brutgeschehen zu beobachten, unternehmen meine chinesischen Kollegen Streifzüge durch das Tal und erzählen abends, rund um den mit Yakdung beheizten kleinen Bollerofen, von ihren Beobachtungen, wohingegen ich sie über das Familienleben der Schwarzhals-Kraniche auf dem laufenden halte. Darüber habe ich in einem anderen Buch – »Kraniche – Vögel des Glücks« – ausführlicher berichtet.

Während meiner langen Ansitze vor einer lagunenartigen Ausbuchtung des langsam strömenden Flusses, in deren knapp knietiefem Wasser das Kranichpaar sein Nest aus Wasserpflanzen und abgestorbenem Gras gebaut hat, genieße ich die grandiose Kulisse der über 5000 Meter hohen Berge, die sich bei dem sich schnell ändernden Wetter in unterschiedlichen Farben zeigen: mal glasklar, mal wolkenverhangen oder von einem Schneeschauer verhüllt, mal von Blitzen umzuckt, dann wieder von gleißender Sonne bestrahlt. Obwohl die Temperaturen nachts unter null Grad Celsius sinken, flimmert mittags mitunter die Luft in der Hitze.

Die Kraniche nehmen die Temperaturschwankungen und das wechselhafte Wetter ohne erkennbare Reaktionen hin. Wenn die Jungen nach einer Brutzeit von 30 bis 33 Tagen schlüpfen, können anhaltender Regen und einige kalte Tage indes dazu führen, daß die Küken die besonders kritischen ersten zwei Wochen ihres Lebens nicht überstehen. Dann fehlt es vor allem an der für den Kranichnachwuchs notwendigen Nahrung, die aus Insekten und anderem Kleingetier besteht.

Im Angesicht der beiden großen silbergrauen Vögel, deren Gefieder mit einem leichten Braunton überzogen ist und deren rote Kopfplatte im Sonnenschein besonders kräftig leuchtet, werden in mir Erinnerungen an Begegnungen mit anderen Kranicharten in China wach. Als ich ein Jahr zuvor in der nordostchinesischen Provinz Jilin im 105 000 Hektar großen Naturschutzgebiet *Xianghai* auf Einladung der dortigen Verwaltung brütende Mandschurenkraniche und Jungfernkraniche beobachten konnte, erlebte ich, wie schnell das Schicksal einer Brut besiegelt sein kann: Obwohl mein mangels Schilfbewuchses nur spärlich getarntes Ansitzzelt knapp 100 Meter entfernt stand, ritt ein Hirte auf den brütenden, durch sein weißes Gefieder weithin leuchtenden Mandschurenkranich zu, der daraufhin

natürlich sein Nest verließ. Der Mann trieb sein kleines Pferd durch das stellenweise bauchtiefe Wasser bis kurz vor den Brutplatz, stieg ab, schaute sich kurz um und hob dann zunächst eines der beiden Eier, kurz darauf das zweite auf und wollte sie in eine Tasche am Sattel stecken.

Ich beobachtete alles atemlos durch mein starkes Teleobjektiv, wagte aber nicht, mein Zelt zu verlassen, um dem in größerer Entfernung aufgeregt hin- und herlaufenden Kranich, zu dem sich nach kurzer Zeit der Partner hinzugesellt hatte, keinen Schock zu versetzen und darüber hinaus mein Versteck zu offenbaren. So blieb mir nur, fürchterlich laut unverständliche Laute zu rufen, die glücklicherweise ihre Wirkung zeigten: Der Eierdieb fuhr erschrocken zusammen und legte tatsächlich beide Eier zurück. Dann beeilte er sich davonzukommen. Eine halbe Stunde später saß der Mandschurenkranich wieder auf seinem Nest, ebenso der in einer Entfernung von genau 115 Metern brütende Jungfernkranich, der – wie auch der Weißnackenkranich – im *Xianghai-Reservat* nistet.

Mit über 210 nachgewiesenen Vogelarten gehört dieses Schutzgebiet zu den wichtigsten Feuchtlebensräumen in China. Große Flachwasserzonen wechseln mit ausgedehnten Sandflächen ab und bieten mit ihren Übergangszonen ein Mosaik der verschiedensten Biotoptypen, die nicht nur als Brutgebiet für viele Vögel, unter ihnen die Großtrappe, attraktiv sind. Im Frühling und Herbst dienen sie Hunderttausenden von Zugvögeln als wichtiges Rastgebiet, darunter höchst bedrohten Arten wie dem Schneekranich. Singvogelschwärme nächtigen im Schilf, das im Herbst noch Schutz bietet, im Winter aber zur Herstellung von Papier

Im Naturschutzgebiet Xianghai *brüten Mandschurenkraniche (oben) und Jungfernkraniche gelegentlich dicht beieinander, ohne sich gegenseitig zu stören.*

Die Jungen hüten Schweine, die Alten Rinder – noch leben die meisten Menschen in China auf dem Land und nutzen fast jeden Quadratmeter. Auf dem Land ist es einfacher, die »Ein-Kind-Regel« pro Familie zu umgehen.

geerntet wird. Zwar gibt es Auflagen, pro Hektar genügend Schilfinseln von bestimmtem Ausmaß stehenzulassen, doch werden diese Vorschriften kaum eingehalten. So fehlt es denn auch in jedem Frühjahr an Deckung für jene Vögel, die ihr Nest gegen Feinde tarnen müssen. Während sich kleinere Bodenbrüter noch einigermaßen unsichtbar machen können im jungen Schilf- und Grasaufwuchs, ist das für Großvögel wie Kraniche und Trappen unmöglich.

Nicht nur Schilfbewirtschaftung, Fischzucht und Ackerbau sind in den großen unter Naturschutz stehenden Feuchtgebieten Chinas ein Problem, sondern – ähnlich wie auf dem Qinghai-Tibet-Plateau, wenn

auch mit anderen Tierrassen – die Viehzucht. Kühe, Schafe, Ziegen, Pferde und Schweine, in manchen Gebieten auch in großen Scharen Hausgänse und Hausenten, werden tagsüber zur Futtersuche in die Gebiete getrieben. Die wildlebenden Tierarten leiden darunter erheblich, die natürliche Vegetation mit nicht wenigen seltenen Pflanzen wird vielerorts restlos zerstört. Die örtlichen Naturschutzbeamten, wenn sie denn überhaupt ihre Aufgaben ernst nehmen, was aber besonders bei den jüngeren zunehmend der Fall ist, können sich häufig nicht gegen die lokalen Politiker und Interessenvertreter durchsetzen. Die handeln immer noch nach der Devise von Mao Tse-tung: Wilde Tiere, insbesondere Vögel, sind Konkurrenten des Menschen, daher schädlich und auszurotten. Während der zehnjährigen Kulturrevolution sind in China Abermillionen von Vögeln, vor allem auch Singvögel, getötet worden. Das Wort Naturschutz existierte nicht. Erst im Verlauf des politischen Reformkurses wurde auch in China immer deutlicher, daß Natur- und Umweltschutz sich nicht gegen den Menschen wenden, sondern für sein Überleben notwendig sind. 1979 wurden in den meisten Provinzen und autonomen Gebieten Chinas Umweltschutzbehörden eingerichtet; auf nationaler Ebene gibt es die »Environmental Protection Agency (EPA)«, die sich neben dem Forstministerium um Naturschutz kümmert. Doch Peking ist weit, die Mühlen der Behörden mahlen langsam, und ob es mit dem Naturschutz in einem Gebiet einigermaßen klappt, hängt – von Fall zu Fall ganz unterschiedlich – von Provinz-, Distrikt-, Kreis- und Gemeindebehörden ab. Zu eifrige Naturschützer werden oftmals ihres Postens enthoben, nicht selten hat ein verdienter Parteisekretär das Sagen, der an allem anderen, nur nicht am Naturschutz interessiert ist.

In einem Land, in dem die meisten Menschen so arm sind, wie es sich ein Bewohner Westeuropas erst vorstellen kann, wenn er

die Menschen und ihre Lebensumstände gesehen hat, müssen zwar andere Regeln für den Schutz der Natur gelten, doch erkennen immer mehr chinesische Politiker, daß die natürlichen Ressourcen und Güter ihres großen Landes immer schneller schrumpfen. Moderne Verkehrserschließung, eine trotz der (nicht funktionierenden) Ein-Kind-Regel rasch wachsende Bevölkerung, die zunehmende Verbreitung moderner Jagdwaffen, die Abholzung der Wälder, eine fortschreitende Erosion, Versteppung und Versalzung der Böden, die Vergiftung und Belastung der Gewässer, in vielen Städten ein Grad der Luftverschmutzung, der seinesgleichen sucht – China steht vor ungeheuren Aufgaben, die Umwelt zu sichern. Dabei spielt der klassische Natur- und Artenschutz häufig nur eine untergeordnete Rolle, obwohl China mit seinen vielen unterschiedlichen klimatischen und topographischen Zonen über einen außergewöhnlichen Reichtum an Arten verfügt: Neben den erwähnten rund 1200 Vogelarten sind es allein 450 Säugetier- und gut 500 Süßwasserfischarten, von der Artenfülle der Insekten und der Pflanzen ganz zu schweigen. Viele Arten sind bereits ausgerottet; manche, wie der Davidshirsch, auch Milu genannt, oder das Przewalski-Pferd, werden mit großem Aufwand aus europäischen Gefangenschaftszuchten wieder ausgewildert. Die Rote Liste der hochgradig gefährdeten Arten Chinas wird dennoch immer länger.

Solche Gedanken gehen mir durch den Kopf, während ich Stunde für Stunde, Tag für Tag aus angemessener Entfernung das Geschehen rund um das Nest der Schwarzhals-Kraniche von Longbaotan miterlebe. Ein reichhaltiges Vogelkonzert erfüllt die Luft; immer wieder überfliegen Streifengänse und Rostgänse, die in der Nähe brüten, den Brutplatz der Kraniche. Küstenseeschwalben tauchen auf der Jagd nach kleinen Fischen im Sturzflug neben ihrem Nest ins Wasser, und einige Male landet eine gelbe Gebirgsstelze mit wippendem Schwanz neben dem brütenden Kranich auf dem Nestrand, ohne daß dieser sich belästigt fühlt. Er bleibt ungerührt auf den beiden Eiern sitzen und ruckt nicht einmal mit seinem Kopf.

Ganz anders reagieren die beiden Kraniche, die sich während der Brut in unregelmäßigen Abständen ablösen, wenn sich auch nur in weiter Entfernung ein freilaufender Hirtenhund zeigt. Selbst wenn dieser in einer Entfernung von mehreren hundert Metern vorüberstrolcht, entfernen sie sich geduckt vom

Cao Hai – Meer des Grases – heißt ein 2200 Meter hoch gelegener See in der Provinz Guizhou im Südwesten Chinas. Die reiche Unterwasserflora dient nicht nur Fischen und Vögeln als Nahrung, sondern wird von den Anwohnern auch als Viehfutter geerntet. Der Cao Hai, der im Laufe des Jahres seine Ausdehnung durch Wasserzufluß und Verdunstung immer wieder stark verändert, ist ein wichtiges Vogelrastgebiet.

Streifengänse fliegen vom Qinghai-Tibet-Plateau und anderen Brutgebieten in China einige tausend Kilometer, um rund um den Cao Hai zu überwintern. Wo sie sich konzentrieren, werden sie von den Bauern als Schädlinge betrachtet, die den Ernteertrag der kleinen Felder beeinträchtigen können.

Nest. Genauso handeln sie, wenn einzelne Yaks von ihrer Herde ab- und dem Brutplatz zu nahe kommen. Die Vögel scheinen schlechte Erfahrungen gemacht zu haben. Erst recht mit Menschen, die sie nur bis auf etwa 800 Meter in dieser deckungslosen Landschaft »aushalten«. Kommen sie dem Nest näher, verlassen die Vögel dieses und kehren erst zurück, wenn die Fluchtdistanz wiederhergestellt ist. Dabei machen sie Unterschiede zwischen einheimischen Hirten und zugereisten Naturbeobachtern wie unserer kleinen Gruppe: Die Hirten, zumal zu Pferde, lassen sie näher herankommen als die Fremden.

Derartige Beeinträchtigungen wiegen eher leicht im Vergleich zum massiven Torfabbau, der ein wichtiges Brutgebiet im Norden Sichuans zu zerstören droht. Noch nachteiliger wirken sich Veränderungen in traditionellen Überwinterungsgebieten aus: In Tibet etwa hat die chinesische Bevölkerungspolitik Folgen auch für die Schwarzhals-Kraniche. Immer mehr Menschen besiedeln und bebauen das Land dort, wo auch die früher von den Tibetern verehrten Vögel leben (und nur leben können). Im Winter ernähren sie sich weitgehend vegetarisch, in Tibet mit Vorliebe auf den abgeernteten Gerstenfeldern, die genügend liegengebliebene Körner hergeben. Doch neue Ackerbaumethoden und Getreidesorten machen Schluß mit derartiger extensiver Bewirtschaftung, aus der neben den Kranichen viele andere freilebende Tiere Nutzen ziehen. Seit einiger Zeit werden im Herbst die abgeernteten Felder gepflügt und mit Winterweizen eingesät. Da bleibt für die Kraniche immer weniger. Darüber hinaus werden die Flußtäler, in denen die Vögel überwintern, zunehmend durch Straßen und Siedlungen erschlossen.

In Tibet, in Qinghai und am schon erwähnten Cao Hai in der Provinz Guizhou bemühen sich die chinesischen Naturschutzbehörden mit westlicher Unterstützung, namentlich durch die in Baraboo im nordamerikanischen Bundesstaat Wisconsin ansässige »International Crane Foundation – ICF« (Internationale Kranichstiftung), um Lösungen, die den Bauern und den Vögeln gleichermaßen helfen. Dabei dienen die Kraniche gleichzeitig als attraktive »Leitarten« (flagship species) dem Schutz zahlreicher anderer Arten, denen nicht so viel Aufmerksamkeit zuteil wird, weil sie nicht so publikumswirksam sind.

Das gilt auch für das »Meer des Grases«. So lautet die Übersetzung von Cao Hai. Diesen Namen trägt der zwischen Mai und Oktober durch von den Bergen zulaufendes Wasser auf 30 Quadratkilometer anwachsende See wegen seiner vielen Unterwasserpflanzen, die von Booten als Viehfutter geerntet werden. Er ist mit seinen umliegenden Feldern, auf denen die Menschen von Wei Ning, der angrenzenden Kreisstadt, und aus den nahen Dörfern Gemüse anbauen, Anziehungspunkt für Zehntausende anderer Zugvögel und für die Schwarzhals-Kraniche außerhalb Tibets das wichtigste Winterquartier. Mehr als 500 verbringen hier bisweilen die Zeit von November bis Ende März, und ihre Schar wird von über 1000 Grauen Kranichen sowie einzelnen Mönchskranichen verstärkt. Wenn während der Wintermonate die Wasserfläche um rund die Hälfte zusammenschrumpft, bietet der trockenfallende, fruchtbare Marschboden reiche Kost: Mit ihren Schnäbeln graben die Kraniche Wurzeln, Zwiebeln, Knollen und Samen der Pflanzen aus, finden Schnecken, Krebse und andere tierische Beute. Die Bauern wollen hingegen möglichst viel Land zum Anbau von Feldfrüchten oder zum Ausheben von Fischteichen nutzen. Viele sehen in den Vögeln Nahrungskonkurrenten. Eine während der Kulturrevolution vorgenommene Trockenlegung wurde großenteils rückgängig gemacht, knapp 4000 Hektar des Gebietes wurden 1985 unter Schutz gestellt.

Nicht überall wird gegen illegale Landnutzer in Schutzgebieten vorgegangen wie in der Provinz Guizhou, wobei die Aufklärung vor Entschädigungszahlungen oder einer Strafe rangiert. Anstrengungen, Touristen in das entlegene Gebiet mit geringer Infrastruktur zu locken, zeigen erste Erfolge. Ebenso am Poyang-See in der südostchinesischen Provinz Jiangxi, den der Yangtze (Jangtse-Fluß) während der Regenzeit von 500 auf 3000 Quadratkilometer anwachsen läßt. Dort überwintern die aus Sibirien anfliegenden Schnee- oder Nonnenkraniche. Mit einem Bestand von 2000 bis 3000 Vögeln sind sie noch seltener als die Schwarzhals-Kraniche, deren Zahl nach neuesten intensiven Beobachtungen und Erhebungen auf rund 5000 veranschlagt wird. Ob es in früheren Zeiten wesentlich mehr gewesen sind, ist fraglich. Die harten natürlichen Lebensumstände, denen sich die gefiederten Hochgebirgsbewohner aussetzen, waren sicher seit jeher ein begrenzender Faktor für die Verbreitung der Art. In jüngerer Vergangenheit kommt jedoch der Mensch als wachsende Bedrohung hinzu.

Internationale Naturschutzorganisationen wie ICF und WWF haben die Bedeutung des Cao Hai für den Vogelschutz erkannt und unterstützen die Behörden bei ihren Schutzbemühungen. Für die im Bestand bedrohten Schwarzhalskraniche ist der Cao Hai mit seinen umliegenden Feldern und marschartigen Flächen der wichtigste Überwinterungsplatz außerhalb Tibets.

Noch spielt sich das Leben auf dem Land in China vielerorts gemächlich ab wie hier am Cao Hai (Seite 55), doch mehr als eine Milliarde Menschen können nur satt werden, wenn die Erde intensiv genutzt wird (Seiten 56/57: Reisfelder und Terrassenäcker in der Provinz Guizhou). Da bleibt die biologische Vielfalt Chinas weitgehend auf der Strecke.

Das gilt nahezu für alle binnenländischen Feuchtgebiete in China, die mehr als 25 Millionen Hektar umfassen. Nur ein kleiner Teil ist bisher in ein Netz von Schutzgebieten einbezogen. (Die Erhaltung von Sümpfen, Mooren und Überschwemmungslandschaften ist nicht zuletzt auch für die Wasserversorgung der Menschen wichtig.) Zu den bedeutenden wasserträchtigen Landschaften, die aber mittlerweile von den Menschen völlig »reguliert« werden, zählt neben den erwähnten das 210 000 Hektar umfassende Reservat *Zhalong* in der nordostchinesischen (mandschurischen) Provinz Heilongjiang, 1979 als eines der ersten Schutzgebiete in China eingerichtet. Rund 25 000 Menschen leben innerhalb der Reservatsgrenzen von der Landwirtschaft, vom Schilfschneiden im Winter und vom Fischfang. Zunehmend leben sie auch vom Tagestourismus, denn in *Zhalong* werden Mandschurenkraniche und Weißnackenkraniche gezüchtet; außerdem werden fast alle Kranicharten der Erde in Gehegen und frei fliegend gezeigt. In *Zhalong* läßt sich, ähnlich wie in *Wolong* bei den Großen Pandas, sogenannter Ökotourismus nach chinesischem Muster erleben. Dabei wird den Besuchern die Haltung von Tieren hinter Gittern oder mit gestutzten Flügeln gern als eine Form von Naturschutz »verkauft«, die wahren ökologischen Probleme des Gebietes kommen aber leider nur selten zur Sprache.

Doch auch in *Zhalong* erlebte ich, wie junge Reservatsmitarbeiter sich bemühten, Besuchern aus der nahen Stadt Qiqihar Funktionsabläufe in der Natur zu erklären. Im Gegensatz zu vielen anderen Angestellten, die eher lust- und interessenlos ihrer Arbeit nachgehen oder diese auch sein lassen, sind das die Hoffnungsträger des chinesischen Naturschutzes. Anerkennung, Fortbildung und Unterstützung in und aus dem Ausland für die im Naturschutz tätigen und an ihm interessierten Chinesen können eine große Hilfe sein.

Tiger, Elefanten oder Menschen?

Der Tiger kommt direkt auf uns zu. »Keep quiet, don't move«, flüstert Prakash Sharma, unser Begleiter von der »Forest Guard«. »No problem«, fügt er leise hinzu. Obwohl manche aufregende Begegnung in der Wildbahn gewohnt, bin ich jetzt froh, daß hinter mir, auf dem Rücksitz des ehemaligen offenen Armeejeeps, der uniformierte Wald- und Wildhüter sitzt. Und das alte Gewehr an seiner Seite beruhigt mich zusätzlich, wenngleich ich mir nicht wünsche, daß es zum Einsatz kommt. Alice und Shahid, meinen beiden Begleitern, ergeht es nicht anders, wie wir einander später versichern.

Vor wenigen Augenblicken noch haben wir den Tiger in einer Entfernung von gut 100 Metern, 20 davon als Höhenunterschied, gesehen. Er saß mit dem hinteren Teil seines Körpers im flachen Wasser am Rand des Flusses und verschaffte sich Kühlung. Gut 20 Minuten haben wir ihn von der Abbruchkante des Flußbettes aus dem Wagen heraus mit unseren Ferngläsern beobachtet und dabei gemerkt, wie die Abenddämmerung sich langsam ausbreitete. Dann war der Tiger plötzlich aufgestanden, hatte sich geschüttelt, daß die Wassertropfen nur so sprühten, und war gemächlich ein paar Meter zum Fuß des Abhangs gezogen, bis wir ihn nicht mehr sehen konnten. Prakash Sharma hatte zu Shahid gesagt, er möge mit dem Wagen zurücksetzen.

Seiten 58/59: Bengalische Tiger brauchen Wasser in ihrem Revier – nicht nur zum Trinken, sondern auch, um in langen »Sitzbädern« ihren Körper zu kühlen. Die großen gestreiften Katzen, seit 1972 eine Zeitlang dank der »Operation Tiger« wieder zu mehr Verbreitung gekommen, sind seit Beginn der neunziger Jahre erneut in Bedrängnis geraten. Neben der Gefährdung durch illegale Jagd und den Handel mit ihren Körperteilen droht den Tieren durch die erzwungene »Bindung« an isolierte Schutzgebiete große Gefahr. Der Bestand kann sich kaum mehr genügend vermehren und ausbreiten, die Tiere können von Wilderern gezielt aufgespürt werden. In vielen der 21 speziellen Tiger-Reservate ist der Schutz durch die Behörden mangelhaft geworden. Nur eine neue internationale Initiative zum Schutz der Tiger kann noch helfen. Im Herbst 1994 wird die Zahl der freilebenden Bengalischen (Indischen) Tiger von WWF und IUCN mit 3250 bis 4700 angegeben.

Kaum stehen wir nach einer Fahrt von 20 bis 30 Metern wieder, und der Motor ist nach dem Ausschalten der Zündung mit kurzem Schütteln verstummt, da erscheint keine 30 Meter entfernt der mächtige Kopf des Tigers oberhalb der steinigen Kante. Mit zwei, drei geschmeidigen, kraftvollen Bewegungen hat das Tier seinen ganzen Körper nach oben gebracht.

Er hat uns sofort gesehen. Doch statt abzudrehen und zu flüchten oder auch nur zu verharren, kommt der Tiger direkt auf uns zu. Mit einer Selbstverständlichkeit und Gelassenheit, daß es mir den Atem verschlägt. Und noch etwas läßt mich das Atmen vergessen: Der Tiger erscheint mir so groß und hochbeinig, wie ich noch nie zuvor einen gesehen habe. Es ist für mich ohnehin die erste Begegnung mit einem Tiger in freier Wildbahn. Im offenen Jeep ohne Seitentüren komme ich mir völlig hilflos vor. Etwa acht Meter vor uns stockt die wahrhaft riesige Katze für einen Moment, eine ihrer Vorderpranken schwebt für den Bruchteil einer Sekunde in der Luft, dann dreht der Tiger ab – uninteressiert und souverän; geradezu würdevoll kommt er mir vor. Obwohl ich dieses vermenschlichende Wort für Tiere sonst ungern gebrauche – hier erscheint es mir irgendwie angebracht, und ich kann in diesem Moment verstehen, warum der Tiger als ein königliches Tier bezeichnet wird. Ohne uns eines weiteren Blickes zu würdigen, strebt er ausgewogenen, ruhigen Schrittes einer mit schütterem, trockenem Gebüsch bestandenen Geröllhalde zu, spritzt zweimal Harn als Duftnote an die Stämme von Büschen und wird mit seinem gestreiften Fell schließlich von der nunmehr schon tiefen Dämmerung auf dem felsigen Untergrund aufgesogen.

Wir haben minutenlang stillgesessen, von dem Tiger wie in seinen Bann gezogen. »Es war ein großes Männchen«, sagt Prakash Sharma schließlich. »Er ist wahrscheinlich der größte Tiger im ganzen Park.« Seine Worte wirken wie eine Erlösung, und jeder von uns gibt seine Empfindungen wieder. Auf eine schaurig schöne Art gelähmt, so hatten wir uns für kurze Zeit gefühlt, als der Tiger ohne jedes Zögern auf uns zugezogen kam. Er war uns so überwältigend, alles beherrschend erschienen. Doch wir waren uns einig: Irgendwie hatten wir gespürt, daß er keine unguten Absichten hatte, wenngleich man sich auch nicht ganz so sicher... und so weiter.

Es bleibt nicht unsere einzige Begegnung mit einem Tiger im *Ranthambhore Nationalpark* im indischen Staat Rajasthan, gut 300 Kilometer südlich von Delhi, der Hauptstadt Indiens. Als ich im März und April 1987 auf einer mehrwöchigen Rundreise durch das nördliche Indien erstmals zehn Tage in *Ranthambhore* verbringe, kann ich noch nicht ahnen, daß sich hier die Verhältnisse sechs Jahre später dramatisch geändert haben werden. Vielleicht wäre ich mit dem Wissen um die sich rapide verschlechternde Lage des Nationalparks noch länger geblieben. Aber auch ohne zu wissen, daß es sechs Jahre später sehr schwer sein würde, hier auch nur noch einen einzigen Tiger zu Gesicht zu bekommen, nutzen wir die Zeit in *Ranthambhore* weidlich. Morgens geht es im ersten Dämmerlicht hinaus in den knapp 40 000 Hektar großen Park. Wir müssen uns warm anziehen, denn nachts kühlt es sich stark ab. Kaum ein Morgen vergeht, an dem wir nicht Tiger beobachten. Auch wenn wir nicht ausschließlich der größten Raubkatzen der Erde wegen hierhergekommen sind, ist es doch jedesmal ein ganz besonderes Erlebnis, eine von ihnen zu sehen. Gerade der Morgen bietet immer wieder Gelegenheit, die Tiere in verschiedenen Situationen zu erleben. Zwei Beobachtungen sind mir, neben der zuvor geschilderten Begegnung, besonders in Erinnerung geblieben.

Eines Morgens befinden wir uns bereits auf der Rückfahrt und freuen uns schon auf den Tee im »Jogi Mahal«, dem »Forest Resthouse«, das früher einmal einem Priester als

Tempel gedient hat. Längst haben wir unsere Jacken und Pullover ausgezogen, denn die Sonne scheint gegen 9.30 Uhr bereits heiß vom Himmel. Hätten nicht einige der stets wachsamen Languren, Vertreter der Familie der Schlankaffen, wieder einmal Alarm geschlagen, hätten wir die Tigerin im trockenen Busch neben dem sandigen Fahrweg nicht entdeckt. So aber hat Prakash Sharma, der wieder mit von der Partie ist, unseren indischen Freund Shahid, mit dem wir seit Wochen in seinem ausgemusterten Armeejeep unterwegs sind, zum Halten veranlaßt. Die Languren, auf deutsch genauer die Hulmans, zeigen uns bald, wohin wir schauen müssen. Sie sitzen zu viert im Geäst eines Baumes und kreischen ihre Aufregung schräg nach unten. Und dennoch hätten wir den Tiger wohl kaum erspäht, wenn er sich nicht bewegt hätte.

Unsere Geduld macht sich bezahlt. Nachdem sich die Raubkatze davon überzeugt hat, daß wir nichts Böses gegen sie im Schilde führen, bewegt sie sich vorwärts. Zu unserer Überraschung schleppt sie einen weiblichen Sambarhirsch aus dem Gebüsch und schleift ihn zwischen den Vorderbeinen ein Stück auf dem Weg vor uns her, um anschließend auf der gegenüberliegenden Seite zwischen hohem Gras zu verschwinden. »Das ist eine Tigerin, die Beute zu ihren Jungen trägt«, erklärt unser Führer. Zwei Dinge beeindrucken uns. Einmal die geringe Scheu, mit der die Tigerin ihre frischgeschlagene Beute an uns vorbeizerrt. Zum anderen, mit welcher Kraft die Katze ihr schweres Opfer transportiert. Der indische Sambar, auch Pferdehirsch genannt, kann bis zu 350 Kilogramm schwer werden. Ein ausgewachsenes Weibchen wiegt sicherlich mindestens 150 Kilogramm. Und das Opfer, das die Tigerin in ihrem Fang hält und halb vor sich und halb unter sich vorwärtszerrt, sieht so aus, als hätte es mindestens dieses Gewicht. Tiger sind dafür bekannt, daß sie ein Mehrfaches ihres eigenen Körpergewichts bewegen können. Immerhin bringen Tiger einiges auf die Waage: männliche Tiger bei einer Körperlänge von 3,5 Metern bis zu 280 Kilogramm, weibliche Tiere bleiben knapp 100 Kilogramm leichter.

Ein zweites, sehr nahes und überraschendes Zusammentreffen mit einem Tiger haben wir am vorletzten Tag unseres Aufenthaltes

Eine Tigerin hat Jagdglück gehabt und schleppt ihre Beute, einen weiblichen Sambarhirsch, über einen Weg zu dem Versteck, in dem sie ihre Jungen zurückgelassen hat. Die Großkatzen können ein Mehrfaches ihres eigenen Gewichtes bewegen.

in *Ranthambhore.* Wir sind schon mindestens zwei Stunden mit unserem »Rolling Frankolin«, wie Shahid seinen Jeep nennt, unterwegs, als wir – nicht zum ersten Mal – ganz sachte in eine Schlucht hinabfahren, durch die ein kleines Flüßchen plätschert. Schon mehrfach haben wir während des Tages hier eine kleine Pause eingelegt, denn die Feuchtigkeit und der Schatten von Bäumen sorgen für eine erfrischende Kühlung. Noch nie haben wir hier allerdings, außer ein paar Vögeln, besondere Beobachtungen gemacht. Heute morgen jedoch fahren wir wie elektrisiert zusammen. Als wir ganz langsam durch das Flußbett rollen, leuchtet uns von rechts das rotbraune Fell eines Tigers entgegen. Fast bis zum Hals sitzt er im kühlen Naß und äugt uns unverwandt an. Er muß uns schon seit einiger Zeit gehört haben, doch augenscheinlich hat er sich nicht genügend gestört gefühlt, um auf die Wohltat des Bades zu verzichten. Tiger lieben es über alles, sich mehrfach am Tag im Wasser zu kühlen.

Während ich meine Kamera mit dem Normalobjektiv auf den Tiger richte, wendet er seine Augen nicht von uns. Die Entfernung beträgt vielleicht sechs bis sieben Meter. »Das kann nicht lange gutgehen«, denke ich und drücke ein paarmal auf den Auslöser. Das 180-Millimeter-Objektiv sitzt auf dem anderen Kameragehäuse mit dem Schwarzweißfilm. Ich schaffe es noch, auch mit dieser Kamera ein paar Bilder zu machen. Mit zitternden Händen wechsele ich die Objektive. Doch gerade in dem Moment, als ich die Kamera mit dem Farbfilm, nunmehr mit dem 180-Millimeter-Objektiv bestückt, auf den Tiger richte, erhebt er sich und verläßt seinen Badeplatz, der von Schilf und Uferbüschen umgeben ist. Ganz ruhig zieht er sich ein Stück weiter zurück; man könnte meinen, er reagiere fast verächtlich auf die Behelligung, möchte einfach nicht mehr gestört und schon gar nicht fotografiert werden. Etwas schuldbewußt, daß wir den König des Dschungels, der in dieser Umgebung seinem Namen alle Ehre macht, derartig gestört haben, versuchen wir, so behutsam wie möglich weiterzufahren. Wir sind sicher, daß der Tiger, der wenige Dutzend Meter flußabwärts gezogen ist, uns durch das grüne Dickicht genau beobachtet. Nur wir können ihn nicht mehr sehen. Und als wir später zurückkommen, denn wir müssen die Furt erneut überqueren, da habe ich das Gefühl, als folge unserem Auto aus sicherer Deckung der Blick zweier gelber Augen.

So attraktiv die Tiger bei meinem ersten Besuch im *Ranthambhore Nationalpark* uns auch erscheinen, sie liefern uns nicht die einzigen aufregenden Beobachtungen. In dem knapp 400 Quadratkilometer großen Gebiet gibt es viel zu sehen. Die offizielle Artenliste

weist 272 Vogelarten, 22 Säugetierarten und fast 300 Baumarten auf. Die drei Seen, zur Trockenzeit Mittelpunkt fast jeglichen Lebens, beherbergen gut 50 verschiedene Arten von Wasserpflanzen, von denen wiederum viele Tiere leben.

Besonders augenfällig sind die Sambarhirsche, die hier zu »Wasserhirschen« geworden sind. In Rudeln von 30 und mehr Tieren stehen sie mitunter in einem der Seen und äsen von den Pflanzen an der Oberfläche. Oder sie tauchen mit ihrem Kopf unter, um sich aus halber Höhe unter Wasser ihre Äsung abzupflücken. Von Lotosblättern bis zu unterirdischen Gräsern verzehren sie eine Vielzahl von Gewächsen. Allerdings müssen sie aufpassen: Bis zu fünf Meter lange Sumpfkrokodile *(Crocodylus palustres)* können auch einem ausgewachsenen Sambarhirsch gefährlich werden. Und während einiger Jahre waren Sambarhirsche selbst im Wasser vor Tigern nicht sicher. Einige der Raubkatzen hatten sich regelrecht darauf spezialisiert, die großen Wiederkäuer im Wasser anzugreifen und zu überwältigen.

Neben der Art *Cervus unicolor*, wie die Sambare wegen ihrer recht gleichmäßig braunen Fellfärbung heißen, stellen die Axishirsche (auf englisch Axis deer oder Chitah) ein gut Teil der Beute für die Tiger. Beide Hirscharten wissen um die Gefahr, in der sie leben. So warnen sie mit eindringlichen Rufen, wenn sie ihren größten Feind wittern oder sehen: die Sambarhirsche mit dumpfen, grunzen-

Ein Rudel Sambarhirsche im Ranthambhore Nationalpark. *Auch im Wasser müssen sie vor Tigern auf der Hut sein – außerdem vor Krokodilen.*

Sambarhirsche decken einen Großteil ihres Nahrungsbedarfes im Wasser, sofern die Voraussetzungen dafür gegeben sind. Lotusblätter, Seerosen, Gräser und andere Wasserpflanzen holen sie sich mitunter sogar im »Tauchgang«. Für kurze Zeit ist dann selbst ihr Kopf unter der Wasseroberfläche verschwunden. Gesellschaft haben die großen Hirsche häufig von Reihern, die ihnen die Insekten vom Körper abpicken (oben). Pfaue (Seite 65 oben) und Languren (Seite 65 unten) warnen mit ihren schrillen Rufen oft die übrigen Tiere vor dem Tiger und haben schon manchem Sambar das Leben gerettet.

den Lauten, die Axishirsche mit schrillen Rufen. Gemeinsam mit Languren und Pfauen (die bunten Radschläger sind Indiens Nationalvögel) sind sie die sichersten Anzeiger für die großen gestreiften Raubkatzen. Aber auch Leopard, Streifenhyäne und Lippenbär, gelegentlich sogar der Schakal, die alle im *Ranthambhore Nationalpark* vorkommen, werden von den Tieren, denen sie gefährlich werden können, gemeldet.

Während sich die Sambarhirsche mit Vorliebe in der Nähe von Wasser aufhalten, streifen die Axishirsche weiträumig im Trockenwald des Schutzgebietes umher. Von beiden Arten gibt es jeweils 3000 bis 4000 Tiere. Unübersehbar, weil auch von kräftiger Statur, sind die Nilgau-Antilopen, deren Zahl mit etwa 2000 Tieren angegeben wird. Weniger häufig als sie bekommt der Besucher die Chinkara-Gazellen zu Gesicht. Sie sind scheu und schnell, so daß selbst der geübteste Tiger sie nur selten reißt. Mehr Glück hat er da schon mit einem der zahlreichen Wildschweine, deren Fleisch Tiger besonders zu lieben scheinen.

Heute, zur Mitte des Jahres 1994, da es um die Zukunft der Tiger erneut schlecht bestellt scheint, denke ich an meinen ersten Besuch im damaligen »Tigerpark« *Ranthambhore* wie an einen Aufenthalt im Paradies zurück. Damals war Fateh Singh Rathore, einer der »Tigerväter« Indiens, Direktor des Schutzgebietes. Er hat *Ranthambhore* zu dem gemacht, was es lange war: ein »Schaukästchen« des »Project Tiger«. So heißt die beispielhafte Naturschutzaktion, mit der seit 1973 der drohenden Ausrottung des Tigers entgegengewirkt wird. 15 Jahre lang mit sichtbaren Erfolgen. Etwa seit 1988 indes hat sich das Blatt für den Tiger wieder zum Schlechten gewendet, und spätestens seit 1992 schlagen die Naturschützer in den Tigerländern Asiens, aber auch weltweit, Alarm.

Es scheint sich das zu wiederholen, was 1969 den Auftakt zu einer weltweiten Rettungsaktion für die größten Raubkatzen der Erde, insbesondere für den Bengal- oder Königstiger in Indien, gegeben hat. Damals stellten viele Naturschutzfachleute auf einem Kongreß der Internationalen Naturschutzunion IUCN (International Union for Conservation of Nature and Natural Resources) in Neu-Delhi übereinstimmend fest, daß die Gesamtpopulation der Tiger in Indien auf etwa 2500 Tiere zusammengeschrumpft sei. Bei den anderen sieben Unterarten des Tigers sah es noch schlechter aus, obwohl für einige dieser Unterarten nicht einmal einigermaßen verläßliche Schätzungen vorlagen. Die Berichte waren so alarmierend, daß der Bengaltiger, »The Indian Tiger« *(Neophelis tigris* oder *Pantera tigris)*, auf die Rote Liste der in ihrer Existenz bedrohten Arten aufgenommen wurde. Die damalige Ministerpräsidentin Indiens, Indira Gandhi, bekannt als eine an der Natur und deren Schutz persönlich interessierte Politikerin, erkannte die Notwendigkeit, schnell zu handeln. Gemeinsam mit der IUCN und dem WWF, damals noch »World Wildlife Fund«, wurde ein Plan ausgearbeitet, der unter der Bezeichnung »Operation Tiger« seinesgleichen bisher nicht gehabt hatte.

Guy Mountfort, Mitbegründer des WWF und ein guter Kenner der indischen Natur und insbesondere des Tigers, sowie Prinz

Bernhard der Niederlande, damals Präsident des WWF, sagten der indischen Regierung finanzielle Unterstützung für ein großes Tigerschutzprojekt zu. Mit dem Verbot der Jagd auf Tiger und des Exports von Tigerfellen unternahm die indische Regierung 1970 den ersten wichtigen Schritt. Denn die Jagd hatte die Tiger in Indien an den Rand der Ausrottung gebracht. Um die Jahrhundertwende sollen noch gut 40 000 der Raubkatzen in Indien gelebt haben. Da es damals keine Bestandserfassung gab, mag diese Zahl auch untertrieben sein. Der Weltbestand der Tiger wird für die damalige Zeit mit rund 100 000 angegeben. Doch wahre Vernichtungsfeldzüge, als prunkvolle Tigerjagden ausgerichtet, sorgten dafür, daß die Tigerpopulationen schnell zusammenschrumpften. Hinzu kam eine immer stärkere Veränderung des Lebensraumes der Tiere. Der Bevölkerungszuwachs hatte eine starke Rodung der Wälder zur Folge. Und damit ging den Tigern mehr und mehr Lebensraum verloren.

Aber die geradezu suchthafte Bejagung der Tiger durch Maharadschas, Kolonialherren und Jäger aus Europa und Amerika war am folgenschwersten: Mehrere Maharadschas rühmten sich, mehr als 1000 Tiger geschossen zu haben. Von Lord Linlithgow, dem früheren Vizekönig von Indien, ist überliefert, daß er in der Jagdsaison 1938/39 in zehn Wochen im Chitwan-Tal in Nepal allein 120 Tiger geschossen hat. (Erst viel später wurde das einstige Jagdgebiet zum Nationalpark erklärt.) Die Jäger dachten damals noch nicht an Natur- und Artenschutz. Im Gegenteil: Wer einen Tiger erlegte, befreite die Menschheit von einer »Geißel«. Tiger galten als Menschenfresser und Viehräuber. In den fünfziger Jahren, so schätzt man heute, war der Tigerbestand in Indien auf ein Zehntel zurückgegangen: Nurmehr etwa 4000 waren von den 40 000 um die Jahrhundertwende übriggeblieben.

Die indische Regierung wollte es genau wis-

Blick auf die Gästelodge »Jogi Mahal« am Ufer des Padam Talao mit der Festung von Ranthambhore im Hintergrund. Zu einer Zeit, als im Nationalpark zwischen 40 und 50 Tiger lebten, kam es vor, daß eine der Großkatzen vor den Augen der auf der Terrasse sitzenden Gäste einen Sambarhirsch im Wasser zu überwältigen versuchte. Heute leben nicht einmal mehr 20 Tiger in dem einstmals berühmtesten der 21 Reservate des »Project Tiger«. Vergiftet, gewildert – viele Tiere sind dem Druck der Bevölkerung in der Umgebung des Parks zum Opfer gefallen.

sen und führte mit annähernd 5000 Menschen 1972 die erste Tigerzählung durch, um eine verläßliche Basis für das Schutzprogramm zu haben. Das Ergebnis war ernüchternd: 1827 Tiger wurden im ganzen Land, das gut neunmal so groß wie Deutschland ist, gezählt. Da man natürlich nicht jeden Tiger erfassen konnte, wurde die Zahl noch ein wenig nach oben korrigiert. Aber selbst Optimisten kamen auf nicht mehr als 2500 Tiere.

Der WWF sammelte Geld – mehr als zwei Millionen Mark –, und die indische Regierung machte 1973 aus der »Operation Tiger« das »Project Tiger«. Nachdem 1972 eine aus Fachleuten zusammengesetzte »Tiger task force« neun Gebiete ausgesucht hatte, die zu speziellen Tigerreservaten erklärt werden sollten, wurde als erstes Tigerreservat Indiens ältester Nationalpark, der 1935 gegründete *Corbett Nationalpark* im nordindischen Staat Uttar Pradesh, ausgewählt. Das 52 000 Hektar große Schutzgebiet gilt auch heute noch als Keimzelle der Tigerschutzaktivitäten; in seinem Hauptquartier Rhamnagar sitzt die Projektleitung. Bereits ein Jahr später wurde das damalige Wildschutzgebiet (wildlife sanctuary) von *Ranthambhore*, ehemaliges Jagdrevier der Maharadschas von Jaipur, in das Projekt einbezogen und zur »tiger reserve« erklärt. Aus den ursprünglich geplanten neun Tigerreservaten sind bis 1994 insgesamt 21 geworden. Alle Reservate, in denen der Tiger Vorrang haben soll, werden besonders von der indischen Regierung gefördert. So wurde *Ranthambhore* 1981 zum Nationalpark erklärt. Nicht ohne Grund war man auf dieses Gebiet am Fuß von 1000 Jahre alten ausgedehnten Festungsruinen, die dem Park seinen Namen gaben, stolz. Es gelang nicht nur, die Zahl der Tiger zwischen 1973 und 1984 von 14 auf 40 zu erhöhen, sondern auch, die Tiger in *Ranthambhore* mit den Menschen vertraut zu machen wie an keinem anderen Platz in Indiens Wildbahn.

Als wir das erste Mal 1987 unseren eigenen Tigerbeobachtungen in *Ranthambhore* nachgingen, mußten auch wir uns erst einmal daran gewöhnen, gelegentlich eine der gestreiften Großkatzen auf einer der Ruinen oder am Fuß eines Tempels zu sehen. Doch obwohl sie mitunter an Gebäuden und Plätzen auftauchten, die nach wie vor von Zehntausenden von Indern als religiöse Stätten verehrt und mehrfach im Jahr aufgesucht werden, waren die Tiger frei und wild. Dank der Tatsache, daß sie bis Mitte der achtziger Jahre keine schlechten Erfahrungen mit Menschen gemacht hatten, verhalfen die Tiger Naturkundlern und Fotografen zu Beobachtungen und Bildern, wie sie zuvor von Tigern in freier Wildbahn nie gemacht werden konnten. Valmik Thapar und Fateh Singh Rathore sind diejenigen, die das Tigerleben in *Ranthambhore* am besten dokumentiert haben.

Ohne Fateh Sing Rathore, den ich bereits 1978 in dem damals noch als Vogelschutzgebiet ausgewiesenen *Keoladeo Ghana* bei Bharatpur kennengelernt hatte, wäre unser Besuch in *Ranthambhore* sicherlich anders verlaufen. Immer wieder erinnere ich mich an die Stunden, die wir auf der Terrasse des »Gästetempels« Jogi Mahal oberhalb des Padam Talao, des von Lotosblüten überdeckten Sees, verbracht haben. Fateh Sing Rathore, der heute den *Sariska Nationalpark* leitet, hat uns die schwierige Geschichte des »Project Tiger« anhand der Entwicklung in *Ranthambhore* ausführlich geschildert. An ihr ist das Schicksal des gesamten Naturschutzes in Indien, ja eigentlich in der ganzen Welt, abzulesen. Und an ihr wird auch deutlich, wie fraglich es ist, ob es langfristig gelingt, den Tiger und die anderen großen Wildtierarten in Indien und auf der Erde überhaupt zu erhalten. Aber aus der Entwicklung von *Ranthambhore*, aus den dortigen guten und schlechten Tigerzeiten, lassen sich auch Lehren ziehen für die Wiederbelebung des »Project Tiger« im Jahr 1994 unter veränderten Vorzeichen: daß es nämlich nur möglich ist, Natur- und Artenschutz mit den Menschen erfolgreich durchzuführen und nicht gegen die Menschen.

Erfolgreich hatte es sich auch nach 1973 entwickelt, wenngleich dieser Erfolg nur durch harte Arbeit errungen wurde. Als *Ranthambhore* 1974 zum Tigerreservat ausgewiesen wurde, lebten mehr als 1000 Menschen in 16 Dörfern in dem knapp 40 000 Hektar großen Gebiet. Mehr als 3000 Stück Vieh weideten in dem Trockenwald, der den Großteil der Vegetation des Schutzgebietes ausmacht. Bis 1979 gelang es den Naturschützern, alle Menschen aus dem Park auszusiedeln und die 16 Dörfer zu schleifen. Das war kein leichtes Unterfangen, denn viele der Menschen hatten hier seit Generationen gelebt; die Vorfahren einiger Familien hatten hier bereits vor 200 Jahren ihr Vieh gehütet, Brennholz gesammelt und Feldfrüchte angebaut. Nur mit finanziellen Anreizen und guten Angeboten für eine bessere Lebensqualität und sichere Erwerbsmöglichkeiten außerhalb des Parks gelang es, die Menschen zum Verlassen ihrer Heimatstätten zu bewegen. Fateh Singh Rathore hat uns überzeugend erzählt, wie sehr die endlosen Verhandlungen seine Kräfte beansprucht haben und wie sehr das Schicksal der Menschen auch seine Seele berührt hat.

Doch nicht nur die Menschen, die den Park verließen, waren ein Problem. Rund um den *Ranthambhore Nationalpark* leben weitere 10 000 bis 15 000 Menschen, die etwa 40 000 bis 50 000 Weidetiere ihr eigen nennen. Neben Kühen, die in Indien vielerorts als

Axishirsche (oben ein männliches Tier mit zwei Schwarzkopfibissen am Ufer des Padam Talao) und Nilgau-Antilopen (unten ein Bulle) gehören zu den Bewohnern vieler nordindischer Nationalparke, die der Besucher häufig beobachten kann. Die bis zu 200 Kilogramm schweren, pferdeähnlichen Nilgau-Antilopen sind als »Blue Bull« besser bekannt, so genannt wegen der blaugrauen Färbung der Bullen.

Kühe, obwohl in vielen Gegenden Indiens als heilige Tiere verehrt und mit Narrenfreiheit versehen, dienen als Zugtiere (oben eine Sippe von »Fahrensleuten«, im nordindischen Staat Rajasthan) und werden auch auf großen Viehmärkten gehandelt. Millionen von Rindern haben in weiten Teilen Indiens dafür gesorgt, daß es kaum mehr Platz und Nahrung für Wildtiere gibt.

heilig gelten, sind es vor allem Ziegen und Schafe, die ihr tägliches Futter brauchen.
Um dieses Futter entbrannte zwischen September 1984 und Februar 1985 der erste große Streit. Zwar waren auch zuvor immer wieder Menschen über die Parkgrenzen gedrungen, um Feuerholz zu sammeln und Gras zu ernten, manche hatten sogar ihr Vieh für einige Stunden in das Schutzgebiet getrieben, doch hielten sich solche Verletzungen im Rahmen. Als aber 1984 der Monsunregen weitgehend ausblieb und auf den Feldern außerhalb des Parks kein Getreide und kein Futter für das Vieh wuchsen, da drangen immer mehr Bauern in den Nationalpark ein, um sich hier zu bedienen. Es kam zu Auseinandersetzungen mit den »Forest Guards«, den Waldhütern, bis im August 1985 schließlich aus einem regelrechten Hinterhalt durch Steinwürfe einer von ihnen getötet und mehrere schwer verwundet wurden. Dadurch brach der Konflikt zwischen Menschen als Naturnutzern und Menschen als Naturschützern auch an anderen Stellen des Landes auf.

Naturschutz wurde in Indien zum Politikum. Lokal- und Regionalpolitiker, die die Interessen ihrer Wähler vertraten, begehrten in manchen Gegenden gegen die Naturschutzpolitik der Bundesregierung auf. Nachdem in der Nähe des *Dudhwa-Nationalparks* an der Grenze zu Nepal, einem weiteren Tigerreservat, mehrere Menschen von Tigern getötet worden waren, begannen die Menschen, die Tiger zu vergiften, mit Fallen zu fangen oder zu schießen. Daß sich die Tiger dort in von Bauern überwiegend illegal angelegten Zuckerrohrplantagen in der sogenannten Pufferzone des Nationalparks auf Menschen gestürzt hatten, als diese das Zuckerrohr ernteten und die Tiger in ihrem vermeintlich sicheren Revier störten, blieb bei der Beurteilung der Lage unberücksichtigt. Meistens waren es Tigerinnen, die ihre Jungen schützen wollten.
Auch in *Ranthambhore* wurden Tiger in der zweiten Hälfte der achtziger Jahre vergiftet, und Fateh Singh Rathore, als einer der entschiedensten Verfechter eines konsequenten Tigerschutzes, wurde schließlich »geopfert«, indem man ihn versetzte. Eine solche Möglichkeit deutete Fateh Singh Rathore während unseres ersten Besuches 1987 bereits an, als er uns auf so wunderbare Weise zeigte, in welcher Harmonie Tiger und Menschen zusammenleben können, wenn es richtig angegangen wird. (Daß auch in *Ranthambhore* einmal ein Junge von einem Tiger getötet wurde, ist allein menschlichem Fehlverhalten zuzuschreiben.)
Im Mündungsgebiet des Ganges und des Brahmaputra, den Sundarbars, einer Über-

schwemmungslandschaft von rund einer Million Hektar, werden immer wieder Menschen von Tigern gerissen. Dort gibt es anscheinend ausgesprochene »man-eater«, Menschenfresser. Um die Honigsammler, Brennholzsammler, Fischer und Bauern zu schützen, haben die Naturschutzbehörden menschenähnliche Figuren mit über eine Batterie gespeisten elektrischen Drähten versehen. Diese sehr natürlich wirkenden Puppen werden in den Mangrovensümpfen dort aufgestellt, wo Tiger zu Hause sind. Nach einem Überfall auf eine solche Puppe, so vermuten die Verantwortlichen, und einem starken Stromschlag ist den Tigern der Appetit auf Menschenfleisch genommen. Ein weiteres Mittel, um Tiger von Überfällen abzuhalten: Wenn die Menschen in den Wald oder auf die Felder gehen, ziehen sie Gesichtsmasken über den Hinterkopf. Da Tiger die Menschen mit Vorliebe von rückwärts angreifen, werden sie durch zwei Gesichter irritiert. In einem Land mit rund 900 Millionen Einwohnern, nach China an zweiter Stelle in der Bevölkerungszahl, wird es immer schwieriger, neben dem Platz, den die Menschen für sich und für ihre Ernährung beanspruchen, noch Raum für eine ursprüngliche Natur zu reservieren. Auf meinen verschiedenen Reisen durch Indien bin ich immer wieder auf diesen Konflikt aufmerksam geworden. Noch hat Indien etwa vier Prozent seiner Staatsfläche dem Naturschutz, wenn auch vielerorts mit Einschränkungen, vorbehalten. Es gibt knapp 500 größere Schutzgebiete, unter ihnen 55 Nationalparke, um die etwa 350 Säugetierarten, gut 1200 Vogelarten, über 400 Reptilienarten und mehr als 45 000 verschiedene Pflanzenarten zu schützen. Aber es wird nur gelingen, diese Reservate zu erhalten, wenn die in ihrer Nähe lebenden Menschen davon einen Nutzen haben.

Das Indische Panzernashorn wäre in seiner Heimat längst ausgerottet, würde es nicht in Schutzgebieten gut bewacht und Touristen als besondere Attraktion vorgeführt. Wo es keine schlechten Erfahrungen mit Wilderern gemacht hat, läßt es sich auch nicht stören, wenn es während der heißen Tagesstunden im Wasser Kühlung und Schutz vor Insekten sucht (Seiten 70/71).

Großsäuger wie das Indische Panzernashorn, von dem es in Indien noch etwa 2500 gibt, und der Asiatische Elefant, dessen Zahl in freier Wildbahn auf 17 000 bis 22 000 geschätzt wird, würden wahrscheinlich heute nicht mehr existieren, gäbe es nicht die Schutzgebiete für sie. Durch aufwendige Umsiedlungsaktionen wird das Einhorn *(Rhinozerus unicornes)*, mit einem Gewicht von bis zu 2,2 Tonnen Asiens zweitschwerstes Landsäugetier, in Gebieten wieder angesiedelt, in denen es einst zu Hause war und vom Menschen ausgerottet wurde. So sehen wir vom Rücken unserer Reitelefanten aus zwei der im knapp 50 000 Hektar großen *Dudhwa-Nationalpark* wieder heimisch gemachten Nashörner. Bereits vor mehr als 100 Jahren sind die letzten Nashörner in dieser Region durch die Jagd ausgerottet worden. Im Tausch gegen Arbeitselefanten wurden sie aus Assams *Kaziranga-Nationalpark* und aus Nepals *Chitwan-Nationalpark* hierher geholt. Jedes Nashorn war der Parkverwaltung vier Arbeitselefanten wert.

Vom großen Nutzen der mächtigen Reittiere für die Parkverwaltung, aber auch für den Tourismus als Geldquelle, können wir uns überzeugen, als wir in das 2000 Hektar große Eingewöhnungsgebiet für die Panzernashörner reiten. Es gibt kein schöneres Gefühl, die indische Wildbahn zu erleben, als auf einem Elefanten zu sitzen und nahezu lautlos durch den Wald und durch hohes Gras vorangetragen zu werden. Bis auf 30 Meter gelangen wir an die Nashörner heran, ohne daß diese sich im geringsten gestört fühlen. Auch einen Tiger erspähen wir vom Elefantenrücken herab. Er jedoch zieht es vor, sich im meterhohen Gras zu verdrücken.

Nachdem wir im *Dudhwa-Nationalpark*, der früher ein Holznutzungsgebiet und danach ein Forstreservat war, neben vielen anderen Tieren auch häufig die Barasingha-Sumpfhirsche beobachtet, unter den vielen Vogelarten insbesondere die Balz der wildlebenden Pfaue genossen haben, nachdem wir an einem Nachmittag von Billy Aryan Singh, einem weiteren großen Tigerkenner und Naturschützer Indiens, dem es zum ersten Mal gelungen ist, verwaiste und von Hand aufgezogene Tiger und Leoparden erfolgreich auszuwildern, gehört haben, wie pessimistisch er die Aussichten für den Naturschutz in Indien beurteilt, erleben wir auf unserem Weg vom *Dudhwa-Nationalpark* zum *Corbett-Nationalpark* eine besondere Überraschung. Etwa 350 Kilometer ist die Strecke lang, und wer jemals diese Entfernung auf indischen Straßen mit einem nicht allzu bequemen, langsamen Auto zurückgelegt hat, der weiß, wie gern man Wegempfehlungen folgt, mit deren Hilfe man größere Städte und ihr endloses Verkehrsgewühl umgehen kann.

So sind wir auch glücklich, als uns der Leiter des *Dudhwa-Nationalparks* eine Abkürzung an einem Kanal entlang vorschlägt. Mit ihrer Hilfe sparen wir mehr als eine Stunde, wenngleich wir dabei gewaltige Portionen Staub schlucken müssen. Doch wir werden reichlich entschädigt. Außerhalb von Reservatsgrenzen sehen wir einen Tiger, der sich im Wasser des Kanals Kühlung verschafft. Wir halten an, als wir den gelbroten Farbfleck im grünen Randgehölz auf der anderen Seite des Kanals durch Zufall entdecken. Wie mehrfach in *Ranthambhore* gesehen, ist die große Katze zu zwei Dritteln ins Wasser getaucht, scheint hier aber nicht so viel Vertrauen in die Menschheit zu haben wie im Nationalpark. Wenige Sekunden nachdem wir angehalten haben, verläßt der Tiger das Wasser und verschwindet hinter dem dichten Laubvorhang. Für uns ist es eine wunderbare Erfahrung, einen Tiger außerhalb eines echten Schutzgebietes gesehen zu haben. Die Vorstellung, daß Tiger auch außerhalb von Reservatsgrenzen noch überleben können, ist großartig. Die Scheu des Tieres indes zeigt uns, daß sein Dasein hier nicht völlig ungestört ist. Tröstlich ist allein, daß sein Einstand in einem Waldschongebiet liegt und somit zu hoffen ist, daß ihm zumindest der Schutz der Bäume erhalten bleibt. Als wir später in *Corbett* von unserer Beobachtung erzählen, sind die Naturschutzbeamten ebenfalls erfreut von der Entdeckung. Man sei sich in letzter Zeit nicht mehr sicher gewesen, ob es in jenem Gebiet überhaupt noch Tiger gäbe, sagt man uns.

Corbett ist für mich verbunden mit den Erinnerungen an viele Ausritte auf Elefanten. Hier gelangen wir auf Reitelefanten mehrfach ganz nahe an die Herden wilder Elefanten. An einem Nachmittag gerät unser alter Mahut, der Elefantenführer, allerdings fast in Panik. Bei schon schrägstehender Sonne sind wir in die weite Graslandschaft entlang des Rhamganga-Flusses unterhalb des Dhikala-Camps geritten. Eine Herde von mehr als 30 wilden Elefanten, unter ihnen drei mittelalte Bullen, die – im Gegensatz zu den Kühen – Stoßzähne tragen, sorgen für kurzweilige Beobachtungen. Unsere Versuche, vom immer leicht schwankenden Elefantenrücken aus zu fotografieren, und das ständige Einreden auf den Mahut, damit dieser den Reitelefanten in die richtige Position bringt, haben unsere Aufmerksamkeit und die des Mahuts voll beansprucht. So haben wir übersehen, daß schräg von hinten ein recht starker einzelner Elefantenbulle auf die Herde zuzieht. Unser Mahut sieht ihn erst, als er keine 100 Meter mehr von uns entfernt ist. Wie von einem Insekt gestochen, wird er plötzlich ganz aufgeregt und treibt die Elefantenkuh, auf der wir sitzen, an. »Er ist in Musth«, sagt er immer wieder und schlägt mit seinem Ankus, dem Elefantenhaken, hektisch auf unser Reittier ein. »Wenn er unsere Kuh auswählt, dann wird es gefährlich«, übersetzt uns Shahid die Warnung unseres Mahuts, der nicht mit guten Worten und auch nicht mit der Aussicht auf eine

Asiatische Elefanten sind kleiner als die afrikanischen Steppenelefanten. Die meisten Kühe tragen – im Gegensatz zu ihren afrikanischen Verwandten – keine Stoßzähne; Bullen wie auf dem Foto unten wachsen fast nur noch in Nationalparken heran. Außerhalb von Reservaten ist der natürliche Lebensraum der Elefanten von den Menschen derart eingeschränkt und landwirtschaftlich genutzt, daß die Tiere sich fast nirgends mehr ernähren können, ohne Schaden anzurichten.

hohe Sonderzahlung zu bewegen ist, wenigstens noch einen Moment zu warten, damit wir ein paar Aufnahmen machen können.
Der Mahut zittert am ganzen Leibe, und so glauben wir schließlich auch, daß es wahrscheinlich am besten ist, einen großen Abstand zwischen den Elefantenbullen und uns zu bringen. Unsere alte Elefantenkuh scheint die Angelegenheit gelassener zu sehen, denn sie ist nur schwer dazu zu bewegen, schneller als normal ihre weichen Teleskopfüße voreinanderzusetzen. Aus der Ferne können wir kurz darauf beobachten, wie der ältere Bulle die jüngeren Elfenbeinträger auf Trab bringt und sich anschließend ausgiebig einer Elefantenkuh widmet.
Der *Corbett-Nationalpark*, benannt nach Jim Corbett, einem legendären Tigerjäger und hervorragenden Naturkenner, der Ende der dreißiger Jahre erstmals auf die stark abnehmende Zahl der Tiger hinwies, hat in den vergangenen Jahren ebenfalls schwere Rückschläge im Tigerschutz hinnehmen müssen. Obwohl Sitz der Leitung des Tigerprojekts, konnten die Verantwortlichen nicht verhindern, daß hier Tiger widerrechtlich getötet wurden. Waren es anfangs einheimische Landbewohner, die sich durch das Vergiften eines Tigers dafür rächen wollten, daß eine der Raubkatzen einen aus ihrer Familie gerissen hatte, was auch im Umfeld des *Corbett-Nationalparks* gelegentlich vorkommt, so hat in den letzten Jahren – wie in allen anderen Regionen, in denen Tiger leben – die Wilderei zum Gelderwerb die entscheidenden Lücken in die Tigerbestände gerissen.
Längst wird nicht mehr das Fell der Tiger hoch bewertet, sondern die Knochen und andere Körperteile. In der asiatischen Volksmedizin, insbesondere bei Chinesen und Japanern, gelten Produkte von vielen wildle-

Einen balzenden Pfauenhahn in freier Wildbahn zu beobachten ist ein ganz anderes Erlebnis, als den farbenprächtigen Hühnervogel im Zoo oder Botanischen Garten zu sehen. Wenn der Nationalvogel Indiens sein Rad schlägt, sperrt er damit leicht einen breiten Weg wie hier im Dudhwa-Nationalpark.

benden Tieren als besonders wirkungsvolle Heilmittel. Nachdem bereits der größte Teil aller auf der Erde lebenden Nashörner ihr Leben dafür gelassen hat, sind in den vergangenen Jahren neben Bären, deren Gallenblasen besonders begehrt sind, die Tiger ganz oben auf die Liste der Handelswaren geraten. Für die Knochen eines einzigen Tigers werden auf dem Schwarzmarkt mittlerweile zwischen 5000 und 20 000 Dollar gezahlt. Vom Tigerwein bis zum Tigerpulver gibt es alle möglichen Mittel, die Linderung für bestimmte Leiden bringen, einen Jungbrunnen darstellen und sogar die Manneskraft stärken sollen. Überlieferte Traditionen und Aberglauben mischen sich hier zu einer gefährlichen Nachfrage, und je weniger natürliche Lieferanten es gibt, desto höher steigt der Preis.

Zunächst geschah es weitgehend unbemerkt, daß sich die Wilderer an den Tigern der Wildbahn vergriffen. Nicht nur in Indien, sondern auch in Nepal, Sikkim, Bhutan, Bangladesch und im westlichen Burma, wo ebenfalls der Bengaltiger vorkommt. Die anderen Unterarten, soweit sie noch nicht ausgerottet sind – wie der Bali-Tiger, der Caspi- oder Turan-Tiger und wahrscheinlich der Java-Tiger – haben in der jüngeren Vergangenheit durch die Wilderei ebenfalls schwere Blutzölle entrichten müssen: Der Sumatra-Tiger, der Indochina-Tiger und der Chinesische Tiger sind in ihrem Bestand genauso ernsthaft bedroht wie der Sibirische Tiger, dessen getöteter Körper erst nach der

Burasinghas (oben ein Rudel weiblicher und junger männlicher Tiere des »Swamp Deer«) leben in feuchtem Gelände, das auch die Indischen Wildschweine gern aufsuchen (unten mit zwei Dickschnabelkrähen).

Auflösung der Sowjetunion und dem damit einhergehenden Ende des Naturschutzes in Ostsibirien und der immer offeneren Grenzen zwischen Rußland und China zum lukrativen Geschäft geworden ist. Allein im Jahr 1993, so wird geschätzt, ist der ohnehin geringe Bestand von 350 bis 500 Tieren um mehr als ein Drittel zurückgegangen. Beim Sibirischen Tiger, für den bis in jüngster Vergangenheit ein ziemlich sicheres Rückzugsgebiet die Region um den Amur war, kommt zur Wilderei die großflächige Zerstörung der ursprünglichen Wälder im Osten Sibiriens hinzu. Um Devisen zu erhalten, verkaufen die russischen Behörden – meist völlig unkoordiniert und nicht einmal von den zuständigen Moskauer Ministerien abgesegnet – Einschlagrechte für Hunderttausende von Hektar an amerikanische, japanische und koreanische Holzkonzerne. Der Raubbau an den sibirischen Wäldern hinterläßt tiefe Spuren im Naturgefüge, das bei den rauhen Temperaturen und Lebensbedingungen besonders sensibel ist.

Seit 1993 wird an allen Ecken und Kanten Alarm für die Tiger geschlagen. An mehreren Fronten haben staatliche Naturschutzbehörden und private Naturschutzorganisationen die Lobbyarbeit für das Überleben der Tiger und gleichzeitig den Kampf gegen Wilderei, illegalen Handel und Lebensraumvernichtung aufgenommen. Besonders herausgefordert fühlt sich erneut der WWF – 1986 zum World Wide Fund for Nature geworden (bis auf Kanada und die USA, wo die drei Buchstaben noch für den alten Namen stehen) –, der zwar zu Beginn des »Project Tiger« eine wesentliche Rolle im Tigerschutz gespielt hat, dem es danach aber nicht gelungen ist, den Tigern über die vielen Jahre hinweg eine gleichbleibende Aufmerksamkeit zu schenken. Mit allen anderen Tigerschützern haben sich auch die WWF-Leute mit den Erfolgen zufriedengegeben, die den Eindruck erweckten, der Tiger sei für alle Zeit gerettet.

Von den 1800 bis 2500 Tieren im Jahr 1972 war der Bestand in Indien auf 5000 bis 6000 angestiegen. So hatten es zumindest jahrelang die Statistiken angezeigt. Vielleicht hat bei der Angabe mancher Bestandszahl auch für die verantwortlichen Naturschutzbeamten ein wenig der Wunsch, Erfolge zu präsentieren, die Berichte beeinflußt. Heute, so befürchten Experten, ist der Bestand wieder auf das Maß von 1972 zurückgefallen. Zwar gibt es mittlerweile 21 Tigerreservate in Indien, doch wissen die Naturschützer, daß sie in der Vergangenheit zuwenig für den Flankenschutz der Raubkatzen und aller anderen den Lebensraum mit ihnen teilenden Wildtiere getan haben.

Nicht Naturschutz »vor Menschen«, sondern »für Menschen«, so lautet jetzt die Devise, und eilig müssen Programme aufgelegt werden, die die Menschen im Lebensraum der Tiger in die Schutzkonzepte einbeziehen. Aus Afrika gibt es eine Reihe von Beispielen, die zum Vorbild herangezogen werden können. War es 1972 noch der WWF allein, der als private internationale Naturschutzorganisation die Trommel für den Tiger rührte, so setzen sich in jüngerer Zeit immer mehr Interessenvertreter für die gestreiften Großkatzen ein. Da gibt es den von England aus operierenden »Tiger Trust«, und für das ehemalige »Tigerparadies« bei Sawai Madhopur sammelt der »Ranthambhore Trust« von England aus Mittel. Der WWF, ohne dessen intensive Unterstützung Anfang der siebziger Jahre das internationale Tigerprojekt schwerlich in Gang gekommen wäre, ist erneut in verschiedenen Ländern zum Tigerschutz angetreten. So ist in Indien die dortige WWF-Organisation neben der Regierung am Aufbau der Verteidigungslinie für die Bengal-Tiger besonders aktiv. Deren Gesamtzahl (über Indiens Grenzen hinaus) wird 1994 auf höchstens 4700 geschätzt.

WWF-Deutschland und WWF-USA setzen sich, gemeinsam mit russischen Naturschützern, für den Erhalt des Sibirischen Tigers ein und investieren dafür von Wladiwostok und Moskau aus erhebliche Mittel. WWF International, in dessen Zentrale in Gland bei Genf die Aktivitäten koordiniert werden, hat eine Tiger-Projektgruppe ins Leben gerufen, die eng mit der »Cat Specialist Group« der IUCN unter der Leitung von Peter Jackson zusammenarbeitet. Dem WWF-International geht es in erster Linie darum, den Handel mit Tigerprodukten zu beenden. Solange für Tigerknochen horrende Geldsummen gezahlt werden, wird es immer Menschen geben, die ihr Leben riskieren, um einen Tiger zu wildern. Ob Verhandlungen mit und Einflußnahme auf China, Taiwan und Korea dazu führen, daß die Verwendung von Tigerprodukten verboten oder zumindest streng kontrolliert wird, ist fraglich. Eine entsprechende Aufklärungsarbeit ohne staatliche Unterstützung ist von vornherein zum Scheitern verurteilt. Die Unterstützung der Polizei und Maßnahmen auf eigene Faust durch die TRAFFIC-Büros (Trade Records Analysis of Fauna and Flora in Commerce), eine gemeinsame Einrichtung von IUCN und WWF, können den illegalen Handel zwar empfindlich stören, aber nicht unterbinden.

Die Wilderei mit dem dahinterstehenden materiellen Anreiz auf der einen Seite, die Konkurrenz zwischen Mensch und Tier in den immer dichter von Menschen besiedelten asiatischen Ländern auf der anderen Seite – nur wenn es gelingt, Tiger zu einer Einkommensquelle für die in ihrem Gebiet lebenden Menschen zu machen, indem diese aus einer Entwicklung Nutzen ziehen, die Menschen aus anderen Ländern mitbezahlen, weil sie ein Stück Natur erhalten wollen, nur dann wird es gelingen, den größten aller Raubkatzen wie auch den Elefanten, den

Auch dieser Tiger, vor wenigen Jahren im Ranthambore Nationalpark *aufgenommen, ist wahrscheinlich das Opfer von Wilderern oder aufgebrachten Bauern geworden. Unter natürlichen Verhältnissen können die Tiere gut 20 Jahre alt werden.*

Wo auch in Trockenzeiten Wasser vorhanden ist, sammeln sich in Indien viele Zugvögel, die dem nordischen Winter entfliehen. Im Keoladeo Ghana Nationalpark *machen mehr als ein Dutzend verschiedener Limikolenarten (Schnepfenvögel) Rast (unten). Hier sind auch das zur Gattung der Schmätzer zählende Mohrenschwarzkehlchen (Seite 79 oben), der Pagodenstar, auf englisch: Indian Myna (Seite 79 Mitte) und die Zwergscharbe, englisch: Little Cormorant (Seite 79 unten) zu beobachten.*

Nashörnern, den letzten Asiatischen Löwen, den Leoparden, den Wildeseln, den Wildrindern, wie Asiatischem Büffel und Gaur, zumindest auf absehbare Zeit Überlebenschancen zu sichern. Allerdings wäre es naiv zu glauben, daß dies ohne strenge Regeln und eine entsprechende Überwachung zu erreichen ist. So wie heute Kunstwerke, die auch der Allgemeinheit gehören, streng bewacht werden müssen, so bedürfen die Naturschutzgebiete und die in ihnen lebenden Tier- und Pflanzenarten nicht nur besten Managements, sondern gleichermaßen eiserner Schutzmaßnahmen, die die unmittelbare Verteidigung mit der Waffe, wenn andere Mittel versagen, als letztes Mittel beinhalten müssen.

Leichter als bei Großsäugetieren ist Artenschutz mitunter zu verwirklichen, wenn sich die Schutzanstrengungen in erster Linie auf Vögel konzentrieren. Auch dafür gibt es in Indien ein Beispiel, das weltweite Berühmtheit erlangt hat. Unter Vogelfreunden ist Bharatpur genauso ein Begriff wie das nur 50 Kilometer entfernt liegende »Taj Mahal« in Agra, das Mitte des 17. Jahrhunderts vollendete Grabmal, das der Mogulkaiser Shah Jahan für seine Lieblingsfrau erbauen ließ und das von der UNESCO zum Weltkulturerbe erklärt wurde. Einen ähnlichen Rang wie das Taj Mahal nimmt inzwischen der relativ kleine Nationalpark *Keoladeo Ghana* bei Bharatpur ein. Kulturdenkmal und Naturdenkmal stehen einander in nichts nach, wenngleich das Taj Mahal jährlich von unendlich viel mehr Menschen besucht wird als der einmalige Sammelplatz vieler Vogelarten. Doch während am Taj Mahal Handwerker und Kunstexperten immer wieder das restaurieren können, was die Umweltverschmutzung an Schäden am Kunstwerk hinterläßt, sind solche Reparaturen in einem Naturdenkmal kaum zu leisten. Im *Keoladeo-Ghana-Park* ist das seit 1993 auf besonders nachdrückliche Art deutlich geworden. Seit diesem Jahr kommen nicht mehr diejenigen Vögel zum Überwintern hierher, die jahrzehntelang zuvor viele Menschen aus aller Welt angezogen haben: die Sibirischen Kraniche, auch Nonnen- oder Schneekraniche genannt.

Für mich gab es keinen Aufenthalt in Indien, ohne daß ich nach Bharatpur gefahren wäre. Das Schutzgebiet, 180 Straßenkilometer südlich von Delhi gelegen, ist so bemerkenswert, weil es nur an wenigen anderen Orten auf einer so kleinen Fläche so viele verschiedenartige Vögel zu sehen gibt. Bemerkenswert ist aber genauso die Entstehungsgeschichte dieses wahrhaftigen Vogelparadieses.

Zunächst herrschten ganz und gar nicht paradiesische Zustände für die Vögel, vor allem nicht für Enten und Gänse. Um die Jahrhundertwende ließ der damalige Maharadscha von Bharatpur, Kishan Singh, fünf Kilometer von der Stadt Bharatpur entfernt eine tiefer gelegene Fläche mit Hilfe von Dämmen und Gräben zu einem »Feuchtgebiet« umwandeln. Die große natürliche Senke füllte sich zur Zeit des Monsunregens zwischen Juli und September ohnehin von selbst und wurde zu einem seichten See, doch trocknete dieser innerhalb weniger Wochen nach den Regenfällen wieder aus. Und wenn im November in großen Scharen Enten, Gänse und Kraniche aus dem Norden eintrafen, blieben sie meistens nur kurze Zeit, solange das Wasser reichte. Um das Gebiet bis in den Februar hinein für die Wasservögel attraktiv zu machen, wurde das auf höher gelegenen Flächen angestaute Wasser der Flüsse Gambira und Banganga durch Schleusen in die Sumpfflächen von *Keoladeo Ghana* eingelassen.

Zwar profitierten zahllose Vogelarten davon, doch der eigentliche Sinn dieser Maßnahmen war, nach englischem Muster (vergangener Zeiten) ein Dorado für Jäger zu schaffen. So veranstalteten die Maharadschas von Bharatpur seit 1902 jährlich von November bis Februar mit ihren Gästen wahre Schießorgien. Denn von Jagd kann man kaum mehr sprechen, wenn man liest, daß nicht selten pro Tag einige tausend Enten und Gänse im Schrothagel ihr Leben ließen. Der »Rekord« wurde am 12. November 1938 aufgestellt: 39

Störche, Reiher, Ibisse, Löffler und Kormorane brüten oft gemeinsam auf einem Baum im kleinen Nationalpark bei Bharatpur. Hier hat ein Indien-Nimmersatt sein Nest eine Etage über dem eines Löfflers gebaut.

Schützen brachten 4273 Enten und Gänse zur Strecke. Die Tafel, die heute noch im Nationalpark an die Jagdzeiten erinnert, läßt manchen Vogelfreund nachträglich erschauern: Zwischen 1907 und 1946 wurden an fünf Tagen jeweils mehr als 3000 Vögel und an 19 Tagen jeweils mehr als 2000 Vögel erlegt. Eine Tagesstrecke von mehr als 1000 Vögeln gab es sehr oft. So wenig rühmlich solche Ergebnisse für den Naturschützer von heute klingen, so geben sie doch einen Eindruck von der gewaltigen Vogelansammlung der Vergangenheit.

Im Jahr 1956 wurden die Jagdgründe zum Vogelschutzgebiet erklärt, nachdem eine Reihe von Organisationen, allen voran das National Commitee for Bird Preservation und die Bombay Natural History Society, immer wieder auf die große, auch überregionale und sogar supranationale Bedeutung von *Keoladeo Ghana* hingewiesen hatten.

Das zunächst als »Bharatpur Bird Sanctuary« eingerichtete und 1982 als *Keoladeo Ghana Nationalpark* ausgewiesene Gebiet umfaßt 29 Quadratkilometer, die zur Regenzeit und einige Wochen danach zu einem guten Teil mit Wasser bedeckt sind. In einem dichtbesiedelten Gebiet bedeutet eine (überwiegend) für die Natur reservierte und von einer Mauer umgebene Fläche von 2900 Hektar schon viel. Außerhalb der Monsunzeit machen Wälder und steppenähnliche Grasflächen weit mehr als die Hälfte des Parks aus. Bringt der Monsunregen einmal mehr als den normalen Jahresdurchschnitt von knapp 700 Millimetern, so geht auch manche Akazie oder Palme, die unter den vielen Baumarten zahlreich sind, für längere Zeit baden.

Kaum ein Baum, der auf den alljährlich überfluteten Flächen wächst, zeigt die ihm von der Natur zugedachte ursprüngliche Form. Die meisten von ihnen sind längst abgestorben. Aber auch jene, denen noch regelmäßig Blüten und Blätter wachsen, haben ein verändertes Aussehen. Oft sind es gleich sechs oder zehn Vogelnester, die dicht an dicht im überwiegend kahlen Geäst stehen und den Kronen auf den meist niedrigen Stämmen zu einem ganz eigenen Gesicht verhelfen. Als ich zum ersten Mal auf einem der Hauptdeiche mitten durch den See mit den größten Brutkolonien von Ibissen, Störchen, Reihern und Kormoranen gehe, weiß ich gar nicht, wohin ich zuerst schauen soll. Die flachen, aus Reisig zusammengebauten Nistunterlagen sind mitunter nur wenige Zentimeter voneinander entfernt. Bei dem dauernden Flugbetrieb der vielen Vögel, die jetzt, im November, ihre Jungen füttern, dauert es einige Zeit, bis ich erkennen kann, wer alles auf einem einzigen Baum zusammenwohnt.

Den Rekord hält eine Akazie, in deren Geäst sechs verschiedene Vogelarten ihre Jungen aufziehen: zwei Indische Nimmersattstörche (painted storks), ein Löfflerpaar, ein Paar Schwarzkopfibisse, ein Paar Klaffschnäbelstörche, ein Paar Schlangenhalsvögel und zwei Kormoranpaare. Nicht genug, daß sich diese gemischte Gesellschaft anscheinend gut verträgt – der Baum ist zusätzlich für eine ganze Reihe von Artgenossen ein beliebter Platz zum Ausruhen.
Wo auf knapp einem Hektar einige tausend Vögel brüten, gibt es – besonders während der Jungaufzucht – dichten Flugverkehr. Wir können uns kaum sattsehen an den an- und abfliegenden Tieren, die sich ganz unterschiedlicher Techniken bedienen. Manche – besonders die bunten indischen Nimmersatte – scheinen ihre Nahrung von weit her zu holen, denn sie schweben aus großer Höhe ein und lassen sich zum Schluß ihres Landeanfluges mit ausgefahrenen Stelzbeinen und halb aufgeklappten Flügeln nahezu senkrecht auf ihre Nester herab. Andere suchen das Futter für ihren Nachwuchs in der näheren Umgebung, wie wir beobachten können. Sie kommen flach über das Wasser angeflogen, um sich im letzten Moment nach oben zu schwingen. Die Gewässer von *Keoladeo Ghana* sind, obwohl sie jedes Jahr während der Trockenperiode gehörig zusammenschrumpfen, fisch- und amphibienreich. Der bekannte indische Ornithologe Salem Ali, der 1987 gestorben ist, hat einmal ausgerechnet, daß allein eine von ihm beobachtete Brutkolonie von 2000 Paaren Nimmersattstörchen täglich rund fünf Tonnen Fisch benötigt.
Doch es sind nicht allein die Fischfresser – zu denen außer den genannten Arten Graureiher, Purpurreiher, Seidenreiher, Kuhreiher, Nachtreiher und Paddyreiher, Rohrdommeln, die eindrucksvollen indischen

Saruskraniche zählen mit einer Körperhöhe von eineinhalb Metern zu den größten in ihrer 15 Arten umfassenden Familie. Schutzgebiete wie der Keoladeo Ghana Nationalpark *sind für die einst in Indien weitverbreiteten, in jüngerer Zeit aber in ihrem Bestand stark zurückgegangenen Großvögel zu wichtigen Rückzugsgebieten geworden. Hier versammeln sich außerhalb der Brutzeit bisweilen einige hundert Vertreter von* Grus antigone.

Der Indien-Großstorch (oben) zieht die Blicke der Beobachter im Keoladeo Ghana Nationalpark *noch mehr auf sich, seit die Schneekraniche Sibiriens dort nicht mehr überwintern. Im Winter 1992/93 erschienen vorerst die letzten Angehörigen der westsibirischen Population (unten ein Paar mit einem Jungen).*

Wollhalsstörche und der Indien-Großstorch, drei verschiedene Kormoranarten, Taucher, Pelikane und drei Eisvogelarten gehören –, die im Schutzgebiet und in dem angrenzenden Gebiet satt werden. Die Scharen der vegetarisch lebenden Vögel sind noch größer. Allein die Enten sind mit 15 verschiedenen Arten vertreten, unter denen die Stockenten und die Fleckschnabelenten am häufigsten vorkommen.

Ab Oktober werden die einheimischen Enten durch täglich aus dem Norden, das heißt auch aus Sibirien, eintreffende Scharen verstärkt. Bis in den Dezember hinein dauert der Zuzug von Wasservögeln aller Art. Manche sind einfach über Nacht da, andere kommen in großen Flügen tagsüber an und machen durch lautes Rufen auf ihre Ankunft aufmerksam.

Da aber über dem Schutzgebiet pausenlos ein gewaltiges Stimmenkonzert liegt, weiß der Beobachter nur selten, welche Schar gerade von weiter Reise eintrifft oder welcher Flugtrupp nur mal eben sein lokales Quartier innerhalb der Reservatsgrenzen verlegt.

Wiederholt erleben wir, wie Flüge von 20 bis 50 Graugänsen aus großer Höhe in eindrucksvollen Spiralen abwärts kreisen, um sich schließlich mit lautem Geschnatter auf den sicheren Gewässern niederzulassen. Die meisten kommen aus Sibirien und müssen erst einmal das Himalaya-Gebirge überwinden, bevor sie ihr indisches Winterquartier erreichen. Aus einsam gelegenen und größtenteils unerforschten Gebieten Sibiriens kamen bis 1992 in von Jahr zu Jahr abnehmender Zahl auch Nonnenkraniche nach Bharatpur. Noch in den siebziger Jahren waren es zwischen 50 und 100, die sich hier Jahr für Jahr für mehrere Monate aufhielten und in erster Linie von den Knollen der Wasserpflanzen lebten. Lange Zeit glaubten die Ornithologen, daß diese Schar neben einem Dutzend im Iran überwinternder Vögel die letzten ihrer Art seien, bis 1980 in China am Pojang-See der Überwinterungsplatz von mehr als 2000 Nonnenkranichen entdeckt wurde und man diese Schar als in ihrem Bestand relativ sicher erscheinende östliche Population im Gegensatz zu der bei Bharatpur überwinternden Population registrierte. Doch in *Keoladeo Ghana* nahm die Zahl der aus ihren westsibirischen Brutgebieten anfliegenden Nonnenkraniche von Jahr zu Jahr ab. 1970 waren es noch 76, im Winter 1976/77 hatte sich diese Gruppe auf 36 etwa halbiert. 1992 waren es nur sechs. 1993 kam keiner mehr, trotz eifriger Nachforschungen wurde auch in der ganzen Region kein Nonnen- oder Schneekranich gesichtet.

Die weißen Vögel mit dem roten Schnabel und den roten Ständern sind, so fürchten die

Kranichkenner, auf dem Zug geschossen oder gefangen worden. Da sie in ihren sibirischen Brutgebieten zumindest bis in jüngste Zeit kaum gestört wurden, zeigten sie auch in *Keoladeo Ghana* wenig Scheu vor Menschen. Das mag ihnen zum Verhängnis geworden sein. Und dennoch hoffen von Jahr zu Jahr die Menschen erneut, daß die Tiere vielleicht irgendwo anders überwintert haben und eines guten Novembertages wieder an ihren alten Plätzen erscheinen. Denn es gäbe einen wichtigen Grund für die Nonnenkraniche, zur Zeit ein anderes Winterquartier zu wählen: Die Ernährungslage hat sich in *Keoladeo Ghana* durch die Ausbreitung einer Grasart erheblich verschlechtert (dazu nähere Ausführungen am Ende des Kapitels).

Ebenfalls in der Zahl zurückgegangen, doch immer noch anwesend sind andere Kranicharten. Der Jungfernkranich und der Graue Kranich sind nur gelegentliche Wintergäste. Der große Saruskranich, der in *Keoladeo Ghana* auch brütet, läßt sich hier häufig beobachten. Diese Vögel galten in Indien lange als heilig und wurden selten verfolgt. Daher sind sie bis in jüngste Zeit recht vertraut gewesen. Allerdings haben sich in Indien auch auf dem Lande die Sitten verändert. Es hat in den letzten Jahren wiederholt Nachweise dafür gegeben, daß Bauern Saruskraniche vergiftet haben, aus Angst, daß sie ihnen Saatgetreide aus der Furche picken. Dennoch sehen wir auch auf unserer letzten Fahrt von Delhi nach Agra einzelne Saruskranichpaare mit einem oder zwei flüggen Jungen auf den Felsen herumstolzieren, keinen Steinwurf von arbeitenden Bauern entfernt. Die großen silbergrauen Vögel mit den roten Köpfen lassen mit ihren typischen Rufen Erinnerungen an norddeutsche Moore in mir wach werden. Ihre Stimme ist der unseres Grauen Kranichs sehr ähnlich, wenn auch etwas »sonorer«. Das liegt sicherlich nicht zuletzt daran, daß der Saruskranich mit einer Körpergröße von 1,50 Meter unter den 15 Arten innerhalb der Familie zu den größten zählt.

So imponierend der Saruskranich am Boden und im Wasser für uns ist, so eindrucksvoll ist in der Luft der Bandseeadler. Vielleicht hätten wir den mächtigen Greifvogel, von dem es im Schutzgebiet ein bis zwei Brutpaare gibt, gar nicht zu Gesicht bekommen,

Indische Wollhalsstörche, nicht ganz so groß wie ihr auf Seite 82 abgebildeter Verwandter, haben sich in den vergangenen Jahren im Schutzgebiet so wohl gefühlt, daß inzwischen mindestens drei Paare dort brüten. Von Insekten über Frösche und Krabben bis zu Fischen finden die mit einem schillernden Gefieder ausgestatteten »Weißnackenstörche« bei Bharatpur ein vielfältiges Nahrungsangebot.

Wo sich viele Gänse- und Entenarten wie die Graugänse und Spießenten (oben) und die Kolbenenten (unten) wohl fühlen, schlägt auch der Bandseeadler oder Bindenseeadler manches Bleßhuhn (Seite 85 oben), und Schmutzgeier finden gleichfalls genügend Nahrung (Seite 85 unten).

hätten wir nicht an einem Nachmittag einen Ausflug in einem der Mietboote gemacht. Für ein paar Rupien im Gegenwert von wenigen Mark zusätzlich zum Eintrittsgeld. können sich die Besucher mit dem von einem Führer vorwärtsgestakten Boot durch einen Teil der Gewässer und nur wenige Meter unter den Nestern hindurch fahren lassen.

Auf unserer geruhsamen Bootsreise werden wir plötzlich durch ein gewaltiges Flügelrauschen und Wasserplatschen hochgeschreckt. Mit dem Getöse eines Orkans erheben sich auf einen Schlag Tausende von Enten und Bleßhühnern in einer Entfernung von einigen hundert Metern, um kurz darauf genauso plötzlich wieder einzufallen. Aus der Masse der niedergehenden Vogelleiber löst sich eine große Silhouette, schon von weitem als Adler zu erkennen. Mit Beute in den Fängen streicht er ein Stück über die Wasserfläche und blockt auf einem abgestorbenen, schräg in die Luft ragenden Baumstamm auf. Shahid Ali, übrigens ein Großneffe des vorhin genannten Ornithologen, sitzt mit im Boot und meint, der Adler werde eine Annäherung von uns wohl nicht lange aushalten.

»Aber laß es uns einmal versuchen!« Shri Chande, unser Bootsführer, hat schnell begriffen, worum es geht, und bald gleiten wir nur noch zentimeterweise vorwärts. Es dauert seine Zeit, bis wir uns dem prachtvollen Vogel auf etwa 20 Meter genähert haben. Er ist voll darauf konzentriert, ein Bleßhuhn, das er soeben geschlagen hat, zu rupfen. Die dunklen Wasserhühner, die im Schutzgebiet zu Zehntausenden überwintern, machen hier den Hauptteil der Beute des Bandseeadlers aus. Der schöne Vogel ist kleiner als der eurasische »weißschwänzige« Seeadler. Jedesmal, wenn er flach über dem Wasser anjagt und von seinen Beutetieren erblickt wird, gibt es unter diesen eine Panik. Sowie er ein Opfer mit den Fängen gepackt hat, kehrt augenblicklich Ruhe ein. Der Bandseeadler ist auch ein geschickter Fischer, der im Sturzflug ins Wasser schießt und – wie ein Fischadler – beim Zugriff nach einem Fisch manchmal ganz wegtaucht.

Ob mit dem Boot, zu Fuß oder mit der Rikscha, beim ersten Besuch sogar mit dem Auto, für das 1978 einige der Dämme noch zugelassen waren – es gibt in *Keoladeo Ghana* keine einzige Minute, die einem nicht gleich mehrere Begegnungen mit verschiedenen Vögeln bringt. Eine Liste von Arten, die in dem und rund um das Schutzgebiet vorkommen, endet kurz vor der Zahl 500. Das sind mehr als ein Drittel der gut 1200 in Indien vorkommenden Vogelarten, von denen 350 allerdings Wintergäste sind. Auch bei Bharatpur ist die Zahl der Zugereisten beträchtlich, nicht nur unter den großen Vögeln. Wie jedes Feuchtgebiet, ziehen die Schilf-, Busch- und Waldflächen im und am Wasser außer etlichen Limikolenarten viele Kleinvögel an. Ist es schon kaum möglich, einen genauen Überblick über die größeren unter den Gefiederten zu erhalten, so wird es dem nur wenige Tage weilenden Besucher mit Sicherheit nicht gelingen, einen auch nur annähernden Gesamteindruck von der Singvogelwelt zu erhalten. Wo immer man hinschaut – man hat das Gefühl, schon wieder eine neue Art zu entdecken. Neben den vielen fremden gibt es allerdings auch eine Reihe bekannter Arten. Mancher Sänger hat die Reise hierher vielleicht sogar von Europa aus angetreten.

Am eindrucksvollsten sind für uns in *Keoladeo Ghana* der Tagesanbruch und die Sonnenuntergänge. Zu beiden Zeiten herrscht eine besondere Aktivität. Morgens sind wir

Der Braunliest (oben) gehört in die Familie der Eisvögel, deren farbenprächtiges Gefieder manche Anregung für die bunten Saris und Kleider der indischen Frauen gegeben haben mag. Farbenfreude darf nicht über die harte Arbeit, auch inmitten von oder nahe bei Naturschutzgebieten, hinwegtäuschen: Frauen im Keoladeo Ghana Nationalpark *beim Ernten von trockenem Gras (Seite 87 oben) und Männer beim Färben von Stoffen an einem Fluß, der viel Farbe aufnehmen muß (Seite 87 unten).*

schon vor sechs Uhr draußen, als es noch dunkel ist. Es sind dann mehr Vogelstimmen zu hören als eine Stunde nach dem letzten Abendlicht, und je heller es wird, desto vielfältiger und lauter hebt der Chor an. Vor Sonnenaufgang sind nur wenige Vögel in der Luft, doch bald nachdem die Morgensonne begonnen hat, rot im Osten heraufzuziehen, wird es lebendig.

Der Höhepunkt setzt jedesmal ein, wenn die großen Scharen überwinternder Grau- und Streifengänse, letztere aus Zentralasien eingeflogen, ihre Nachtquartiere verlassen, um sich über die gesamte Reservatsfläche zu verteilen oder auch über die Grenzen hinaus auf die Felder zu fliegen. Während der Dunkelheit konzentrieren sich die Gänse zu Abertausenden an bestimmten Stellen auf dem Wasser.

Diese Plätze suchen sie am Abend in ihren wohlgeordneten Formationen genauso laut rufend auf, wie sie sie am Morgen beim Start verlassen. Gegen die auf- oder untergehende Sonne sorgen sie zusammen mit vielen anderen aufbrechenden oder heimkehrenden Verbänden der Kormorane, Ibisse, Nimmersatte und Löffler für eine »bird rush hour«, die ihresgleichen sucht.

Der kleine, aber feine Nationalpark *Keoladeo Ghana*, der 1982 nur durch das persönliche Eintreten von Indira Gandhi gegen lokale landwirtschaftliche Interessen zum Schutzgebiet höchster Kategorie aufgewertet werden konnte, hat seit jeher mit Schwierigkeiten zu kämpfen. Zunächst kostete es viele Anstrengungen, die Wasserbüffel und Kühe aus dem Gebiet herauszudrängen. Dabei kam es zu harten Auseinandersetzungen mit denen, die jahrelang vom Futterreichtum des Schutzgebietes profitiert hatten. Einen Höhepunkt erreichten die Auseinandersetzungen, als die Nationalparkwächter in höchster Bedrängnis zwei sie massiv angreifende Viehhalter erschossen. Im Lauf der folgenden Jahre hat sich gezeigt, daß es auch die in *Keoladeo Ghana* lebenden Sambar- und Axishirsche, die Nilgau-Antilopen und die »black bucks« nicht schaffen, die Vegetation genügend kurz zu halten. Nachdem es den Arbeitern im Nationalpark gelungen ist, die Wasserhyazinthen unter Kontrolle zu halten, hat sich ein neues Ungleichgewicht eingestellt: Vor allem die Wasserbüffel, die einerseits eine große Störung für die Hirsche und Antilopen waren, diese vor allem jederzeit durch möglicherweise eingeschleppte Krankheiten wie Milzbrand und Maul- und Klauenseuche bedrohten, hatten ständig eine bestimmte, im Wasser wachsende Grasart kurz gehalten.

Nachdem Wasserbüffel und Kühe aus dem Park verbannt waren, breitete sich das Gras ungehemmt aus. Es liegt seit einigen Jahren in einem immer dichteren Teppich über den Überschwemmungsflächen und versperrt vielen Vögeln den Zugang zu der Nahrung am Gewässerboden. Außerdem wird es für viele Vögel immer schwieriger, genügend freie Wasserflächen zum Schwimmen und Gründeln zu finden.

So zeigt sich auch in *Keoladeo Ghana*, daß häufig die Beseitigung eines vermeintlichen Mißstandes ein neues Problem heraufbeschwört. Ein völlig ausgewogenes Gleichgewicht in der Natur, so wie es sich der Mensch vorstellt, gibt es ohnehin nicht. Aber ein solches auch nur annähernd herzustellen, fällt erst recht in einem so kleinen, abgegrenzten Gebiet, wie es der *Keoladeo Ghana Nationalpark* bei Bharatpur ist, schwer.
Immer wieder gibt es schöne und schlechte Überraschungen. Zu den schönen der letzten Jahre gehört, daß mittlerweile in dem Nationalpark fünf Paare des Indien-Großstorchs brüten, die schlechteste ist das Ausbleiben der Nonnenkraniche. Dazwischen sorgen alljährlich viele Ereignisse für positive und negative Meldungen. Das allerdings trifft schließlich auf jeden Nationalpark der Erde zu, insbesondere auf jene, in deren Umgebung viele Menschen wohnen.

Wo der Riesenseeadler überwintert

Selbst ein Naturfreund denkt bei Japan nicht sogleich an unberührte Natur und an eine von vielen Tier- und Pflanzenarten gesegnete Wildbahn. Neben den in der ganzen Welt bekannten Markennamen von Autos, Kameras und anderen elektronischen Geräten fallen einem im Zusammenhang mit dem aus vier großen und 3918 kleineren Inseln bestehenden ostasiatischen Staat auf Anhieb vielleicht noch der Fudschíjama und die Kirschblüte ein. Doch schon wer sich ein wenig mit der japanischen Kunst beschäftigt, der wird schnell entdecken, daß darin Blumen und Vögel eine besondere Rolle spielen.

Und so ist denn Japan nicht nur der Industriestaat, der sich für den Konsum von Fisch und Holz seiner gut 123 Millionen Einwohner intensiv in den Weltmeeren und in anderen Ländern bedient und der sich immer wieder bei den Walschützern unbeliebt macht, sondern in dem Inselstaat, der wenig größer als die Bundesrepublik Deutschland ist, gibt es eine erstaunlich reichhaltige, wenn auch sehr bedrängte Natur. An vielen Orten Japans ist sie nur mehr in kleinen Resten zu erleben. Auch das wäre vielerorts sicher heute nicht möglich, wenn nicht Japan bereits 1931 ein Nationalparkgesetz geschaffen und bis 1936 die ersten zwölf Parke errichtet hätte. Heute gibt es 28 Nationalparke, 44 Parke, die einem Nationalpark nahekommen, und 298 Naturparke, die von den Präfekturen verwaltet werden.

Schon die enorme Nord-Süd-Ausdehnung auf einer Länge von über 3500 Kilometern ist eine gute Voraussetzung für ein breites Artenspektrum innerhalb der Tier- und Pflanzenwelt. Zwischen den 22 Breitengraden, über die sich Japan erstreckt, herrschen verschiedene Klimazonen: subarktische Verhältnisse im Norden und subtropische im Süden. Wenn auf Okinawa der Frühling schon vorbei ist, schmilzt auf Hokkaido noch nicht einmal der letzte Schnee. Gut zwei Monate beträgt der zeitliche Abstand zwischen den Jahreszeiten im Süden und im Norden Japans.

Wenngleich es in Japan auch heute noch so aufregende Tiere wie den Braunbär, den Kragenbär, den durch seine winterlichen Bäder in heißen Quellen bekannten Rotgesicht-Makak, den über einen Meter langen Riesensalamander sowie an den Küsten Robben und Wale gibt, so sind diese, wie viele andere der rund 130 Säugetierarten Japans, auf zum Teil winzige Restpopulationen zusammengeschrumpft. Das betrifft auch etliche der gut 520 Vogelarten, von denen ein großer Teil Japan während des Winters oder als Zwischenstation auf der Reise von den sibirischen Brutgebieten in südostasiatische Winterquartiere besucht. Über 200 Arten sind bisher in Japan als Brutvögel nachgewiesen, mehr als drei Viertel davon sowohl auf der nördlichen Insel Hokkaido als auch auf der Hauptinsel Honshu. Unter denen, die vom Menschen verdrängt und als Brutvögel in freier Wildbahn ausgerottet wurden, sind der Japanische Ibis *(Nipponia nippon)* und der Schwarzschnabelstorch *(Ciconia boyciana)* die »prominentesten«.

Zu den eindrucksvollsten, weil größten und seltensten Arten, die bis zur Öffnung chinesischer und russischer Gebiete für westliche Besucher nur im nördlichen Japan und hier ganz besonders leicht zu beobachten waren, gehören der Riesenseeadler *(Haliaeetus pela-*

Ein Riesenseeadler hat es sich in der Nähe der Küste auf einer Birke bequem gemacht und genießt den winterlichen Sonnenschein. Der größte aller Adler wirkt mit seinem klobigen gelben Schnabel, den ebenfalls leuchtend gelben Augen und den weißen »Abzeichen« im dunkelbraunen Gefieder auf den ersten Blick eher wie ein großer Papagei als wie ein Greifvogel.

gicus) und der Mandschurenkranich *(Grus japonensis)*. Sie waren schon jahrelang in der – zugegebenermaßen – recht großen Gruppe meiner »Traumvögel« ziemlich hoch eingeordnet, bevor ich im Anschluß an einen Aufenthalt in Indien mit meinem Freund Thomas Neumann den ersten Ausflug zur eiskalten und verschneiten Großinsel Hokkaido wagte. Von den drei »großen Weißen«, die wir hier sehen wollten, sind zwei zur Winterzeit ein Stück südwärts von ihren Brutgebieten geflogen. Die Riesenseeadler, »Steller's sea-eagle« auf englisch, verlassen im Herbst ihre Brutgebiete auf Sachalin, auf dem ostsibirischen Festland und Kamtschatka und ziehen für die Wintermonate nach Hokkaido. Die um zehn bis 20 Zentimeter kleineren Seeadler, »White taled Eagle« *Chaliaeetus albicilla)*, tun es ihnen gleich. Von dieser Art, die in Europa westwärts bis Deutschland vorkommt, brüten sogar zwischen zehn und 20 Paare im Norden Hokkaidos.

Den Adlern tun es die Singschwäne gleich. Auch sie kommen vom sibirischen Festland, wo sie bis weit hinauf in die Tundra ihre Brutplätze haben. An manchen Küstenabschnitten von Hokkaido halten sich zwischen Januar und März bis zu 5000 der großen weißen Vögel in einer einzigen Bucht auf. Die Singschwäne, von denen die in Skandinavien, Osteuropa und Westsibirien brütenden Populationen in Mittel- und Westeuropa überwintern, bringen aus ihren nordischen Brutrevieren kaum schlechte Erfahrungen mit den Menschen mit. Daher seien sie in Nordjapan aus nächster Nähe zu beobachten, hatten wir erfahren. Was wir dann später erlebten, hat unsere diesbezüglichen Erwartungen noch übertroffen.

Die dritten im Bunde der großen Vögel auf Hokkaido sind die Mandschurenkraniche. Sie wurden bereits vor Jahrtausenden in der ostasiatischen Kunst dargestellt und ragen deshalb nicht nur wegen ihrer Körpergröße von etwa 140 Zentimetern aus der übrigen Vogelschar weit heraus. Die Mandschurenkraniche, in Übersetzung ihres wissenschaftlichen Namens *Grus japonensis* englisch »Japanese Crane«, aber auch »Red-crowned

Aus aller Welt reisen Vogelfreunde nach Hokkaido, um den Tanz der Mandschurenkraniche zu sehen. Die großen weißen Vögel mit der roten Kopfplatte werden im Winter an verschiedenen Orten regelmäßig mit Mais, Getreide und Fischen gefüttert. Je näher der Frühling rückt, desto intensiver balzen die »Rotkronenkraniche« (Red-crowned Cranes) zur Freude der Fotografen, die sich an Wochenenden in großer Zahl an den Sammelplätzen drängen.

Crane« genannt, in Japan als »tancho« wohl bekannt, gelten als heilig und verehrungswürdig, was aber die Japaner nicht davon abgehalten hat, in den vergangenen Jahren ihre Brutgebiete im Norden stark einzuschränken. Im Winter bemächtigt sich vieler Japaner eine wahre Leidenschaft, insbesondere eine Fotoleidenschaft, für die schönen großen weißen Vögel. Sie kommen zu Tausenden an den Plätzen zusammen, an denen die Mandschurenkraniche regelmäßig gefüttert werden. Diese Fürsorge, die auf das Engagement von Schulkindern für die damals letzten 30 Vögel im besonders kalten Winter 1952 zurückgeht, hat die Art auf Hokkaido nicht nur am Leben erhalten. Der regelmäßigen Betreuung seit mehr als 40 Jahren ist es zu verdanken, daß sich heutzutage bis zu rund 400 Mandschurenkraniche in jedem Winter regelmäßig an den mehr als zwölf Futterstellen versammeln.

Als Kranichfreunde harren wir während der ersten Tage unseres Aufenthalts auf Hokkaido stundenlang in der Nähe einiger dieser Fotoplätze aus. Das Thermometer zeigt frühmorgens bis zu minus 20 Grad Celsius an. Da muß sich schon recht warm anziehen, wer vor neun Uhr hinter seiner auf einem Stativ aufgestellten und mit einem langen Teleobjektiv bestückten Kamera auf Warteposition gehen will. Am ersten Morgen lächeln wir noch ein wenig über unsere japanischen Kollegen, die so angezogen sind, als wollten sie in den Weltraum fahren. Doch nachdem wir zwei Stunden in der Reihe von rund 20 Fotografen vergeblich auf die Ankunft der ersten Mandschurenkraniche am Futterplatz gewartet haben, sind wir eines Besseren belehrt. Die Kälte kriecht langsam, aber sicher nicht nur unter die Kleidung, sondern auch bis in die Knochen.

Unser erstes Ziel ist der bekannte Beobachtungs- und Futterplatz »Tancho no Sato«, 35 Kilometer nordöstlich der Hafenstadt Kushiro. Hier haben wir uns auf Empfehlung unserer japanischen Kranichfreunde in einem »minshuku«, einem typischen, aber schon sehr gut auf den Kranich-Tourismus eingestellten Gasthaus, einquartiert. Ähnlich wie ein »ryokan« bietet ein »minshuku«, sofern es nicht nach westlichem Stil eingerichtet ist, die Möglichkeit, japanische Lebensgewohnheiten kennenzulernen. Da wir vor unserer Reise nach Hokkaido auf der

südjapanischen Insel Kyushu bei den dort überwinternden Mönchs- und Weißnackenkranichen gewesen sind, haben wir uns schon etwas an die besonderen Regeln und Schlafgewohnheiten (auf dem Boden) und an die Zusammensetzung des Frühstücks aus Algen, rohem Fisch, rohen Eiern und Reis gewöhnt. Diese Stärkung reicht aber nicht aus, um uns für das Warten auf die großen weißen Kraniche mit genügend Wärme zu versorgen. Wir müssen unsere letzten Textilreserven mobilisieren, um für den Anflug der Tanchos gewappnet zu sein.

Die Vögel, die sich seit Jahrzehnten auf die regelmäßige Versorgung durch die Menschen im Winter eingestellt haben, übernachten an relativ schnell fließenden Flüssen, die auch bei minus 25 Grad nicht zufrieren. Nach Kranichart stehen sie während der Nacht im flachen Wasser, um gegen Feinde geschützt zu sein. Das können hier vor allem Füchse sein, die wir später in größerer Zahl als regelmäßige Nutznießer der Futterplätze erleben.

In Trupps von etwa zehn bis 50 Vögeln warten die Kraniche morgens so lange im Wasser, bis es hell und warm genug zum Abflug ist. Da sich über den Flüssen bei Tagesbeginn häufig dichte Nebelschwaden bilden, kann sich der Abflug manchmal bis zum späten Vormittag hinziehen. Bei besonderer Wetterlage ist es aber auch möglich, daß die ersten Kraniche bereits um neun Uhr am Futterplatz landen. So wird nicht selten die Geduld der wartenden Vogelbeobachter auf eine lange Probe gestellt. Wer aber einmal darauf vertraut, daß die Vögel an einem Vormittag sicherlich später kommen, der kann, wie es uns passiert ist, erleben, daß sie ausgerechnet an einem Tag zum Ausschlafen ganz früh auf dem verschneiten Feld stehen und die ersten Maiskörner aufpicken.

Den Anflug der Kraniche zu erleben ist deshalb so wichtig, weil dann die schönsten Flugformationen und aufregende Landeanflüge zu beobachten und, mit etwas Glück, im Bild festzuhalten sind. An manchen Tagen landen die Vögel am Vormittag und bleiben den ganzen Tag auf der Futterfläche. An anderen Tagen gibt es einen regen Flugverkehr zwischen den Futterplätzen, die teilweise viele Kilometer auseinanderliegen. Wir haben an einigen Tagen das Glück, daß die Sonne von einem wolkenlosen Himmel scheint. Wenn dann ein Flugkeil der großen weißen Vögel mit den schwarzen Handschwingen am dunkelblauen Firmament erscheint, wenn sich die Kraniche herabschrauben oder im senkrechten Fallflug mit herabhängenden Ständern zu Boden gehen, bleiben das unvergeßliche Eindrücke. In solchen Momenten hebt insbesondere an Wochenenden, wenn aus allen Teilen Japans Beobachter und Fotografen an den Futterplätzen zusammentreffen, ein wahres Schnellfeuer von Kameramotoren und -verschlüssen an. Dennoch: Die heiseren Rufe der Kraniche übertönen auch diese technische Geräuschkulisse.

Es ist ein großes Glück, daß auf Hokkaido trotz aller Veränderungen, die auch hier in der Landschaft und in der Landwirtschaft stattfinden, die Mandschurenkraniche immer noch eine sichere Heimat haben. Sie sind mittlerweile zu einer derartigen Fremdenverkehrsattraktion geworden, daß sich nicht nur die Naturschützer für die Erhaltung ihres Lebensraumes einsetzen, sondern auch viele Gemeinden. Mit der Winterfütterung ist es nämlich nicht getan. Sie ist relativ leicht zu bewerkstelligen. Viel größere Gefahren tun sich für die Brutgebiete auf Hokkaido auf. Wie fast alle Kranicharten braucht der Mandschurenkranich wasserträchtige Moor- und Sumpflandschaften, um dort, von knöchel- bis knietiefem Wasser umgeben, sein Nest zu bauen, rund vier Wochen die beiden Eier zu bebrüten und in den darauffolgenden Wochen die Jungen großzuziehen.

Solche Gebiete geraten auch auf Hokkaido unter immer größeren Druck durch die menschliche Besiedelung und Nutzung.

Zwar sind einige Gebiete unter Naturschutz gestellt, vor allem ein Teil des ehemals 30 000 Hektar großen Kushiro-Moores, in dem rund 50 Kranichpaare brüten, doch gibt es für die Vögel keine Möglichkeit mehr, ihr Brutareal auf der Insel auszubreiten. So ist es das Ziel der Naturschützer, zumindest die derzeitige Population zu erhalten. Früher dachte man, die Winterkraniche würden auch aus China herüberfliegen, doch dafür hat es bisher keine Bestätigung gegeben. So pflegen die Gemeinden, allen voran die Gemeinde Akan mit dem Hotel namens »Tsuru« (Kranich) mit dem großen verglasten Beobachtungsgebäude und dem »Rund-um-den-Kranich-Verkaufsangebot«, ihre Vögel, damit möglichst viele Menschen kommen und möglichst viel Geld dalassen.

Zum Höhepunkt gerät die Kranichschau jeweils am frühen Nachmittag, wenn die Kraniche mit Fischen gefüttert werden. Dann stellen sich regelmäßig einige Rotfüchse ein, um sich ihren Teil zu holen. Immer wieder geschieht es auch, daß im Sturzflug ein Seeadler zwischen die Kraniche fährt, um sich mit seinen Fängen einen Fisch zu greifen. Allerdings machen es die Kraniche ihren Nahrungskonkurrenten nicht gerade leicht. Sowohl die Füchse als auch die Seeadler haben mit flügelschlagender Gegenwehr zu rechnen, und es gibt häufig komische Szenen zu sehen, wenn aufgeregt hüpfende Kraniche mit hochgestellten Schwingen versuchen, einen der Füchse zu vertreiben oder gar den Seeadler in der Luft abzuwehren. Und in der Tat schaffen sie es mehr als einmal, Adler und Fuchs davonzujagen. Im Februar und noch stärker im März geben die Mandschurenkraniche ihre Balztänze zum besten. Mit Körperverrenkungen, Flattersprüngen, Gruppentänzen, durch mit hochgereckten Hälsen immer wieder im Chor vorgetragene Schmetterrufe, mit kurzen Verfolgungsjagden und Brust an Brust ausgetragenen Schaukämpfen sorgen sie für viel Kurzweil auf den Futterplätzen. Wenn der Schnee schmilzt, wird die Fütterung eingestellt. Dann teilen sich die großen Gruppen auf, und die einzelnen Paare beziehen ihr Brutrevier.

Der Jungkranich springt in die Höhe, der Fuchs legt die Ohren an: Meister Reineke hat es auf die Fische und nicht auf die Vögel abgesehen. Aber auch ihr Futter verteidigen die Kraniche nicht selten erfolgreich gegen die Rotröcke. Neben Füchsen bedienen sich mitunter sogar Seeadler indem sie im Sturzflug zwischen die Kraniche fahren und sich einen Fisch schnappen.

Bevor es soweit ist, sind wir weiter nach Norden zur Halbinsel Shiretoko gefahren. Wie fast alles Gelände an der Küste des Ochotskischen Meeres ist es hier, nördlich der Hafenstadt Rausu, recht gebirgig. Rausu verdankt seine Existenz dem Fischreichtum in der Nemuro-Straße, die zwischen Hokkaido und der von den Russen besetzten Insel Kunashiri/Kunasir verläuft. Im Winter ist es unmöglich, durch die meist hohe Schneedecke weit in die Berge vorzustoßen. Aber das, was uns interessiert, findet sich auch vor-

Im Flug offenbart der Riesenseeadler die ganze Pracht seines Gefieders und die eindrucksvolle Spannweite seiner breiten Flügel.

nehmlich an der Küste: Dort halten sich auf einer Entfernung von zehn bis 15 Kilometern nördlich von Rausu zwischen 2000 und 3000 Adler auf; die meisten von ihnen sind Riesenseeadler. Der erste, den wir sehen, als wir an einem sonnigen Morgen in der ersten Märzwoche die Küstenstraße nördlich von Rausu entlangfahren, sitzt gut 100 Meter über uns in einer hell leuchtenden Birke, die es geschafft hat, in den Klippen Halt zu finden.

Wir wissen noch nicht, daß bald darauf einige Riesenseeadler uns bis auf 30 Meter nahe kommen. Daher bauen wir unser Spektiv auf und genießen den großen Vogel im Sonnenschein ausführlich. Das Herz klopft uns bis zum Hals, als wir zum ersten Mal den riesigen orangegelben Hakenschnabel, die hellen gelben Augen, das weiß und dunkelbraun gescheckt wirkende Gefieder und die gelben Fänge so nahe vor uns sehen. Fast sieht er aus wie ein Papagei, der große Greifvogel, dessen Weibchen über einen Meter lang werden und eine Flügelspanne von fast zweieinhalb Metern erreichen. Der »normale« Seeadler bleibt dagegen in der Körpergröße um etwa zehn Zentimeter, in der Flügelspanne um zehn bis 20 Zentimeter und im Gewicht um zwei Kilogramm zurück.

Nachdem wir uns zunächst einmal sattgesehen haben an dem herrlichen Vogel, der zuerst von dem deutschen Naturforscher Georg Wilhelm Steller (1709–1746) beschrieben und wie viele andere Tiere der nordpazifischen Küsten nach diesem benannt wurde, zieht es uns weiter. Bald erreichen wir eine Stelle, an der mehrere Riesenseeadler und Seeadler dicht gedrängt in den Kronen nahe beieinander stehender Bäume hocken. Sie scheinen sich von der morgendlichen Beutesuche auszuruhen, werden aber fast ständig von Krähen belästigt. Den Rabenvögeln haben wir es schließlich zu verdanken, daß immer wieder einige der Seeadler ihren Sitzplatz aufgeben und davonfliegen, nicht selten von einer Schar der schwarzen Krächzer eine Zeitlang verfolgt.

Zwar ist es inzwischen möglich, am Amur, auf Kamtschatka und in Sachalin Riesenseeadler auch in ihren Brutrevieren zu beobachten, doch gibt es kein Erlebnis, das vergleichbar wäre mit einem Tag auf Shiretoko Hanto (einer Halbinsel), wo wir des öfteren mehr als 30 Riesenseeadler und gut 20 Seeadler gleichzeitig sehen. Ähnliches habe ich nur einmal in der Nähe von Haines erlebt. Auch dieser Platz in Alaska ist allen Greifvogelfreunden gut bekannt, denn dort sammeln sich im Herbst und Winter mehrere tausend Weißkopfseeadler, um Lachse zu fischen.

Auf die Halbinsel von Shiretoko kommen die Adler ebenfalls wegen des Fischs. Je kälter der Winter ist und je stärker die Küstengewässer zugefroren sind, desto besser kann man die Vögel sehen. Denn dann konzentrieren sie sich an den offenen Wasserstellen, viele zieht es an die Mündung des Flusses Sashiruigawa. Wer den Tag mit Adlern beginnen will, findet sich am besten dort an einem der größten Übernachtungsplätze der Vögel

Krähen gehören als Rabenvögel zu den Singvögeln und reagieren nicht anders als Meisen oder Sperlinge, sobald sie einen Greifvogel sehen: Sie »hassen« nach ihm, werden ihm lästig und verfolgen ihn, bis er das Weite sucht. So ergeht es auch diesem jungen Seeadler, dem kleineren Verwandten des Riesenseeadlers, der von vier Aaskrähen in Schwung gebracht wird.

ein. Es empfiehlt sich, vor der Morgendämmerung einzutreffen, denn die ersten Adler verlassen ihr Nachtquartier schon mit dem ersten schwachen Licht. In besonders kalten Wintern sollen im Februar mitunter mehr als 1000 Riesenseeadler und Seeadler beisammen sein; in der Region steigt die Zahl auf insgesamt über 3000. Allerdings sind die Winter seit Beginn der neunziger Jahre auch in diesem Teil der Erde nicht mehr so hart wie zuvor. Die Adler verteilen sich entsprechend weiter, denn ihr Fischrevier wird durch Eis nicht so stark eingeschränkt. Wer es sich übrigens ganz bequem machen will, der fährt in den Hafen von Rausu und wartet so lange, bis die Adler sich dort in der Nähe der heimkehrenden Fischkutter einstellen und auf Beute warten. Aber die Fischer sind längst nicht mehr so freigebig wie früher, als viel Beifang über Bord ging. Heute wird auch der kleinste Fisch noch verwertet, zumal die Fänge viel magerer ausfallen als noch vor zehn oder zwanzig Jahren. Die Japaner fischen nicht nur in internationalen Gewässern rigoros, sondern auch vor der eigenen Küste.

Während unseres Aufenthalts in und bei Rausu können wir bei den Seeadlern recht unterschiedliche Verhaltensweisen feststellen. Die einen sind ziemlich vertraut und stören sich nicht an den Menschen, die ihnen auch hier zunehmend mit Kameras auf den Leib rücken. Andere scheinen nicht so viel Zutrauen in die Friedfertigkeit der Zweibeiner zu haben und achten auf einen hinlänglichen Abstand zu ihnen. Die meisten Riesenseeadler und Seeadler, die hier überwintern, brüten auf dem sibirischen Festland entweder auf Felsklippen oder auf Bäumen. Im Bereich des Amur-Flusses stehen die Horste oftmals nur einen oder zwei Kilometer auseinander. In den dortigen noch fischreichen und weitgehend von Menschen ungestörten Gewässern jagen Riesenseeadler, Seeadler und Fischadler gleichzeitig. Allerdings hocken sie dann nicht so friedfertig nebeneinander, wie es hier im nördlichen Japan zu beobachten ist. Im Brutgebiet gibt es territoriale Auseinandersetzungen, und da jagt schon mal ein Riesenseeadler einem Seeadler einen Fisch ab. Zum Streit kann es auch im Winterquartier zwischen den Vögeln kommen, wenn sich zwei oder drei Adler auf denselben Fisch stürzen. Mehrfach sehen wir, wie Adler sich gegenseitig verfolgen, wie

An manchen Küstenabschnitten Nordjapans sammeln sich im Winter einige tausend Singschwäne und verbringen hier in Gemeinschaft mit Enten und anderen Wasservögeln die Monate, in denen ihre nordischen Brutgebiete für sie unbewohnbar sind. Die noch grauen Jungvögel halten sich bis zum Frühjahr an ihre Eltern, die sie zum Ende des Winters aber in die Unabhängigkeit verjagen, um für eine neue Brut frei zu sein.

einer versucht, dem anderen einen Fisch abzujagen.
Wenn wir sie im Flug mit dem Fernglas verfolgen, streift der Blick die verschneiten Berge. Dort oben im *Shiretoko-Nationalpark* haben einige der letzten Braunbären ihr Winterlager in einer Höhle unter dem Vulkan- und Sedimentgestein oder unter der Wurzel eines umgestürzten Baumes eingerichtet. Im Sommer gelingt es hin und wieder, von einem der Wanderwege aus einen Bären zu beobachten. Es handelt sich hier im übrigen um den sogenannten Ezo-Braunbär. Bei den Ainus, den Ureinwohnern Hokkaidos, wurden die Bären verehrt; es gab einen regelrechten Bärenkult, der heute noch in folkloristischen Veranstaltungen ein mattes Spiegelbild zeigt. Dazu muß mancher Bär, der hin und wieder den Touristen vorgeführt wird, in seinem kleinen Käfig ein trauriges Leben fristen.
Doch von alledem ist im Winter genauso wenig zu sehen wie von den dampfenden Vulkanseen auf der Halbinsel von Shiretoko oder von den vielen Singvogelarten, die im Gebirge im Frühling und Sommer brüten.
Im Winter beherrschen die Vögel an der Küste die Szene, die meisten von ihnen als Zugereiste. Neben der seltenen Kragen- oder Harlekinente (der kleinsten aller Tauchenten), neben Spieß- und Schellenten überwintern jedes Jahr Abertausende von Singschwänen entlang der Ostküste von Hokkaido. In der Bucht, die von der Halbinsel Notsuke gebildet wird, sammeln sich bis zu 5000 der aus Sibirien stammenden Singschwäne. Als wir im März dort nachschauen, sind wir überrascht, wie vertraut viele von den großen Wasservögeln sind. Sie haben Berühmtheit durch einen japanischen Fotografen erlangt, der sie an einem kalten Morgen fotografierte, als sie alle mit ihrem unter das Gefieder gesteckten Schnabel, eingeschneit wie kleine weiße Hügel, in der Morgensonne

saßen und ein Bild wie von einer anderen Welt abgaben.

Wir erleben sie zwar nicht unter so außergewöhnlichen Umständen, können ihnen aber bei Odaito Hakuchodai bis auf wenige Zentimeter aufs Gefieder rücken. Wir befinden uns dabei in guter Gesellschaft mit etlichen japanischen Familien, die hier die Schwäne füttern. So »tierlieb« das auch sein mag, den Schwänen gereicht es nicht nur zum Vorteil. Uns wird ganz schlecht, als wir sehen, was den Schwänen alles angeboten wird. Popcorn und Gummibärchen, Brotreste und Schokolade. Jeden Morgen, so erfahren wir, lädt ein Hotel seine Essensreste an diesem touristisch schon ebenfalls gut vermarkteten »Schwanenaussichtspunkt« ab. Die dem Ufer am nächsten gelegenen Eisschollen sehen entsprechend aus. Nicht alle Schwäne mögen sich derart betreuen lassen. Die Mehrzahl liegt in einiger Entfernung zum belebten Küstenstreifen auf dem Wasser. Stellt man sich ein wenig abseits vom Futterbetrieb, so kann man die herrlichen Rufe der Singschwäne, die Paarungsspiele mit ihren besonderen Formationen, Figuren und Bewegungen auf dem Wasser und die Balzflüge ungestört genießen. Viele der Vögel schwimmen noch im Familienverband beisammen. Die graubraunen Jungvögel, bis zu sechs in einer Familie, halten sich bis zur Rückreise in die sibirischen Brutgebiete eng an die Eltern.

Viele Schwäne bleiben in großen Schwimmverbänden auf der See (oben) und lassen sich nicht wie andere mit manchmal wenig bekömmlichem Futter locken (unten).

Gut für Känguruhs, schlecht für Koalas und Kasuare

Die Nacht ist kurz. Das liegt sowohl am harten Holzfußboden der Veranda, auf der wir schlafen, als auch an der Aufregung, mit der wir auf den Morgen warten. Wir sind zu Gast bei Frieda Jörissen in Mission Beach südlich von Cairns im nördlichen Queensland. Die Adresse haben wir von einem australischen Tierfotografen erhalten, als wir zwischen dem Great Barrier Reef an der Pazifikküste im Osten und der Great Deviding Range im Westen ins nordöstliche »Outback« Australiens unterwegs waren. »Wenn ihr Helmkasuare sehen wollt«, so hatte uns Hans Beste gesagt, »dann müßt ihr zu Frieda Jörissen fahren. Als deutsche Auswanderin wird sie sich über euren Besuch sicherlich ohnehin freuen.« Und so ist es in der Tat gewesen. Wir wurden herzlich willkommen geheißen in dem einsam gelegenen, von hohen Eukalyptusbäumen und viel tropischer Vegetation umgebenen Holzhaus. Seit über einem Vierteljahrhundert wohnt Frieda Jörissen, inzwischen über achtzig Jahre alt und verwitwet, in dieser entlegenen Gegend. Gemeinsam mit ihrem Mann hat sie das Haus gebaut und 27 Hektar des sich anschließenden Urwaldes gekauft. Das hätten sie nur getan, so erzählt uns die rüstige Seniorin, um ihr und ihrem verstorbenen Mann besonders ans Herz gewachsenen Tieren, insbesondere den eindrucksvollen Helmkasuaren, eine Heimstatt zu erhalten.

Die Zuneigung zu den geheimnisvollen Kasuaren hatte vor 23 Jahren begonnen, als Frau Jörissen bemerkte, daß ihr Komposthaufen am Waldrand von irgendwelchen Kostgängern regelmäßig besucht wurde. Insbesondere Obstreste waren regelmäßig verschwunden. Eines frühen Morgens sah sie dann zu ihrer Überraschung einen riesigen dunklen Vogel mit buntem Kopf, den sie unschwer als Helmkasuar erkannte. Nach und nach gelang es ihr, den anfangs scheuen Urwaldbewohner vertraut zu machen. Regelmäßig ausgelegte Bananenstücke übten auf ihn einen besonderen Reiz aus. Langsam verlegte Frieda Jörissen den Futterplatz in die Richtung einer kleinen Lichtung. Monate nach der ersten Begegnung kam das Tier schließlich sogar in die Nähe des Hauses, um sich – meistens am frühen Morgen – seine tägliche Ration zu holen. Zur großen Überraschung des Ehepaars Jörissen erschien eines Tages der Kasuar mit einem Jungvogel, und von da an entwickelte sich eine geradezu enge Verbindung zwischen den Jörissens und den Helmkasuaren. Bis zu fünf der Großvögel stellten sich über viele Jahre in unregelmäßiger, aber dennoch verläßlicher Folge am Haus ein, um ihre kleingeschnittenen Bananen und andere Früchte abzuholen.

Diese Unregelmäßigkeit ist es auch, die unsere Erwartungen nicht zu hoch werden läßt. »Es kann sein, daß die Kasuare eine Woche lang gar nicht erscheinen oder nur nachts kommen«, sagt uns Frau Jörissen, als sie uns einlädt, so lange zu bleiben, bis wir die Vögel gesehen und, wenn möglich, auch fotografiert haben. »Manchmal kommen sie auch in der Mitte des Tages – sie sind einfach unberechenbar.« So sehr wir uns eine Begegnung mit den außergewöhnlichen Vögeln wünschen, so wenig wollen wir hier aber Tage oder Wochen zubringen, ohne vielleicht ein einziges Mal einen Kasuar zu sehen. So haben wir uns denn vorgenommen, höchstens drei Tage in Mission Beach auszuharren.

Der erste Abend ist ausgefüllt mit Schilderungen von Frau Jörissen. Sie hat Tagebücher über ihre Beobachtungen geführt, deren Aufzeichnungen bereits Eingang in die Fachliteratur gefunden haben. Die Erlebnisse mit den Helmkasuaren, die uns Frieda Jörissen ausführlich schildert, faszinieren uns. Doch etwas anderes, das sie erzählt, beunruhigt uns stark. Unsere Gastgeberin hat miterlebt, wie sich die Landschaft um Mission Beach Jahr für Jahr verändert hat. Der noch vor gut zehn Jahren weltvergessene Ort ist mittlerweile zu einem beliebten Ferienplatz mit immer mehr Wochenendhäusern geworden. Stück für Stück wird der Regenwald entlang der Küste gerodet; Straßen werden gebaut und erweitert, Obstplantagen angelegt. Wie lange hier der Lebensraum für die Helmkasuare noch reicht, darüber ist sich Frieda Jörissen im unklaren. Daß es damit bald nach unserem Besuch fast zu Ende ist, sollen wir erst später erfahren.

Mit großen Erwartungen, aber ebenso vielen Zweifeln rollen wir uns in unsere Schlafsäcke. Viele ungewohnte Geräusche dringen aus dem Urwald an unsere Ohren. »Warum sollen die Vögel nun ausgerechnet am nächsten Morgen kommen?« Oder: »Vielleicht verschlafen wir gerade den Tagesanbruch und sehen nicht einmal, wenn sich die Kasuare die kleine Lockportion Bananen holen.« Solche und ähnliche Gedanken gehen mir durch den Kopf, während ich lange Zeit keinen Schlaf finden kann. Doch es kommt, wie so oft, alles ganz anders. Wir verschlafen die Morgendämmerung nicht, aber auch kein Helmkasuar taucht auf. Schließlich sitzen wir gegen acht Uhr mit Frau Jörissen auf der Terrasse beim Frühstück und genießen die wärmende Sonne. »Gelegentlich kommen sie auch am späten Nachmittag, meistens bevorzugen sie die Dämmerung, um hier aufzutauchen«, sagt Frau Jörissen gerade, als plötzlich, wie mit der größten Selbstverständlichkeit, ein mir riesenhaft erscheinender dunkler Vogel vorsichtigen Schrittes in der Nähe der ausgelegten Bananen aus dem Wald tritt und ohne langes Zögern auf seinen Eßplatz zuschreitet. Wir trauen unseren Augen nicht: Kurz hinter ihm erscheint ein weiterer Vogel, gut hühnergroß und braun mit hellen Streifen. Das kann nur ein Junges sein, wenngleich sein Aussehen und seine Gestalt noch ziemlich weit von denen eines ausgewachsenen Helmkasuars entfernt sind.

Frau Jörissen bedeutet uns, zunächst einmal sitzen zu bleiben. Sie steht auf, geht die Treppe der Veranda hinunter und steuert langsam auf die Kasuare zu. Obwohl sie uns erzählt hat, daß sie ein sehr vertrautes Verhältnis zu den Vögeln hat, bin ich jetzt doch

Bis unter die großen Pflanzen des Vorgartens hat Frieda Jörissen jahrelang einige Helmkasuare mit ihren Jungen gelockt, indem sie den großen flugunfähigen Vögeln Obst anbot. Doch die Vernichtung der Wälder in der Umgebung ihres Wohnortes nahm den Tieren ihren Lebensraum – und der Rentnerin ihre regelmäßigen Besucher.

Da viele Tiere in Australien nur in der Nacht aktiv sind, sieht der Besucher des »fünften Kontinents« die meisten von ihnen eher auf einem Verkehrsschild als leibhaftig (Seite 99). Das gilt auch für Helmkasuare, von denen einige im nördlichen Queensland durch die Geduld einer deutschen Auswanderin fast handzahm wurden.

ängstlich, daß sie die Tiere vielleicht dazu veranlaßt, vorzeitig in den Wald zurückzukehren. Doch meine Befürchtungen sind unbegründet. Leise auf sie einsprechend, nähert sich Frieda Jörissen ihren Schützlingen. Sie hat ein paar Bananenstücke in der Hand und hält dem Altvogel das erste Stück entgegen. Wenn ich es nicht sehen würde, erschiene es mir unglaublich: Der freilebende, also wilde Kasuar geht auf Frieda Jörissen zu und nimmt ihr ein Stück Banane nach dem anderen aus der Hand. Nun winkt mich Frau Jörissen heran, und ich gehe ganz langsam mit der schußbereiten Kamera in der Hand auf die Versammlung zu.
Als ich mich ihr bis auf 20 Meter genähert habe, wird der erwachsene Helmkasuar unruhig. Er merkt natürlich genau, daß ich ein Fremder bin und in bezug auf ihn bestimmte Absichten habe. Noch zwei, drei Schritte, und der Kasuar reckt den Hals senkrecht in die Höhe. Ich bleibe stehen, und es dauert mindestens eine Minute, bis er wieder Vertrauen faßt und sich erneut Frieda Jörissen zuwendet. Ich warte eine Weile, dann kann ich mit dem Fotografieren beginnen. Auch auf das erste Verschlußgeräusch der Kamera reagiert der Vogel mit erhobenem Haupt. Das Junge übrigens weicht nur wenige Zentimeter von seinen Füßen und erhält zwischendurch ab und zu ein Stück Banane vom Vater mit dem Schnabel angeboten. Gut zehn Minuten kann Frieda Jörissen die Fütterung hinausziehen, dann scheint der Helmkasuar zu merken, daß es nichts mehr gibt. Gegen Ende der Vorstellung hat er sich an meine Anwesenheit gewöhnt, denn ich kann mich schließlich recht frei bewegen, um die günstigsten Aufnahmepositionen einzunehmen. Überraschend, wie er gekommen ist, verschwindet der Helmkasuar mit seinem Jungen wieder im Wald.

»Es ist in diesem Jahr das erste Mal, daß er mit einem Jungen erscheint«, sagt hinterher Frieda Jörissen. »Da kann es durchaus sein, daß er am Nachmittag noch einmal auftaucht.« Das Erlebnis war so eindrucksvoll, daß wir beschließen, mindestens noch eine Begegnung mit dem Helmkasuar abzuwarten. Jetzt, da wir die Chance haben, sogar Alt- und Jungvogel zusammen zu sehen, wollen wir nicht so schnell aufgeben. Zwischendurch gibt es viele andere Ziele für uns. Vor allem wollen wir uns etwas genauer in der Gegend umsehen und erforschen, wie es um die Regenwälder entlang der australischen Nordostküste bestellt ist. Auf unserer mehrwöchigen Fahrt, die uns zunächst in verschiedene Gebiete südlich von Townsville und danach gen Norden gut 100 Kilometer nördlich von Cairns geführt hat, haben wir immer wieder gesehen, was Siedler, Straßen- und Häuserbauer mit Raupen, Bulldozern und Motorsägen anrichten. Immer schneller verschwinden immer größere Flächen der letzten großen Naturwälder in diesem Teil Australiens. Dabei ist es kein Trost, daß es anderswo – in Brasilien, in Westafrika und Indonesien etwa – nicht besser zugeht. In Australien sind die Verhältnisse anders als in vielen Ländern, in denen die Regenwälder vernichtet werden. In Australien gibt es noch keine Überbevölkerung und keine Ernährungsprobleme. Hier wollen oft wenige auf Kosten der Natur das große Geld machen. An der Küste investieren sie in Hotels und »Holiday flats«, doch vorher müssen die Mangrovenwälder weichen. Im angrenzenden Hinterland fallen jahrhundertealte Eukalyptuswälder mit ihrem sensiblen, nur in sich selbst stabilen Kreislauf der modernen Infrastruktur und neuem Farmland zum Opfer.

Mit den zahllosen Pflanzen- und Tierarten, unter ihnen die Wipfelregionen bewohnenden und in kaum einem Zoo zu besichtigenden Beuteltiere sowie eine phantastisch vielfältige Kleinvogel-, Reptilien-, Amphibien- und Insektenwelt, bleibt in zunehmendem Maß einer der vier auf der Erde noch überlebenden, großen Laufvögel auf der Strecke, eben jener Helmkasuar. Mit einer Hauptes-länge von zwei Metern und einem Gewicht, das mehr als 60 Kilogramm erreichen kann, rangiert er gleich nach dem afrikanischen Strauß und vor dem ebenfalls in Australien beheimateten Emu sowie dem südamerikanischen Nandu.

Während Strauß, Emu und Nandu die offene Landschaft als Lebensraum bevorzugen, bewohnt der Kasuar den dichten, feuchten Urwald. Drei Arten, neben dem Helmkasuar der noch größere Goldhals- und der – mit einer Rückenhöhe von 80 Zentimetern kleinste – Bennettkasuar, leben in nahezu 20 Unterarten von Nordostaustralien bis Neuguinea und in Indonesien auch auf vielen Inseln. In Australien, wo nur der Helmkasuar zu Hause ist, warnen in seinem Verbreitungsgebiet große Hinweisschilder die Autofahrer vor einem Zusammenstoß mit dem mächtigen Vogel. Nicht nur aus Rücksicht auf die Kasuare – auch die Menschen können neben den Autos erheblichen Schaden beim Zusammenprall mit einem so schweren und großen Tier davontragen. An die Schilder mit dem Hinweis auf Känguruhs hatten wir uns schon gewöhnt, das »Beware Cassowaries« haben wir in der Nähe von Mission Beach zum ersten Mal gesehen.

Zwar sind die Kasuare in freier Wildbahn scheu und meiden tunlichst offene Flächen, doch je mehr Straßen den teilweise schmalen Regenwaldgürtel entlang der Meeresküste durchschneiden, desto häufiger müssen sie den Asphalt- oder Schotterstreifen bei der Nahrungssuche überqueren. Die Vögel leben größtenteils von Früchten und Samen, die sie vom Boden aufnehmen oder von den Zweigen pflücken. Gelegentlich verschwindet auch mal ein kleines Tier zwischen ihren kräftigen Schnabelhälften. Während der Regenzeit, wenn alles blüht und wächst, ist ihr Tisch reich gedeckt, und dann können die territorial lebenden Tiere auf begrenztem Raum satt werden. In der Trockenzeit jedoch müssen sie mitunter über größere Entfernungen auf ihren starken Beinen umherziehen. Der Hornschild oberhalb des Schnabels, der ihnen den Namen gab, hilft ihnen beim Durchdringen des Dickichts. Er ist der krönende Abschluß eines bunten, überwiegend blau und rot gefärbten, nackten Kopfes und Halses, an dessen unterem Ende ein roter Hautlappen baumelt. Das eher wie feines Haar wirkende Gefieder glänzt schwarz und manchmal ein wenig bräunlich. Von der Seite sieht der Körper wie ein Ei aus; auch diese Stromlinienform hilft dem Vogel beim Vorankommen im dichten Pflanzengewirr.

Nachdem wir unser Frühstück auf der Veranda von Frieda Jörissen beendet haben, begeben wir uns in den angrenzenden Wald. Vielleicht gelingt es uns, den Helmkasuar und sein Junges in seinem Revier zu entdecken. »Oft halten sich die Vögel tagelang ganz in der Nähe des Hauses auf«, macht uns Frau Jörissen Mut. »Früher bin ich auch öfter in den Wald gegangen, und einmal habe ich sogar ein Nest gefunden. Versuchen Sie mal Ihr Glück, aber bedenken Sie, daß in jedem Fall der Kasuar Sie sehr viel eher sieht als Sie ihn.«

Auch diesmal lacht den Anfängern das Glück. So geräuschlos wie möglich bahnen wir uns den Weg durch hohe Farne, durch Lianen und etliches Buschwerk, das dort wächst, wo der Baumbestand nicht so dicht ist. Manche dieser uns unbekannten Gewächse tragen Beeren. Hier müßte doch der Tisch für die Kasuare gut gedeckt sein. An einer lichteren Stelle sehen wir ihn dann plötzlich stehen: Regungslos, zu zwei Dritteln von einem Busch verdeckt, beobachtet er uns. Sein bunter Kopf sieht aus wie eine Blume in dem braun-grünen Blättergewirr. Es ist wahrscheinlich der Vogel von heute morgen, wenngleich wir den Jungvogel zunächst nicht entdecken können. Er scheint keinerlei Furcht zu haben, denn er läßt uns bis auf etwa zehn Meter an sich herankommen. Dann zieht er sich lautlos zurück. Nach wenigen Schritten ist er hinter Zweigen und Blättern verschwunden. Wir sehen ihn noch zweimal, jetzt mit dem Küken. Er hält einen bestimmten Abstand zu uns, hat aber offensichtlich keine große Scheu.

Wenn der Regenwald die meisten Früchte abwirft, zwischen Juni und Oktober, sorgen die Helmkasuare für Familiennachwuchs. Dabei geht alles etwas anders zu als bei der Mehrzahl der 570 übrigen Brutvogelarten Australiens (und auch der meisten gut 9000 weltweit vorkommenden Vogelarten). Zwar eröffnet das kleinere Männchen die Balz, indem es mit vorgestrecktem Hals und allerlei Gebärden der Henne den Hof macht, doch dauert es einige Zeit, bis sich die Umworbene schließlich geneigt zeigt. Da die Tiere außerhalb der Balz jedem Artgenossen aus dem Wege gehen, einander bei zufälligen Begegnungen sogar anknurren und mit gespreizten Federn auf Distanz halten, braucht es mitunter mehrere Wochen, bis sich ein Paar – vorübergehend – verträgt. Ist es sich schließlich einig geworden, legt das Weibchen bis zu vier grüne, über ein Pfund schwere Eier in eine Bodenmulde und zieht seiner Wege. Die zweimonatige Brut und spätere Aufzucht der Jungen überläßt es allein dem Männchen. Doch ist die Henne während dieser Zeit nicht eben faul, sondern sie paart sich nicht selten mit einem anderen Hahn, dem sie auf diese Weise wiederum zu mehrmonatiger Arbeit verhilft. So wissen wir auch, daß wir heute morgen einen Hahn mit einem Jungen gesehen haben. Im vergangenen Jahr, so erzählt uns Frau Jörissen, sei ein anderer Hahn mit drei Jungen mehrere Wochen regelmäßig an ihrem Haus erschienen.

Als recht unleidlich untereinander hat Frieda Jörissen auch »ihre« Kasuare immer wieder erlebt. Bis auf die Junge führenden Hähne kamen sie allein, stets aus verschiedenen Richtungen und zu unterschiedlichen Zeiten. Waren fremde Menschen auf dem Grundstück, so merkten das die Vögel sofort und waren wesentlich zurückhaltender als gewöhnlich. Ihre wenig soziale Lebensart hat auch verhindert, daß Kasuare wie etwa Strauße farmmäßig gehalten werden können. Die Papuas auf Neuguinea züchten zwar Kasuare und handeln mit ihnen – etwa als Kaufpreis für eine Braut –, doch müssen sie die Vögel, sobald sie mit etwa drei Jahren ausgewachsen sind, in Einzelkäfigen halten. Andernfalls würden sie sich gegenseitig umbringen.

Die Tiere dienen auch heute noch manchen Stämmen als wichtigste Fleischlieferanten und werden bei besonderen Anlässen zu Dutzenden geschlachtet. Ein Jäger, der einen ausgewachsenen Kasuar vom Streifzug durch die Wälder mit nach Hause bringt, gilt als besonders tapfer. Eine Begegnung mit einem dieser Vögel kann nämlich das Leben kosten. Der bis zu zwölf Zentimeter lange Nagel der Innenzehen ist eine furchtbare Waffe. Mit einem einzigen Tritt kann ein Vogel einem Menschen den Leib aufreißen. Doch in aller Regel haben die Tiere, von denen manche älter als 30 Jahre werden, einen Eindringling in ihrem Revier entdeckt, lange bevor dieser sie gesehen hat. Wie geschickt und still sie sich verdrücken können, haben wir gut beobachten können.

Früher konnte lediglich ein mangelndes Angebot an Nahrung, die im nördlichen Queensland immerhin aus 70 verschiedenen Früchten besteht, den Bestand der eigentümlichen Vögel zeitweise verringern. Die hellbraunen und mit Streifen getarnten Jungen fallen einem Versorgungsengpaß am ehesten zum Opfer. Denn natürliche Feinde gibt es für den Kasuar im Urwald nicht. Heutzutage ist der Mensch, wie für alle anderen Kreaturen, auch für den Kasuar zur schlimmsten Bedrohung geworden. Australische Naturschützer befürchten, daß in einigen Jahrzehnten die mitunter farbenprächtigen Hinweistafeln an den Straßen überflüssig werden, wenn es nicht gelingt, wenigstens einige genügend große Nationalparke mit ausreichenden, zusammenhängenden Regenwaldflächen auszuweisen. Zur Zeit werden freilich erst einmal durch die bestehenden kleinen Schutzgebiete Straßen gebaut, und es wird weiter Holz auf nicht nachhaltige und damit bestandserhaltende Art, sondern auf dem Wege des Raubbaus gewonnen.

So erfahren wir von Frieda Jörissen auch zwei Jahre nach unserem Besuch, daß ihr ungewöhnliches Zusammenleben mit den Helmkasuaren durch die Rodung eines größeren Waldgebietes in unmittelbarer Nähe von Mission Beach empfindlich gestört und teilweise abrupt beendet worden sei. Die 27 Hektar Urwald, die ihr Mann und sie eigens für die Kasuare gekauft und der Nationalparkverwaltung anvertraut hatten, reichen nicht aus, um die in einem guten Vierteljahrhundert gewachsene örtliche Kasuardynastie zu erhalten. Zur Zeit, als der Brief aus Mission Beach bei mir in Deutschland eintrifft, ist von den bis zu fünf Großvögeln, die sich im Wechsel ihre kleingeschnittenen Bananen abgeholt haben, nur ein halb ausgewachsener Jungvogel übriggeblieben. Der Eingriff in den Wald mag das Ende eines langen Stammbaumes bedeutet haben. Im Lauf eines Vierteljahrhunderts haben mehrere

Auch im »Outback«, im Nordosten Australiens, werden immer mehr Schneisen in die Eukalyptus-Urwälder geschlagen. Dem Straßenbau folgt die Besiedlung durch Menschen, und den freilebenden Tieren und Pflanzen geht Hektar für Hektar ihrer Lebensstätten verloren. Tiere und Pflanzen werden nicht vertrieben, da sie nicht an andere Orte flüchten können; sie werden ausgerottet.

Kasuarmännchen ihre Jungen bei Frau Jörissen vor- und eingeführt. Nicht wenige Ornithologen fanden sich im Lauf der Zeit bei ihr ein, um den außergewöhnlichen Auftritt wildlebender Großvögel mitzuerleben. Viele Fotos von Helmkasuaren, die in freier Wildbahn recht schwierig zu machen sind, entstanden, wie auch die in diesem Buch wiedergegebenen, in der Nähe ihres Hauses. Was den Helmkasuaren zum Schicksal wird, trifft natürlich auch viele andere Tiere, unter ihnen die populären Koalas. Die possierlichen Beuteltiere, oftmals als »Koalabären« bezeichnet, haben mit der Familie der Bären nicht mehr gemeinsam als das Aussehen eines niedlichen Teddybären. Mit den Bären verbindet die erfolgreichen Werbefiguren für Australiens Fremdenverkehr nicht die geringste verwandtschaftliche Beziehung.
Koalas kommen nur im östlichen Australien vor. In Viktoria, in New South Wales und in Queensland haben wir sie mehrfach ausführlich beobachten können, doch stammen die meisten der hier wiedergegebenen Informationen natürlich aus der Literatur. Denn einen Koala tagsüber zu beobachten bedeutet, einem Tier im wesentlichen beim Nichtstun Gesellschaft zu leisten. Koalas verschlafen den Tag und werden erst nachts aktiv. Zweimal allerdings mußten wir rührig werden, um Koalas das Leben zu retten.
Beim ersten Mal sahen wir, daß in der Krone eines am Stamm von einem Waldbrand erfaßten Eukalyptusbaumes ein Koala saß und von der Gefahr anscheinend nichts ahnte. Was hätte er auch machen können? Wir verständigten die Feuerwehr des nahen Ortes. Die drei diensthabenden Feuerwehrleute hielten uns anfangs wohl für verrückt und zeigten wenig Bereitschaft, sich für einen Koala auf einen etwa sechs Kilometer langen Weg zu machen. Schließlich aber konnten wir sie überreden und waren zunächst schockiert, als sie zu einem ungewöhnlichen Mittel griffen. »Das Buschfeuer ist aus, den Baum können wir gar nicht löschen, da müßten wir stundenlang hier Wache stehen. Wir werden dem Koala etwas Bewegung verschaffen, damit er sich einen anderen Sitzplatz sucht.« Sagten es und richteten einen scharfen Wasserstrahl aus dem Tankwagen auf das Tier, das wahrscheinlich vor lauter Schreck den Ast, auf dem es saß, losließ und in die Tiefe stürzte. »Das muß ein

guter Koala aushalten«, meinten die Feuerwehrleute. Und tatsächlich: Der Koala, der auf dem Bauch gelandet war, schien ein wenig benommen, rappelte sich dann allerdings auf und steuerte zunächst wieder den verkohlten Baum an. Wir konnten ihn davon abhalten, wieder daran hinaufzuklettern, und scheuchten ihn zu einem anderen Stamm, an dem er dann langsam, aber zielstrebig mit seinen krallenbewehrten Händen und Füßen hinaufstieg.

Die zweite Rettungsaktion war noch dramatischer. Sie fand im *Grampians-Nationalpark* statt, rund 260 Kilometer westlich von Melbourne. Dort waren wir auf der Rückfahrt von einem Tagesausflug bei Dunkelheit zu

Obwohl sie beide groß sind, bleiben der Helmkasuar und sein Junges im Licht- und Schattenspiel des Urwaldes fast unsichtbar.

Mit einer Rückenhöhe von einem Meter und einem Gewicht bis zu 55 Kilogramm ist der Emu (oben) etwa so groß wie der Helmkasuar, aber um rund 30 Kilogramm leichter. Der »Australische Strauß« wurde lange Zeit als vermeintlicher Weidekonkurrent der Schafe von Farmern verfolgt. Noch 1964 wurden allein in Westaustralien rund 15 000 der Vögel getötet. Auch der Koala (Seite 107) hat früher stark unter der direkten Verfolgung durch den Menschen gelitten; noch heute nimmt die Zahl der putzigen Beuteltiere aufgrund menschlicher Aktivitäten ab.

unserem Quartier unterwegs, als uns mit stark überhöhter Geschwindigkeit ein riesiger leerer Viehtransporter überholte. Einen Kilometer später sahen wir einen bewegungslosen Koala auf dem Asphalt liegen. Nun war guter Rat teuer. Wir stellten fest, daß das Tier noch lebte. Äußere Verletzungen waren nicht zu sehen. Durch das Erlebnis mit der Feuerwehr schlau geworden, hatten wir die Hoffnung, daß der Koala vielleicht nur einen Schlag abbekommen hatte, bewußtlos war und sich wieder »berappeln« würde. Doch wie das schwere Tier von der Straße bekommen? Wir wußten, daß ein Koala mit seinen scharfen Krallen ein ernst zu nehmender Gegner ist. Was würde passieren, wenn er zu sich käme, während wir ihn gerade von der Straße wegtrugen?
Mein Freund Wolfgang Weber, nicht nur ein hervorragender Natur- und Tiermaler, sondern reich an praktischen Erfahrungen aus der Tierpflege im Frankfurter Zoo, faßte sich schließlich ein Herz und packte den Koala kurzentschlossen. Mit gemeinsamen Kräften hievten wir ihn auch noch über die Seitenplanke der Straße und betteten ihn am Fuß eines starken Eukalyptusbaumes. Das Tier atmete regelmäßig, bewegte sich aber nicht. Als wir am nächsten Morgen nachschauten, war der Platz leer, und auch in der weiteren Umgebung war auf dem Erdboden kein Koala zu sehen. Dafür saß in einem der nächsten Bäume in einer Astgabel ein Tier, das wahrscheinlich der Patient vom Abend zuvor war. Etwa 4000 bis 5000 Koalas, so lauten die Schätzungen, kommen jährlich in Australien durch den Straßenverkehr ums Leben.
Auf diese Weise haben wir hautnah zwei Gefahren kennengelernt, denen Koalas in der freien Wildbahn ausgesetzt sind. Doch es gibt weitere und noch schlimmere. Die eine ist die schon erwähnte Vernichtung des Lebensraumes. Und die trifft die Koalas gleich in doppelter Hinsicht. Sie sind nämlich absolute Nahrungsspezialisten. Außer den Blättern von Eukalyptusbäumen nehmen sie kaum etwas zu sich. Aber auch von den mehreren hundert Eukalyptusarten, die es in Australien gibt (die Angaben über die Artenzahl weichen beträchtlich voneinander ab), sind ihnen nur wenige recht. Lediglich sechs Arten dienen ihnen als Hauptnahrung, etwa weitere 20 nehmen sie gelegentlich zu sich. Da manche Blätter zu bestimmten Jahreszeiten giftig sind, vor allem Blausäure in höheren Konzentrationen enthalten, reduziert sich das Angebot noch weiter.
Die Koalas allerdings wissen, wann sie welche Blätter fressen können. Bis zu gut einem Kilogramm verzehren sie während einer Nacht. Um die öl- und phenolhaltigen faserreichen Blätter aufschließen zu können, haben die Tiere einen besonders langen Blinddarm, der bis zu zweieinhalb Metern messen kann. Mit ihrer einseitigen Kost bringen es die Koalamännchen immerhin auf ein Gewicht von über zehn Kilogramm und eine Körperlänge von 80 Zentimetern. Die Weibchen bleiben etwa zehn Zentimeter und zwei Kilogramm dahinter zurück. In ihrem lang-

gestreckten Verbreitungsgebiet von mehreren tausend Kilometern gibt es einige Unterschiede in der Größe und in der Färbung der Tiere. Im Nordosten etwa sind die Koalas nicht ganz so groß wie im Südosten Australiens.

Neben der Vernichtung des Lebensraumes, neben Verkehrs- und Feuertod und Verlusten durch umherstreifende Hunde gibt es seit etwa zehn Jahren eine weitere Bedrohung für die Koalas. Gegen Mitte der achtziger Jahre fiel Naturschutzfachleuten und Biologen in Queensland und Viktoria auf, daß immer weniger Koalaweibchen mit einem Jungen auf dem Rücken zu beobachten waren. Auch wurden in diesen beiden Bundesstaaten, in denen heute noch die meisten Koalas die Wipfel der Eukalyptusbäume bewohnen, zunehmend kranke und blinde Tiere angetroffen. Unfruchtbarkeit und Blindheit sind nach den Erkenntnissen der Veterinäre die Folgen einer ansteckenden Viruserkrankung, die häufig genug zum Tod der von ihr befallenen Koalas führt. Die anfangs aufgekommene Befürchtung, die Seuche könne das baldige Aussterben der Art bedeuten, hat sich glücklicherweise nicht erfüllt. Aber in manchen Gegenden ist der Bestand der Koalas durch die Krankheit merkbar dezimiert worden.

Doch nicht diese Krankheit ist die Ursache dafür, daß der Koala heutzutage selbst dort selten geworden ist, wo ihm noch ursprüngliche Eukalyptuswälder zur Verfügung stehen. Es waren vielmehr die intensive Verfolgung und Bejagung, die die Tiere im vergangenen Jahrhundert und bis um 1930 an den Rand der Ausrottung brachten. Noch im August 1927 mußten allein in Queensland 584 738 Koalas während einer offiziell erklärten, aber schon damals heftig kritisierten Jagdsaison ihr Leben lassen. Ein Dutzend ihrer Pelze brachte ihren Erlegern, die sie ohne Mühe von den Ästen herabschossen, damals knapp 57 Schillinge. Von dieser Dezimierung, die erst Anfang der dreißiger Jahre mit dem gesetzlichen Schutz der Tiere in allen Bundesstaaten ein Ende hatte, haben sich die Bestände nie wieder erholt. Heute wird die Gesamtzahl der Koalas in Australien auf etwa 200 000 bis 300 000 geschätzt. Bei der riesigen Ausdehnung ihres Lebensraumes und im Vergleich zu der Zahl der 1927 geschossenen Koalas ist das eine sehr kleine Gesamtpopulation.

Die Zahl ist so vage – mitunter werden auch nur 50 000 bis 100 000 Koalas angegeben –, weil noch nie eine landesweite Erfassung vorgenommen wurde und weil es auch sehr schwierig ist, Koalas zu sehen. Bei Tageslicht nämlich machen sie es sich am liebsten in einer Astgabel bequem, möglichst hoch in einem Baum, und verschlafen den größten Teil der Helligkeit. Mit ihrem grauen Fell passen sie sich hervorragend der Rinde der Eukalyptusbäume an, und die Blätter, von denen sie fast ausschließlich leben, tragen ihren Teil zur Tarnung bei.

Früher waren die Biologen der Ansicht, die Koalas befänden sich in einem ständigen Rauschzustand, der durch bestimmte Wirkstoffe in den Eukalyptusblättern ausgelöst würde. Daher, so glaubten die Beobachter, wirkten die Koalas tagsüber so schläfrig und reagierten überaus gelassen auf das Erscheinen von Menschen unter ihrem Sitzbaum. Untersuchungen haben ergeben, daß diese Annahme nicht richtig ist. Koalas sind tagsüber in erster Linie müde. Und die Gelassenheit im hohen Baum rührt daher, daß sie außer dem Menschen nie einen natürlichen Feind im Geäst zu fürchten hatten. Daß sie schon von den Ureinwohnern gelegentlich erlegt wurden, hat ihnen anscheinend keine Urangst vor dem Menschen eingeflößt. Selbst auf Rufen oder das Klopfen an den Baumstamm hin öffnen sie lediglich mal die Augen, schauen allenfalls kurz unwillig nach unten und nehmen bald darauf wieder ihre halb eingerollte Schlafstellung ein.

So träge und unbeweglich, wie sie bei Tage erscheinen, sind Koalas freilich nicht.

Nachts bewegen sie sich recht hurtig und überaus geschickt in den Wipfeln. Ihre scharfen Krallen und die Stellung der Finger und Zehen befähigen sie, einen glatten Stamm in Windeseile hinaufzuklettern. An den Händen ermöglicht eine größere Lücke zwischen zwei und drei Fingern (es sieht fast so aus, als habe der Koala zwei Daumen) dem Tier das feste Umklammern dicker Äste. Am Fuß fehlt der ersten Zehe die Kralle, so daß sie wie ein Daumen zum Abstützen und Greifen verwendet werden kann. Wer das Glück hat, einen Koala tagsüber beim Herumklettern zu beobachten, dem verschlägt es leicht den Atem, mit welcher Sicherheit sich die relativ schweren Tiere bis in die höchsten Zweigspitzen vorwagen, ohne daß diese abbrechen. Alle zumeist wie im Zeitlupentempo ausgeführten Bewegungen der Koalas können während der Paarungszeit sehr schnell werden, wenn die Männchen sich gegenseitig durch die Bäume oder über den Boden jagen. Im Frühling und Sommer werden die Einzelgänger gesellig und versuchen, einen möglichst großen Harem um sich zu scharen. Dabei geht es recht rüde zu. Häufig erklingt ein lautes Grunzen und Schnaufen durch die Nacht, Droh- und Paarungsrufe gehen häufig ineinander über. Da sich fast alle Aktivitäten in der Dunkelheit abspielen, sind viele Verhaltensweisen von Koalas in der Wildbahn noch nicht hinreichend erforscht.

Man weiß aber, daß die Tiere große Strecken in kurzer Zeit zurücklegen können. Das bewies ein Koala auf der Magnetic-Insel vor der Stadt Townsville, den ein Tierfreund nach einem Buschbrand von seinen dabei erlittenen Verletzungen heilte und 24 Kilometer von seinem Haus entfernt wieder im Wald aussetzte. Schon zwei Tage später fand sich das Tier am Haus ein, um seine wochenlang regelmäßig erhaltene Mahlzeit in Empfang zu nehmen.

Nur fünf Wochen dauert die Tragezeit des Weibchens, dann wird das knapp zwei Zentimeter lange nackte Junge (ganz selten sind es Zwillinge) geboren. Das Koalakind bleibt die ersten sechs Monate im Beutel der Mutter, in dem es sich an einer der beiden Zitzen festsaugt. Wenn es schließlich zum ersten Mal seinen Kopf aus der sicheren Bleibe streckt, mißt es knapp 20 Zentimeter und trägt bereits ein Fell.

Wie beim Wombat, einem auf dem Boden lebenden Höhlenbewohner, öffnet sich der Beutel des Koalas nach unten – anders also als beim Känguruh und den übrigen Beuteltieren. Der Sinn dieser Einrichtung wurde erst später erkannt: Wenn das Junge seine Ernährung von der Muttermilch auf pflanzliche Kost umstellt, gewöhnt es sich und seinen Verdauungsapparat erst einmal mit Hilfe von halb vorverdauter Nahrung seiner Mutter an die neue Speisekarte. Dazu braucht das Junge nur den Kopf aus dem Beutel zu

Für die meisten anderen Tiere und für Menschen ungenießbar, für Koalas eine lebensnotwendige Delikatesse: Eukalyptusblätter enthalten Blausäure, doch die kletterfreudigen »Koalabären«, die mit den Bären nicht im geringsten verwandt sind, wissen, wann und wieviel sie davon essen können.

Während der Paarungszeit jagen die Koalamännchen die Weibchen durch die Wipfel der Eukalyptusbäume und vergessen sogar ihre tagsüber normalerweise vorherrschende Schläfrigkeit. Wenn sie sich für ihre Tagesruhe in einer Astgabel eingeklemmt haben, sind sie gegen die graubraune Baumrinde nur schwer zu sehen.

stecken, um den entsprechenden Brei serviert zu bekommen. Auch nach der Entwöhnung bleibt der junge Koala noch bis zu einem Jahr als Rückengepäck bei der Mutter. Diese lange Bindung hat zur Folge, daß die Weibchen höchstens alle zwei Jahre für Nachwuchs sorgen. Entsprechend langsam geht die Vermehrung des Gesamtbestandes vor sich. In Gefangenschaft wurden Koalas über 15 Jahre alt.

Schon seit rund 50 Jahren unternehmen einzelne Naturschutzbehörden Australiens Anstrengungen, den Bestand der Koalas wieder zu vergrößern und die Tiere dort erneut anzusiedeln, wo sie ausgerottet wurden. Organisationen wie die Australian Koala Foundation mit Sitz in Brisbane oder der WWF-Australien unterstützen solche Bemühungen. Besonders einige Inseln vor der Südküste Viktorias gelten als »Keimzelle« für manche neue Population im Inland. Die Tiere, die sich dort, wo sie zu zahlreich werden, sogar durch »Überweidung« die Lebensgrundlage zerstören können, werden mit an langen Stangen befestigten Schlingen vom Baum geholt. Rutschen sie nicht langsam von selbst am Stamm herunter, fallen sie in ein aufgespanntes Sprungtuch. Von der Phillip-Insel südlich von Melbourne sind auf diese Weise seit 1935 schon mehr als 7000 Koalas umgesiedelt worden. Jetzt hoffen die Naturschützer, daß ihre Arbeit nicht durch die Seuche zunichte gemacht wird. Sobald ein wirksames Gegenmittel entwickelt und erprobt ist, sollen möglichst viele Koalas eingefangen und geimpft werden. In Queensland, so wird vermutet, ist die Hälfte aller Tiere erkrankt.

Doch was hilft letztlich ein guter Impfstoff, wenn weiterhin der Lebensraum der Koalas zerstört wird? Seit der Besiedlung Australiens durch die Europäer vor gut 200 Jahren sind nach Angaben australischer Naturschützer 80 Prozent des ursprünglich für die Koalas geeigneten Lebensraumes vernichtet worden. Ein staatliches Wiederaufforstungsprogramm soll zumindest einige der verlorenen Gebiete wieder für die Koalas und andere Tiere bewohnbar machen.

Obwohl der weitaus größte Teil Australiens ohne den Einfluß des Menschen bereits aus Wüste, Steppe, Grasland und Trockenbusch besteht, hat die Inbesitznahme durch den Menschen gerade in den letzten drei Jahrzehnten dort immer stärkere Spuren hinterlassen, wo der gut 7,6 Millionen Quadratkilometer große Kontinent mit Wald bewachsen ist: vornehmlich im Norden und im Osten. Zwar ist das riesige Land mit rund 16 Millionen Einwohnern äußerst dünn besiedelt, doch die meisten Menschen drängen sich dort zusammen, wo das Klima erträglich und die Vegetationsbedingungen gut sind. Und das ist nun einmal dort, wo es in dem überwiegend regenarmen Erdteil relativ viel Regen gibt – im Bereich der Küsten und der Regenwälder sowie der feuchten und trockenen Hartlaubwälder. Aus der bis in jüngster Zeit anhaltenden Erschließung und Rodung der Wälder hat eine Tiergruppe großen Nutzen gezogen, deren eines Mitglied zum Nationaltier des fünften Kontinents geworden ist: das Känguruh.

Meine erste Begegnung mit den Sprungläufern habe ich auf einem Golfplatz in der Nähe von Melbourne, wohin mich einige Naturfreunde eingeladen haben. Dort kann ich mich dem Östlichen Grauen Riesenkänguruh auf Armeslänge nähern. Das sollte mich nicht zu der Vorstellung verführen, die Tiere seien überall so zutraulich. Ich werde später auch eines Besseren belehrt, denn viele der Känguruhs, die ich auch auf meinen Reisen in Australien sehe, sind so scheu wie alle anderen Wildarten auch.

So verwirrend die Namen und so stark voneinander abweichend das Aussehen der 47 Känguruharten Australiens sind, so schwer verständlich erscheint die alljährlich neu einsetzende kontroverse Diskussion um die kommerzielle Nutzung der hüpfenden Beuteltiere. Sieben Arten sind zur Jagd freigegeben, und von diesen werden in der Mehrzahl die drei größten erlegt, weil sie am häufigsten vorkommen. Das sind das Rote Riesenkänguruh, das Westliche Graue Riesenkänguruh und das Östliche Graue Riesenkänguruh. Mit einer Körperlänge von über zwei Metern, den bis zu einem Meter messenden Balance- und Stützschwanz mitgerechnet, können die Männchen 65 Kilogramm schwer werden. Damit sind sie eine lohnende Beute an Fleisch und Fell. Ein weiterer Grund dafür, daß alljährlich eine Million »roos« erlegt werden, ist ihr natürlicher Appetit auf Gras. Mit der Kurzform »roos« fassen die Australier die »kangaroos«, »wallaroos« und »wallabies« zusammen. Als Grasfresser sind sie eine Konkurrenz für Schafe und Rinder. Und dieser Wettbewerb, so meinen die Viehzüchter, müsse in Grenzen gehalten werden. Manchen wäre es sogar recht, wenn er – zu Lasten der Känguruhs – völlig beendet würde.

Jedes Jahr, wenn die Abschußquoten von den staatlichen Behörden bekanntgegeben werden, kommt es zu einem Aufschrei seitens der Tier- und Naturschützer. Wenn es dann heißt, daß zwischen 1,5 und 4 Millionen Känguruhs abgeschossen werden können und müssen, kann derjenige, der mit den australischen Verhältnissen nicht vertraut ist, in der Tat zutiefst erschrecken.

Tier- und Naturschützer verfolgen mit ihrem Protest allerdings unterschiedliche Zielsetzungen. Während die meisten Naturschützer eine gemäßigte Form der

Das Östliche Graue Riesenkänguruh hält den Rekord unter den 47 verschiedenen Arten seiner Familie. Männliche Tiere können über 65 Kilogramm schwer werden, die Weibchen erreichen die Hälfte dieses Gewichts. Die größten Känguruhmännchen messen vom Kopf bis zum Schwanzende 230 Zentimeter, wobei fast die Hälfte auf den Schwanz entfällt. Die Tiere leben gern in Rudeln zusammen.

Die Westlichen Grauen Känguruhs sind eher braun als grau gefärbt und bleiben hinter ihren östlichen nahen Verwandten in Größe und Gewicht um einiges zurück. Auch sie werden stark bejagt, was ihrem Bestand aber nicht schadet. Jedes Jahr werden in Australien mehrere Millionen Känguruhs geschossen, ein Anlaß zu regelmäßigem Protest von Tierschützern, obwohl es sich um eine notwendige Maßnahme zur Bestandsregulierung handelt – wenngleich die Methoden häufig Anlaß zu berechtigter Kritik geben.

Nutzung akzeptieren und sogar gutheißen, gelegentlich aber die Zahl der getöteten Tiere als zu hoch ansehen und Befürchtungen äußern, daß das australische Wappentier auf diese Weise langsam ausgerottet werde, lehnen die Tierschützer in der Regel das Töten der Känguruhs generell ab. Insbesondere prangern sie die ihrer Meinung nach häufig brutalen Tötungsmethoden an. Bei ihrer Arbeit würden die rund 3000 haupt- und nebenberuflichen »kangaroo-shooter« keine Rücksicht auf die weiblichen Tiere und ihren Nachwuchs nehmen. Die Jungen, häufig noch im Beutel steckend, würden erschlagen und liegen gelassen, damit sie nicht auf die Quote angerechnet würden, denn sie bringen keinen Gewinn.

Das Abschießen, überwiegend während der Dunkelheit mit Hilfe starker Suchscheinwerfer aus einem geländegängigen Fahrzeug, habe zwangsläufig viele Fehlschüsse und verwundete Tiere zur Folge. Angeschossene Tiere aber würden nur selten verfolgt und von ihren Qualen befreit. So kommen nach Meinung der Gegner des Känguruh-Abschusses (von Jagd im herkömmlichen Sinne kann nicht die Rede sein) alljährlich allein durch die von den Behörden mit einer Lizenz ausgestatteten »Jäger« weit mehr Tiere ums Leben, als die zugelassene Quote es vorsieht. Eine Jahresstrecke von zwei Millionen Tieren ist keine Seltenheit. Ergeben die der Quotenfestlegung vorausgehenden Zählungen und Schätzungen einen besonders hohen Bestand, so werden durchaus auch einmal die doppelte Zahl oder gar noch mehr Tiere zum Abschuß freigegeben. Neben den drei genannten Arten gehören in größerer Zahl das Bergkänguruh (»common wallaroo« oder »Euro« genannt), das vor allem in Queensland vorkommt, und das Bennett-Känguruh auf Tasmanien dazu. Wie hoch der illegale Abschuß ist, wissen weder die Tier- und Naturschützer noch die Behörden. Die Schätzungen belaufen sich auf einige zehntausend bis über eine Million. Es heißt sogar, daß die offizielle Zahl verdoppelt werden müsse, um den Gesamtabschuß korrekt zu erfassen. Die jährliche Abschußquote wird von den Behörden nach Zählun-

gen vom Flugzeug und Hochrechnungen in den einzelnen Bundesstaaten festgelegt. Als nach einer verheerenden Dürreperiode der Jahre 1982 und 1983 der Bestand der nutzbaren Arten von 19 Millionen auf 10 bis 12 Millionen gesunken war, wurde auch die Abschußquote um etwa ein Drittel gesenkt. In regelmäßigen Abständen werden in den Vereinigten Staaten und in einigen europäischen Ländern Proteste gegen die »Känguruh-Massaker« laut. Boykottaufrufe haben wiederholt dazu geführt, daß Fleisch, Leder und Felle von Känguruhs nicht gehandelt werden dürfen oder können. Der Sinn solcher Aktionen ist fragwürdig, denn die Vermarktung von Känguruhprodukten könnte durchaus im Sinne einer nachhaltigen Wildbestandsnutzung liegen. Als Folge würden vielleicht in manchen Gegenden mehr Känguruhs als Schafe weiden.

Die mit der Lenkung der Känguruhbestände befaßten Behörden weisen immer wieder auf die Notwendigkeit einer kontrollierten Beschränkung der Zahlen hin. Seitdem ein Großteil des australischen Busches zu Grasland umgewandelt worden ist, seitdem endlos lange Zäune nicht nur die Schafe, sondern auch die Känguruhs vor Dingos, den australischen Wildhunden, schützen und seitdem die Beutelspringer von den vielen für Schafe und Rinder angelegten Tränken profitieren, hat ihre Zahl derart zugenommen, daß mancherorts von einer »Pest« gesprochen wird. Würde nicht ein überprüfbarer Abschuß durchgeführt, wären der illegalen Vernichtung Tür und Tor geöffnet. Vor allem würden die Farmer dann wieder, wie zu früheren Zeiten, Gift einsetzen, dem auch viele andere Tierarten zum Opfer fielen. Dieser Argumentation schließen sich führende Naturschutzorganisationen wie etwa der WWF-Australien und die Internationale Naturschutzunion (IUCN) an, wobei sie eine strikte Kontrolle und hartes Vorgehen gegen Auswüchse fordern. Eine schonende Nutzung, bei der die Tierschutzaspekte soweit wie möglich berücksichtigt werden, hat in der Vergangenheit den betroffenen Arten mehr genutzt als geschadet. Bei den Känguruhs gilt eine »Abschöpfung« von zehn bis 15 Prozent als angemessen.

Die Sorge der Naturschützer in Australien indes gilt mehr und mehr den vielen Känguruharten, die nicht bejagt werden, aber durch die fortlaufende Zerstörung ihres natürlichen Lebensraumes zunehmend an den Rand der Ausrottung geraten. Im Gegensatz zu den wenigen Großkänguruhs, die sich der Besiedelung durch den Menschen angepaßt haben und als Grasfresser aus ihr Nutzen ziehen, sind viele Arten auf kleine Verbreitungsgebiete beschränkt und dort auf spezielle Biotope mit der ihnen eigenen Lebensgemeinschaft angewiesen. Dazu zählen die knapp rattengroßen Moschusrattenkänguruhs ebenso wie die Baumkänguruhs. Die meisten von ihnen führen ein verstecktes Leben und sind nur in der Nacht aktiv. Daher werden sie auch selten beobachtet.

Die Fortbewegung des Großen Östlichen Känguruhs wirkt grotesk. Mit ihren bis zu zehn Meter weiten Sprüngen erreichen die Tiere Spitzengeschwindigkeiten von annähernd 90 Stundenkilometern. Der lange Schwanz dient dabei zum Balancieren und als Steuerinstrument. Im Sitzen stützen sich die Tiere mit ihm ab. Auf dem Foto ist deutlich zu erkennen, um wieviel länger die Hinterbeine als die »Arme« sind.

Unter den Wallaruhs, nahen Verwandten der Känguruhs, gibt es mehrere Arten und Unterarten, die nicht leicht zu unterscheiden sind. Das richtige »Ansprechen« wird durch viele Variationen in der Färbung zusätzlich erschwert. Am größten sind die »Common Wallaroos«, auf deutsch auch Bergkänguruh genannt (oben links). Auch bei den Wallabys gibt es starke Farbunterschiede; das Sumpfwallaby (oben rechts) ist nahezu schwarz. Der Schwarze Flughund, eine von vier in Australien vorkommenden Arten (Seite 115 oben) und der Hundskusu mit seinem Jungen (Seite 115 unten), werden erst bei Dunkelheit munter.

Überhaupt bekommt der Australienbesucher außerhalb von Zoos und Parks die Mehrzahl der Känguruhs allenfalls als überfahrene Verkehrsopfer am Straßenrand zu Gesicht. Das erklärt die dicken Schutzgitter vor dem Kühler vieler Autos, denn ein Zusammenstoß mit einem Riesenkänguruh kann nicht nur für die Karosserie und das Tier unangenehme Folgen haben. Und mit einem Sprung von über zehn Meter Weite sind die Känguruhs oftmals wie ein Gespenst aus dem Nichts vor dem Fahrzeug. Daher ist jedem Autofahrer anzuraten, besonders bei Dunkelheit die entsprechenden gelben Hinweisschilder am Straßenrand zu beachten.

Wie beim »roo harvesting«, der Känguruh-Ernte mit dem Gewehr, geschieht es bei einem Verkehrsunfall nicht selten, daß aus dem Bauchbeutel eines vom Auto getöteten Weibchens ein unverletztes Junges herausschaut. Und es ist nicht ausgeschlossen, daß neben der ums Leben gekommenen Mutter noch ein zweites Jungtier, gut ein Jahr älter als sein im Beutel steckendes Geschwister, führungs- und ratlos auftaucht. Die Känguruhs haben nämlich ein recht intensives, in sich verschachteltes Fortpflanzungsprogramm, wenn die Ernährungslage es zuläßt. Sobald das Junge nach einer Tragezeit von – je nach Art – drei bis fünf Wochen geboren wird und als gerade ein Gramm leichtes, wie ein Embryo wirkendes Etwas ohne Augen und Ohren von der Vagina in den Beutel kriecht, um aus ihm erstmals ein Viertel- bis ein halbes Jahr später wieder zum Vorschein zu kommen, kann das Weibchen wieder trächtig werden. Doch das befruchtete Ei wird in der Gebärmutter erst dann weiterentwickelt, wenn der Beutel frei ist. So kann die Mutter auch ohne erneute Paarung nach längerer Zeit ein Embryonaljunges gebären, das sich nach der anstrengenden Kriechtour über das Fell der Mutter für viele Wochen an einer der in ihrem Beutel befindlichen zwei Zitzen festsaugt. Das ist ein Vorteil, wenn etwa das vorhergehende Junge sein Leben verliert, das bei einigen Arten immerhin etwa 20 Jahre währen kann.

Bei einem derartigen Geburtenkarussell, das durch die gelegentliche Geburt von Zwillingen bereichert wird, ist es nicht verwunderlich, wenn die Bestände der Riesenkänguruhs bei gutem Weideangebot in wenigen Jahren explosionsartig anwachsen. Wissenschaftler haben errechnet, daß sich unter optimalen Bedingungen die Känguruhbevölkerung innerhalb von zwölf Monaten um ein Viertel vermehrt. Dieses beeindruckende Reproduktionsvermögen hat die Känguruhs in einer früher allerdings noch größeren Artenvielzahl mehr als 60 Millionen Jahre in Australien erhalten. Hierher wanderten sie seinerzeit aus dem nordamerikanischen Raum, wo die Entwicklung der Beuteltiere stattgefunden hat und wo heute das Opossum der letzte Vertreter dieser großen Gruppe von 240 Arten ist. Über eine damals bestehende Landverbindung, zu der das jetzige Südamerika und die Antarktis gehörten, gelangten die Vorfahren der Känguruhs auf den fünften Kontinent. Dessen Abtrennung von den übrigen Landmassen und der dadurch möglichen Fortentwicklung einer eigenständigen Tierwelt (bis auf den wahrscheinlich ausgestorbenen Tasmanischen Beutelwolf weitgehend ohne größere Raubtiere, denn der Dingo wurde erst vor einigen tausend Jahren durch Einwanderer aus Südostasien mitgebracht) ist das Überleben der

vielfältigen Beuteltierformen zu verdanken. Auch auf Neuguinea und auf einigen Inseln gibt es Känguruhs und andere Vertreter der zoologischen Ordnung *Marsupialia* (Beuteltiere). So prächtig sich die Bestände der großen Känguruhs auf saftigem Grund entwickeln, so schnell können sie um mehr als die Hälfte zusammenbrechen und aus einzelnen Landstrichen völlig verschwinden, wenn der Regen ausbleibt. Zwar halten es die Känguruhs in Dürrezeiten etwas länger als die Schafe aus, da sie selbst ausgetrocknetes Gras noch verwerten können und die Hitze besser vertragen, doch Wasser brauchen sie schließlich auch. Da sind jene kleineren Arten besser dran, die vom Blattwerk der Büsche und Bäume leben und, statt auf ihren überlangen Hinterbeinen auf Weiden und Golfplätzen herumzuhüpfen, in den oberen Etagen der Wälder von Ast zu Ast klettern und springen.

Neben den Beuteltieren, die mit rund 130 Arten die größte Gruppe innerhalb der Säugetiere in Australien bilden (nach den Känguruhs stellen die Kletterbeutler wie Koala, Kusu, Gleit- und Streifenbeutler mit mehr als 40 Arten davon den größten Anteil), sind die höheren Säugetiere (*Placentalia* oder *Eutheria*) vornehmlich durch Nagetiere von Maus- bis Kaninchengröße, rund 50 Arten von Fledermäusen und acht Arten von Flughunden vertreten. Eine weitere Besonderheit in der australischen Fauna bilden die eierlegenden Säugetiere, die als eine Übergangsform vom Reptil angesehen werden. Das Schnabeltier und der Schnabeligel mit zwei Arten gehören zu diesen *Monotremata*. Im Lauf der Besiedelung kam manche Säugetierart nach Australien, die es zuvor hier nicht gegeben hatte. Etliche von ihnen, wie etwa der Rotfuchs oder verwilderte Hauskatzen, sind zu einem Problem geworden. Andere, wie etwa Wasserbüffel, deren Zahl im Northern Territory zeitweilig 300 000 überstieg, Rothirsche und Wildschweine, locken als Beute selbst Jäger aus Übersee. Verwilderte

Pferde, Esel, Ziegen und Dromedare sind weitere Großsäuger, die Australiens Wildbahn bereichern und zugleich belasten. Wildkaninchen hatten sich zu einer Plage vermehrt, bevor die Myxomathose sie großräumig dahingerafft hat.

Neben den 571 Brutvogelarten Australiens sind weitere 150 Vogelarten als zeitweilige Gäste beobachtet worden. Die Vielfalt und der Reichtum der Tierwelt Australiens zeigen sich auch in der großen Zahl der Reptilien, darunter allein zwei Krokodil- und 25 Waranarten. Geckos, Skinke und Agamen machen zusammen über 450 verschiedene Arten aus; und es gibt mehr als 160 Schlangenarten. Unter den 190 Amphibienarten sind die Baumfrösche besonders zahlreich. Nicht nur das unter Tauchern berühmte Great Barrier Reef mit seinen Korallenbänken ist die Heimat vieler der 180 australischen Fischarten. Sowohl entlang der 20 000 Kilometer langen Küste als auch im Binnenland wird es noch manche Art neu zu bestimmen geben. Schließlich gibt es für den Pflanzenliebhaber in Australien viel Außergewöhnliches zu entdecken. Von den rund 12 000 Arten sind etwa 85 Prozent endemisch, das heißt, sie kommen nur hier vor. Allein vom Eukalyptus gibt es 450 bis 700 verschiedene Arten – in dieser Bandbreite bewegen sich die Angaben. Die größten Eukalyptusbäume, die den überwiegenden Teil der Wälder bilden, werden bis 150 Meter hoch. Der Eukalyptus, der sich in den Ländern, in die er als schnellwachsende, holzproduzierende Pflanze »importiert« wurde, unter Naturschützern einen schlechten Ruf erworben hat, macht in Australien die Basis der Natur schlechthin aus. In einem tropischen Eukalyptus-Regenwald, in dem es ganz anders aussieht als in den angepflanzten Eukalyptus-Forstplantagen, herrschen ähnliche Verhältnisse wie am Amazonas oder in den Wäldern West- und Zentralafrikas, sofern man Struktur und Klima überhaupt miteinander vergleichen kann.

Der Eulenschwalm, eine besonders große Nachtschwalbe, bebrütet sein einziges weißes Ei auf einer dünnen Unterlage aus Reisig und ist hervorragend getarnt (Seite 116 oben). Auf ihre gute Tarnfarbe können auch der bis zu 130 Zentimeter lange Gouldwaran (Mitte) und der Blauzungenskink oder auch Tannenzapfenechse vertrauen (unten). Der Samtgoldvogel indes fällt wie die meisten Laubenvögel durch seine prächtige Färbung auf. Sie sind nahe Verwandte der Paradiesvögel.

Geht dem Okawango das Wasser aus?

Weich und klar ist das Wasser im Okawango-Delta. Hier gedeihen neben Seerosen viele Pflanzen, die wiederum einer vielfältigen Tierwelt als Nahrungsgrundlage dienen. Gerade dann, wenn es ringsherum trocken wird, kommen aus dem Norden die Wassermassen des Okawangos in ruhigem Strom angeflossen.

Unser eingeborener Fährmann, dessen unaussprechlichen Namen ich mir auch nach acht Stunden noch nicht merken kann, macht eine abwehrende Handbewegung. »Hippo«, lautet sein einziger kurzer Kommentar, und damit ist klar, daß unser Einbaum nicht in den kleinen Seitenarm einbiegen wird. So nützlich die Flußpferde im Delta des Okawangos für das Offenhalten der vielen Wasserwege sind, so wenig empfehlenswert ist es, ihnen mit einem Boot zu dicht auf die dicke Haut zu rücken. Wir wären nicht die ersten, denen solch ein aufgebrachter Koloß ein unfreiwilliges Bad oder Schlimmeres bescherte.

So bleiben wir mit unserem »Mokoro«, dem aus einem einzigen Baumstamm geschnitzten Boot, zunächst auf dem Hauptstrom. Dieser ist allerdings nur einer von vielen unbenannten Läufen und Bächen, aus denen das Delta eines der geheimnisvollsten afrikanischen Flüsse besteht. Der Okawango kommt aus dem Hochland Zentral-Angolas, heißt dort zunächst Cubango, bildet auf einigen hundert Kilometern, weiter südlich, die Grenze zwischen Angola und Namibia, erhält am westlichen Ende des »Caprivi-Streifens« Zufluß vom Cuito und schwenkt dann südöstlich nach Botswana ab. Schon bald nachdem er das ehemalige Betschuanaland erreicht hat, verzweigt sich der mächtige Strom, bis er rund 150 Kilometer weiter

Eine Fahrt in einem Mokoro, dem aus einem Baumstamm geschnittenen Einbaum der Eingeborenen, bleibt ein unvergeßliches Erlebnis.

im Lande regelrecht ausfranst. Unzählige Arme, Bäche, Rinnsale winden sich durch Papyrusdickichte, bilden Lagunen voller Wasserlilien und Seerosen, umrunden schilfgesäumte und von Laubbäumen bewachsene Inseln. Auf einer Fläche, deren Ausmaß zwischen 14 000 und 18 000 Quadratkilometern schwankt und die damit etwa so groß wie Schleswig-Holstein ist, sind im Delta des Okawangos die berühmten »swamps«, die Sümpfe, entstanden. Es ist kein echter Sumpf, der sich in Form einer riesigen Hand auf nährstoffarmem Boden ausdehnt, sondern Überschwemmungsland mit ständig wechselnden Konturen.

Berühmt sind die »swamps« einmal deshalb, weil sich in ihnen ein riesiger Fluß vollkommen auflöst, sein noch wenige hundert Kilometer nördlich während einiger Monate im Jahr reißendes Leben regelrecht verdampft. Lange war es ein Rätsel, wo die Wassermassen bleiben, bis die Wissenschaftler allmählich erkannten, daß die Milliarden von Kubikmetern Wasser, die der Fluß alljährlich gen Südosten trägt, bis auf höchstens fünf Prozent nördlich der Kalahari, der riesigen Halbwüstenlandschaft im Süden Afrikas, verdunsten. Was vom Okawango übrigbleibt und einen Teil der Niederschläge, die während des Winters in manchen Jahren über den Sümpfen reichlich fallen, trägt der Boteti-Fluß weiter gen Süden. Nach regenreichen Wintern speist er damit den Xau-See, rund 300 Kilometer entfernt in der Wüste gelegen.

Die Ausläufer des Afrikanischen Grabens haben im Norden Botswanas für derartige Erdauffaltungen gesorgt, daß der Okawango im letzten Teil seines rund 1600 Kilometer langen Verlaufes kaum mehr Gefälle hat. Da tiefere Schichten im Bereich des heutigen Beckens verhindern, daß das Wasser einfach versickert, konnte sich im Laufe der Zeiten eine üppige Flora entwickeln. Durch die Flut, die einmal im Jahr sechs Monate nach den Regenfällen in Angola die Wassermassen ins Delta drückt, verändert sich die Landschaft ständig. Jedes Jahr gibt es neue Flüsse und Inseln, verschwinden Landzungen und wandeln Lagunen ihr Gesicht. Ein Feuchtgebiet so ungeheuren Ausmaßes, das wegen der mit Verzögerung eintreffenden Flut gerade dann neues Pflanzenleben im Überfluß sprießen läßt, wenn die Landstriche rund herum ausdorren, muß zwangsläufig ein Dorado für eine Unzahl verschiedener Tierarten sein. Und so gibt es in der Tat nur wenige Plätze in Afrika, die sich mit dem Okawango-Delta vergleichen lassen. Das ist der zweite Grund für seine Berühmtheit.

Jede Minute, die wir mit unserem durch eine lange Stange vorwärtsgestakten Einbaum weiter in die Wasserwildnis eindringen, verstärkt sich das Gefühl, in ein Paradies zu kommen: Blatthühnchen laufen nur wenige Meter neben uns her, drei verschiedene Reiherarten lassen sich aus nächster Nähe beobachten. Eisvögel, Enten, Schlangenhalsvögel und Schreiseeadler – sie alle nehmen kaum Notiz vom lautlos dahingleitenden »Mokoro«, das unser Fährmann geschickt gegen die Strömung und durch dichtes Schilf manövriert. Zwei-, dreimal begegnen wir anderen »Mokoros«, die hier das Hauptverkehrsmittel sind. Schilf, Papyrus, Wasserlilien, Nilpferdgras und viele andere Pflanzen sorgen dafür, daß die meisten Wasserläufe nicht von Motorbooten befahren werden können. So bleiben die Eingeborenen, Nachfahren mehrerer zugewanderter Stämme, im Innern der Sümpfe weitgehend unbehelligt. Allerdings leben von den rund 50 000 Menschen, die im und unmittelbar am Delta des Okawangos wohnen, nur noch einige hundert weitgehend unberührt von der Zivilisation. Ob es noch echte Vertreter der ba Noka, der Flußbuschmänner, gibt, ist nicht bekannt.

Das Wasser, durch das unser primitives Gefährt mit drei Menschen an Bord seine Bahn zieht, ist so klar, daß wir es unserem Bootsführer nachmachen. Durch den langen Halm einer herausgezogenen Wasserlilie schlürfen wir das köstliche Naß. Und auf der Rückfahrt in Richtung Maun, dem Ausgangspunkt unserer kleinen Expedition, springen wir in den Fluß und schwimmen mit der Strömung fast eine Stunde lang bis zum Crocodile Camp.

»Vor ein paar Jahren hätten Sie das nicht machen können«, sagt uns am Abend ein ehemaliger Chief Game Warden, als wir uns am Ufer des Thamalakane-Flusses von der Hitze des Tages erholen. »Früher gab es hier eine Menge großer Krokodile, und gelegentlich taucht sogar jetzt noch eines auf. Oder besser: schon wieder«, fügt er hinzu. »Seit 1975 dürfen keine Krokodile mehr geschossen werden, doch obwohl sie sich wieder in den ›swamps‹ vermehren, lassen sich hier nur selten größere blicken. Es gibt mittlerweile zuviel Verkehr auf dem unteren Teil des Thamalakane.«

Dieser Strom ist einer der wenigen Ausflüsse des Sumpfdeltas. An seinen Ufern liegt die Stadt Maun mit einem Flugplatz. Der Ort, mit einer wenige Kilometer langen Teerstraße, einem Krankenhaus, einigen Hotels, Tankstellen und einigen Läden ausgestattet, hat sich in den vergangenen zehn Jahren mächtig entwickelt. Er ist der letzte Stütz-

Wer mit einem Boot auf einem der vielen Nebenarme des Okawangos im Delta unterwegs ist, muß darauf gefaßt sein, unversehens in einer Sackgasse zwischen Papyrus, Schilf und Sumpffeigen zu landen. Die Strömung und die Flußpferde sorgen dafür, daß die Wasserwege sich fortlaufend verändern.

Ein junges Nilkrokodil genießt auf einem kleinen Hügel aus Schlamm und Pflanzenresten inmitten des Okawangos die Sonne. Ob es einmal länger als sieben Meter wird, hängt zunächst davon ab, wie erfolgreich es in den kommenden Monaten vor den eigenen größeren Artgenossen auf der Hut ist. Die großen Krokodilgemetzel durch Menschen, die bis in die siebziger Jahre Abertausende der Echsen das Leben auch in Botswana gekostet haben, sind vorüber.

punkt der Zivilisation, bevor es nord- und nordostwärts in die Wildnis geht. Von hier aus starten fast alle Safaris, sowohl jene mit dem Fernglas und der Kamera als auch solche mit der großkalibrigen Büchse. Seitdem in manchen ostafrikanischen Staaten die offizielle Jagd verboten ist, hat sich Botswana zum immer stärkeren Magneten für Jäger aus aller Welt entwickelt. Jahrelang verteilten die Behörden mehr als großzügig Abschußlizenzen, überließen ganze Landstriche gewerbsmäßigen Jagdunternehmen, die aus Kenia nach Botswana umgesiedelt waren, ließen die Eingeborenen jagen und wildern, bis langsam deutlich wurde, daß der einstige Wildreichtum abzunehmen begann.

In den Jahren zwischen 1960 und 1970 waren bereits Wildschutzgebiete eingerichtet worden. Heute verfügt Botswana über eine Reihe von Reservaten und Nationalparken. Mit seinen rund 600 000 Quadratkilometern ist der südafrikanische Staat 1,7mal so groß wie die Bundesrepublik Deutschland und hat mit mehr als 100 000 Quadratkilometern (17 Prozent) selbst im Verhältnis zu seiner großen Ausdehnung gewaltige Flächen für die Naturerhaltung reserviert. Zwar bestehen der *Kalahari-Gemsbok-Park* im Südwesten des Landes (an der Grenze zur Südafrikanischen Republik), das *Zentral-Kalahari-Wildreservat* als größte Schutzzone, der *Makgadikgadi-Pfannen-Nationalpark*, der *Nxai-Pfannen-Nationalpark* und selbst der berühmte *Chobe-Nationalpark* im Norden zu großen Teilen aus überwiegend spärlich bewachsenen Sandebenen, doch beherbergen die Gebiete zeit- und stellenweise Tierkonzentrationen, die zu den gewaltigsten Afrikas zählen.

Ein Schmuckstück unter den Wildreservaten Botswanas ist das 1800 Quadratkilometer große *Moremi-Wildschutzgebiet* im Nordosten des Okawango-Deltas, im Stammesgebiet der baTawana. Es kommt einem

Nationalpark gleich. Zusammen mit der rund 1000 Quadratkilometer großen *Chief's Island*, der Häuptlingsinsel in der Mitte des Deltas, die ebenfalls besonderen Schutzstatus genießt, ist dieses Gebiet die Heimat einer an Arten und Zahl reichen Tierwelt.
Als wir am nächsten Morgen das Crocodile Camp, von dem aus bis vor 20 Jahren noch wahre Vernichtungsfeldzüge gegen die Krokodile gestartet wurden, verlassen, wird uns beim Anblick eines Schildes doch ein wenig beklommen ums Herz. Ab jetzt sind nur noch Fahrzeuge mit Vierradantrieb gestattet. Es gibt auf den nächsten 400 Kilometern kein Benzin, keine Verpflegung, heißt es dort. Doch wir haben gut vorgesorgt, und der Landrover hat uns immerhin schon 1000 Kilometer über zum Teil schwierigste Sandpisten von Windhoek in Namibia bis hierher sicher transportiert. Drei Stunden später haben wir uns vor dem Schlagbaum zum *Moremi-Nationalpark* gemeldet, werden registriert, zahlen unsere Eintrittsgebühr und wissen schon kurz nach der Weiterfahrt kaum, wohin wir zuerst schauen sollen. Der Weg scheint mitten in die »swamps« zu führen, Wasser- und Moorflächen wechseln mit hohem Baumbestand, überwiegend Mopane, ab. Nach wenigen Kilometern haben wir gleich eine doppelt interessante Begegnung. Zwei Klunker-Kraniche ziehen durch hohes Gras und werden dabei von einem Sprung Litschi-Antilopen beäugt. Diese Moorantilopen gehören wie die sehr scheuen Sitatunga-Antilopen genauso zu den Besonderheiten wie die Bindenfischeule. Neben mancher »Kostbarkeit« bietet *Moremi*, das

Ein Kaffernbüffel hat ein Schlammbad hinter sich (oben); die Flußpferde verlassen meistens erst bei Einbruch der Dunkelheit das kühlende und schützende Wasser, um Gras und Blätter zu weiden (unten).

Seine durchdringenden Rufe übertönen fast alle anderen Vogelstimmen im Okawango-Delta: Der Schreiseeadler macht aber nicht nur akustisch auf sich aufmerksam. In der Balz zeigen die Vögel herrliche Flugspiele. Auch wenn sie in rasantem Tief- oder Sturzflug einen Fisch greifen, zeigen sie ihr ganzes fliegerisches Können.

im Nordosten an den *Chobe-Nationalpark* grenzt, einen nahezu lückenlosen Querschnitt durch die südafrikanische Wildbahn. Allerdings ist nicht sicher, daß die bislang weitgehend sich selbst überlassene, seit Mitte der achtziger Jahre aber zunehmend vom Tourismus eroberte Wildnis auch in der Zukunft erhalten bleibt. Die Tsetsefliege, Überträgerin der gefürchteten Schlafkrankheit für den Menschen und der gefährlichen Viehkrankheit Nagana (die jedoch für alles Wild harmlos ist), sorgte als »Hüterin Afrikas« in den vergangenen Jahrzehnten dafür, daß *Moremi* und die angrenzenden Gebiete nicht von den rinderzüchtenden Eingeborenen erobert wurden. Was weidendes Vieh innerhalb kurzer Zeit aus den herrlichsten Biotopen macht, sieht man leider überall in Botswana: Erosion, Steppe, Wüste sind die Folgen. Eine geordnete Weidewirtschaft kennen die Eingeborenen, deren sozialer Status sich nach der Zahl der in ihrem Eigentum befindlichen Kühe bemißt, nicht. Sie ist aufgrund der Vegetationsverhältnisse aber auch nicht möglich.

Nachdem immer wieder Flugzeuge chemische Großangriffe gegen die Insekten über *Moremi* und anderen Gebieten geflogen haben, ist zu befürchten, daß es mit dem natürlichen Urzustand bald ein Ende haben könnte. Immer wieder gibt es Versuche, durch systematisch gelegte Feuer Weideland zu schaffen. Wilderer sorgen seit jeher für eine gewisse »Abschöpfung«.

Die zunehmende Erschließung durch Hirten, Jäger und Touristen wird von den Behörden Botswanas unterstützt, denn sie bringt dem von gut einer Million Menschen bewohnten armen Staat Devisen. Die größte Gefahr aber droht den Sümpfen des Okawango-Deltas durch geplante Entwässerungsmaßnahmen. Daß in einem Land, das zu mehr als der Hälfte aus Wüstensand besteht, alljährlich Abermillionen von Kubikmetern Wasser ungenutzt verdampfen, will vielen Menschen nicht einleuchten. Die im Süden Botswanas gelegenen Diamantminen-Besitzer sind genauso am Wasser interessiert wie der südafrikanische Staat. Pläne für Kanäle liegen in den Schubladen. Immer wieder werden Befürchtungen laut, daß es nicht mehr lange dauert, bis das Okawango-Delta intensiv angezapft wird. Doch die Regierung in Gaborone scheint zu wissen, was auf dem Spiel steht. Sie läßt sich von internationalen Experten beraten, und so bleibt zu hoffen, daß ihr klar wird, welche Katastrophe für die Natur und damit für die immer wichtigeren Wirtschaftszweige Tourismus und Jagd langfristig eintreten kann, wenn das Okawango-Becken ausgetrocknet wird. (1991 lehnten die Einwohner von Maun und Umgebung die Ausbaggerung des Boros, eines der wichtigen Flüsse im Delta, ab: ein hoffnungsvolles Zeichen.)

Als wir bei unserem ersten Besuch im Jahr 1977 *Moremi* verließen, mußten wir unser Auto unterwegs in einen Wellblechschuppen fahren. Zwei uniformierte Schwarze unterzogen es mit Sprühpistolen einer gründlichen chemischen Behandlung: Mitreisende Tsetsefliegen waren in »sauberen« Landstrichen unerwünscht. Wie lange wird das noch nötig sein, dachten wir damals. So lästig die blitzschnell zustechenden Insekten auch für uns waren – beim Gedanken daran, welche

Beobachtungen und Eindrücke wir ihnen zu verdanken hatten, wünschen wir ihnen auch heute noch ein langes Dasein im Okawango-Delta. Doch diese Wünsche gehen wohl kaum in Erfüllung. Viele der früheren »Ent-Tsetsefizierungs-Stationen« gibt es heute nicht mehr – sie sind nicht mehr notwendig.
Doch zurück zu unserer Erkundung der Okawango-Wildnis, einer von vielen im Verlauf von fünfzehn Jahren: Obwohl der November schon begonnen hat und jeden Tag die Regenzeit einsetzen kann, wodurch innerhalb einer einzigen Nacht die Wege unpassierbar werden, fahren wir nordwärts zum *Chobe-Nationalpark*. Wir haben Pech, kommen wir doch nachmittags, kurz nach fünf Uhr, am südlichen Schlagbaum an. Zwar sind es nur 50 Kilometer zum »Camp« Savuti, gleichwohl werden wir nicht mehr hereingelassen. Um 17 Uhr ist an der Pforte Feierabend, und so suchen wir uns einen Lagerplatz im Busch mit fast hautnahem Kontakt zu einer Tüpfelhyäne in der mondhellen Nacht.
Während der Fahrt zu dem auf der Karte als Camp ausgewiesenen Platz am Ufer des Savuti-Flusses wird uns zwei Stunden nach Sonnenaufgang ein Schauspiel geboten, wie es nur im *Chobe-Nationalpark* möglich ist. Fast eine Viertelstunde lang überquert vor uns eine Herde afrikanischer Büffel die Piste. Das Zählen geben wir bald auf, denn die gewaltige Staubwolke verdeckt ohnehin den größten Teil des unbeschreiblichen Konvois mächtiger dunkler Leiber. Als wir die Büffel später in den Savuti-Marschen wiedersehen, wissen wir, daß an dem Vormittag Tausende dorthin gezogen sind.
Die Begegnungen in *Chobe* sind unmittelbar und eindrucksvoll. Elefanten, Flußpferde, Wasserböcke, Impalas, Gnus, Zebras, Halbmondantilopen, Warzenschweine, Löwen, Tüpfelhyänen, Wildhunde, sogar eines der wieder angesiedelten und noch nicht gewilderten Breitlippennashörner – allein die

Abgestorbene Bäume sind bevorzugte Ruheplätze für viele Vögel. Hier sitzen Heilige Ibisse im Geäst und ruhen sich vom Brüten und Füttern der Jungen aus, während ihre Partner in der nahen Brutkolonie auf den Nestern sind.
Seiten 126/127: In vielen Rinnsalen verliert sich der Fluß im Sand.

Säugetierarten, die wir sehen, aufzuzählen würde viele weitere Zeilen beanspruchen. Ganz zu schweigen von den Vogelarten, deren Zahl in Botswana knapp unter 500 liegen soll.
»Land der ziehenden Wildtierherden« wurde Botswana einst genannt, doch haben einige quer durchs Land gezogene Zäune in einer Gesamtlänge von mehreren tausend Kilometern die weiträumigen Wanderungen von einst sehr erschwert. Die Zäune wurden gegen die Ausbreitung der Maul- und Klauenseuche errichtet, und wer einen von ihnen passiert, muß durch eine Kontrolle. Der Wagen rollt durch ein Desinfektionsbad für

die Räder, das Innere wird auf mitgeführtes Frischfleisch untersucht. Das Schicksal der Rinder ist heute wichtiger als das der freilebenden Tiere. Damit in Europa genügend Fleisch auf die Tische kommt, verdursten jedes Jahr zahllose Wildtiere an den Rinderzäunen. Nach dem Errichten der Zäune sind zwischen 100 000 und 200 000 Gnus und Zebras umgekommen.

Im Jahre 1983 verendeten in der Nähe des Xau-Sees mehr als 50 000 Gnus entlang eines Zaunes, weil sie das durch extreme Trockenheit heimgesuchte Gebiet nicht wie früher verlassen konnten. Heute leben nicht einmal mehr zehn Prozent der mehr als eine Viertelmillion Streifen- oder Weißbartgnus, die es noch vor 20 Jahren in Botswana gegeben haben soll.

Daß ich immer wieder nach Botswana, und hier ganz besonders in das Okawango-Delta, gereist bin, hängt nicht zuletzt mit Willy Zingg zusammen. Ich lernte ihn 1977 im damaligen *Moremi-Wildreservat* kennen, als wir nahe seines kleinen Zeltlagers mit einer Reifenpanne liegenblieben. Damals war Willy Zingg in den Anfängen seines Safari-

Unternehmens. Ich bin danach mehrfach mit ihm in den »swamps« unterwegs gewesen – manchmal in einer kleinen Gruppe von Gleichgesinnten, mitunter aber auch allein mit ihm.
Willy Zingg war einer der besten Kenner des Okawango-Deltas und der das Delta umgebenden Kalahari-Halbwüste. Daß er, der fast ein Vierteljahrhundert in Afrika viele gefahrvolle Momente erlebt und bestanden hat, ausgerechnet bei einer Bergwanderung in den Berner Alpen, seiner Heimat, während eines Urlaubs am 10. Juli 1994 tödlich verunglückt ist, erscheint fast wie eine Ironie des Schicksals. Botswana und das Okawango-Delta haben in ihm nicht nur einen großen Bewunderer, sondern auch einen vehementen Fürsprecher verloren.
Mit dem Geländewagen, mit dem Motorboot, mit dem »Mokoro« und mit dem Flugzeug haben wir die Wildnis Botswanas wiederholt gemeinsam erkundet. Ich erinnere mich jetzt, kurz nach dem Tod des Freundes, noch gut einiger Ausflüge:
Auch ohne den Autopiloten einzuschalten, kann sich Willy Zingg vollkommen auf das Land und das Wasser in 500 Meter Tiefe konzentrieren. Hier, im Nordwesten Botswanas, gibt es keinen Flugverkehr. Mit einem gelegentlichen Blick aus dem Fenster seiner einmotorigen Maschine kontrolliert er den Luftraum allenfalls auf kleinere Flieger: Geier und Adler kreisen gern in einer solchen Höhe. Obwohl sie dem brummenden Großvogel in der Regel ausweichen, ist Vorsicht geboten. Michael Grzimek war nicht der letzte erfahrene Pilot, der durch einen Zusammenprall zwischen einem Flugzeug und einem Greifvogel in Afrika ums Leben gekommen ist.
»11 Uhr, große Insel mit vier Palmen, Litschi-Antilopen!« Bei dieser Ankündigung für seine sechs Passagiere drückt Willy die Nase der »Piper Cherokee-six« nach unten

Unter den Landsäugetieren sind die Antilopen im Okawango-Delta in großer Artenzahl vertreten: Großer Riedbock (Seite 128 oben), Ellipsen-Wasserbock (Mitte), Sitatunga (Seite 128 unten) und Litschi-Moorantilope (unten) ziehen im Verlauf des Jahres mit dem Steigen und Sinken des Wasserstandes im Delta hin und her.

Nach erfolgreicher nächtlicher Jagd balgt ein Rudel Tüpfelhyänen übermütig im Wasser. Daß die Tiere nicht hungrig sind, wird an den prallen Bäuchen deutlich. Hyänen machen selbst Beute und nutzen den Jagderfolg anderer, indem sie etwa Geparden, Wildhunden und Löwen den Fang abnehmen.

und setzt zu einer leichten Linkskurve an. Es ist später Nachmittag, und die Bäume unter uns werfen schon lange Schatten. Die genannte Uhrzeit soll die Richtung angeben, in der das Wild zu sehen ist. 12 Uhr ist geradeaus, alles andere ergibt sich nach dem Zifferblatt. Während das Flugzeug in Schräglage bis auf 200 Meter sinkt, kommen weitere Tiere in Sicht. Aus dem Schatten eines Baumes lösen sich drei Giraffen. Ein Passagier entdeckt ein kleines Rudel Zebras, in dessen Nähe etwa zwei Dutzend Gnus beim Grasen innehalten. »Wildebeest« heißen sie hier, auch aus deutschsprachigem Mund. Überhaupt sind die englischen Namen der Vogel- und Wildarten dem Safarigast aus Frankfurt, Zürich oder Salzburg häufig eher geläufig als die deutschen.

Der Flug dieses Tages gilt eigentlich weniger den Tieren, wenngleich Willy Zingg immer wieder vom Kurs abweicht. Er selbst ist ein zu passionierter Wildbeobachter und versteht die Begeisterung seiner Safarigäste zu gut, als daß er nicht beim Anblick einer Elefantenherde oder einiger Flußpferdrücken eine Extraschleife ziehen würde. Als versierter Pilot mit schweizerischer Kunstflugausbildung und zwanzigjähriger afrikanischer Buschflugerfahrung weiß er genau, wie er das Wild den Augen seiner Gäste präsentiert, ohne die Tiere in Aufregung zu versetzen.

Der einstündige Flug aus der Kalahari, der mit rund einer Million Quadratkilometern größten Halbwüste der Erde, ins Camp führt über eine der großartigsten, unberührtesten und wildreichsten Landschaften Afrikas. Eben noch sind wir bei den Buschmännern an den Tsodilo Hills gewesen, haben jahrtausendealte Felszeichnungen an den Wänden des 400 Meter aus dem Sandmeer emporragenden Gesteinsmassivs bewundert und nahe der von Willy Zingg vor vielen Jahren selbst geschaffenen Landepiste den Abschiedstanz der Wüstenbewohner erlebt.

Jetzt breitet sich unter uns das Okawango-Becken aus. Nach dem gelben und rötlichen Sand der Kalahari mit ihren trockenen Büschen und Bäumen ein Labsal für das Auge. Eine grenzenlos erscheinende Oase, durchzogen von blauen Flüssen und unzähligen glitzernden Rinnsalen, gemustert von Seen, Teichen und Buchten, geschmückt von Palmenhainen, Galeriewäldern, Sumpffeigen, Papyrus, Schilf und Grasflächen.

Wie verwirrend und aufregend diese Wasserwildnis ist, erleben wir am nächsten Tag. Vom kleinen Zeltlager, unmittelbar am Ufer eines Deltaflüßchens im *Moremi-Wildpark* gelegen, geht es für zwei Tage mit einem Motorboot flußaufwärts zu einer Insel. Doch was heißt hier flußaufwärts? Das kann allenfalls die grobe Richtung andeuten, denn im Okawango-Delta werden alle strömungstechnischen Regeln auf den Kopf gestellt. Wer sich hier nicht auskennt, kann für immer verlorengehen. Ein breiter Strom, der sich dem uneingeweihten Befahrer als Hauptfluß anbietet, endet nach einigen Kilometern in einer Lagune, aus der es keinen Ausgang gibt. Ein enger Kanal dagegen, der im Papyrusdickicht zu versickern scheint, erweist sich als Hauptdurchlaß. Nach dreimaligem Befreien der Motorschraube von allerlei Schlinggewächsen zieht das gutbeladene Boot erneut durch das glasklare Wasser einer Bucht. Von den vielen Auslässen ist auch hier nur ein einziger der richtige, auf dem es weitergeht. Ist im allgemeinen die Richtung der Strömung der Wegweiser, wird zwischendurch auch mal gegen den Wasserfluß gefahren. Ein Rätsel, das sich nicht mit

Afrikanische Wildhunde, auch Hyänenhunde genannt, haben eines ihrer wenigen Rückzugsgebiete in Afrika in Botswana (oben); im Gegensatz zu den Löwen (unten: drei Löwinnen auf der Pirsch) sind sie allerdings selten zu beobachten.

Hilfe einer Karte lösen läßt, denn es gibt für die »swamps« keine Karte. Hier zählt nur Erfahrung, die alljährlich den Veränderungen angepaßt werden muß. Selbst die mit 1000 Quadratkilometern größte Insel in diesem Sumpfmeer, *Chief's Island*, nimmt immer wieder neue Formen an.
Sechs Stunden dauert die Fahrt bis zu »Willy's Island«. Bonjan, der schwarze Bootsführer, hat sie uns in den schönsten Farben ausgemalt. Er hat nicht zuviel versprochen. Im Schatten hoher Bäume ist das Lager schnell hergerichtet, dann geht es erst einmal ins unglaublich klare, warme und weiche Wasser. Wo kann man heutzutage noch beim Schwimmen gleichzeitig aus einem Fluß trinken? Hier, es schmeckt herrlich und hat keine unangenehmen Folgen. Damit nicht ein Krokodil, von denen wir etliche junge beim Sonnenbaden auf der Herfahrt gesehen haben, auf dumme Gedanken kommt, hat Bonjan mit dem Motorboot

vorher einige Runden in der Lagune gedreht. Die kräftigen Fische, die wir beim Schwimmen unter uns sehen, lassen sich dadurch nicht stören. Zwei etwa vierpfündige Brachsen, die wir später in kurzer Zeit angeln, schmecken abends am Lagerfeuer köstlich.
Das strapazierte Wort »paradiesisch« – hier erscheint es angebracht. Gleich vier Kingfisher (Verwandte unseres Eisvogels) sitzen im Ufergeäst und stoßen gelegentlich ins nasse Element. Immer wieder hören wir die »Stimme Afrikas«, den unbeschreiblich schönen Ruf des Schreiseeadlers. Mehrfach zieht ein Paar seine Kreise über uns hinweg. Einen Höhepunkt bringt gleich die erste Erkundung der Insel zu Fuß: Keine 30 Schritte entfernt äst eine besonders scheue Antilope, die Sitatunga, und läßt sich sogar fotografieren. Die Sumpfantilopen, die bei Gefahr bis auf ihre Nüstern unter Wasser verschwinden, haben hier eines ihrer letzten Refugien. Wir sehen sie noch zweimal in kleinen Rudeln. Viele Fährten im Ufersand, an den weitgespreizten Klauen (die das Einsinken im weichen Boden verhindern) leicht zu erkennen, zeigen an, daß hier ein beliebter Einstand des seltenen Wildes ist.
Daß auch dieses abgelegene und schwer zugängliche Gebiet nicht im Dornröschenschlaf liegt, wird uns bei einer Fahrt flußaufwärts drastisch vor Augen geführt. Wir haben die nach Hunderten von Nestern zählende Brutkolonie der Ibisse, Nimmersattstörche und Purpurreiher gerade hinter uns gelassen, da weht uns ein bestialischer Geruch entgegen, und wir halten uns bald die Nase zu. Geier und Marabus in den Bäumen weisen uns die Richtung, und bald darauf sehen wir die Kadaver von vier ausge-

Das Okawango-Delta dient verschiedenen Storchenarten zur Brut, etwa dem Sattelstorch (Seite 132 oben) und dem Afrika-Nimmersatt (oben), und zur Zugzeit dem Afrika-Klaffschnabel (Seite 132 unten) und dem Abdim- oder Regenstorch (unten) als Rastgebiet.

Der Graufischer späht von einem Schilfhalm nach Fischbeute aus (rechts); der bis zu gut zwei Meter lange Kapwaran ist ein guter Kletterer (unten). Wo er sie erreichen kann, plündert er auch die Nester des Maskenwebers, die dieser allerdings wegen der vielen Feinde als freischwebende Hängekonstruktion baut (Seite 135 oben). Einem jungen Waran können allerdings die auf dem Boden ihre Beute suchenden mächtigen Hornraben gefährlich werden (Seite 135 unten).

wachsenen Elefanten am Ufer einer kleinen Insel liegen. Ganz dicht beieinander sind sie unter den Gewehrkugeln von Wilderern zusammengebrochen; es mag vor gut einer Woche gewesen sein. Nur die Stoßzähne fehlen. Obwohl der Anblick erschütternd ist, fahren wir in der Abenddämmerung noch einmal hin und sehen, wie sich zwei Dutzend Krokodile ihren Anteil holen. Im Licht der starken Stablampe glühen ihre Augen rot und orangefarben auf, und wir erinnern uns an Willys Worte. Niemand dürfe glauben, hatte er den acht Safarigästen bei der Begrüßung gesagt, daß er hier im Zoo sei. Eine Reihe von Verhaltensregeln folgten. Willy weiß, wovon er spricht. Vor Jahren kam eine Reiseteilnehmerin, als sie in der Morgendämmerung allein zum Schwimmen ging, durch ein Krokodil ums Leben. Auch Löwen holten sich schon ein – deutsches – Opfer im *Moremi-Wildreservat.*

So traurig solche fast immer auf Leichtsinn zurückzuführende Unglücksfälle sind – im »wilden« afrikanischen Busch macht das kalkulierbare Risiko einen Teil des Reiseerlebnisses aus. Als wir Tage später mit dem Landcruiser bis auf zehn Meter an ein Löwenrudel heranfahren oder in der Savuti-Marsch, mitten im *Chobe-Nationalpark*, in eine Herde von mehr als 300 Elefanten geraten, da atmet der eine oder andere im Wagen recht hörbar und vergißt das Fotografieren. In Botswana gehen die Safariuhren noch anders. Hier kann sich der Besucher frei bewegen, ist nicht überall an vorgeschriebene Wege gebunden. Doch mit der Zunahme des Tourismus in den letzten Jahren sind auch hier die Regeln strenger geworden. Daran

Botswana und insbesondere das Okawango-Delta bieten den Afrikanischen Steppenelefanten noch hinreichend Lebensraum. Daher sind in dieser Region große Herden anzutreffen, die allerdings auch hier nicht vor Wilderern sicher sind. Wo Elefanten gute Lebensbedingungen vorfinden, vermehren sie sich intensiv. Auf dem Bild auf Seite 137 säugt eine Kuh ihr Kalb, während ein halbwüchsiges Junges die Rinde von einem Baum abzieht.

stören sich nicht so sehr viele illegale Jäger. Obwohl die Jagd auf Elefanten verboten ist, sterben alljährlich ungezählte Dickhäuter durch Wilderer. Und die Zahl der offiziell gemeldeten Abschüsse der vielen jagdbaren Tiere (die Lizenz für einen Büffel kostet etwa 30 Mark für einen Staatsangehörigen, das Zehnfache für einen Ausländer) müsse bei etlichen Arten mindestens mit dem Faktor 5 multipliziert werden, meinen die Wildschutzbeamten. Sehr genau allerdings nehmen es die fünf registrierten Jagdunternehmen mit ihrer Meldepflicht. Sie bringen Jäger aus aller Welt »zum Schuß« auf mehr als 20 verschiedene Wildarten, vom Leoparden bis zum Warzenschwein.

Die schönsten Stunden verbringen wir, wenn wir morgens vor Sonnenaufgang das mitgeführte leichte Kanu in der Nähe der großen Brutkolonie der Nimmersattstörche, Purpurreiher, Ibisse und Marabus zwischen Papyrushalmen verankern und hier den Tagesanbruch erleben. Für die Augen und die Ohren ist das Schauspiel gleichermaßen spektakulär. Doch das Gekrächze, Geknurre, Gezische und Geschrei mag noch so laut sein – wenn am Morgen der Schreiseeadler zum ersten Mal seine Stimme erhebt, so übertönt dieser helle durchdringende Ruf den ganzen übrigen Chor. Für mich ist er der Inbegriff der afrikanischen Wildbahn und der insbesondere im Innern des Okawango-Deltas herrschenden Freiheit.

Oft genug habe ich, gemeinsam mit Willy Zingg, dem Ruf des weißköpfigen Fischjägers gelauscht, und etliche Male haben wir uns bemüht, die schönen Vögel mit ausgelegten Köderfischen vor unsere Kameras zu locken. Eine von vielen Erinnerungen an den zum Afrikaner gewordenen Schweizer Freund und einige von den zahllosen Erlebnissen, die jeden Ausflug ins Okawango-Delta so unvergleichlich machen. Hoffentlich auch in der Zukunft.

Wo die Kraniche auf den Bäumen sitzen

Die ersten Tiere, die der Besucher Kameruns sieht, wenn er in der Hafenstadt und Wirtschaftsmetropole Douala landet, sind in der Regel tot. Gleichwohl wird er sie mit Wohlgefallen betrachten. Denn die appetitlich auf dem Teller angerichteten Krabben sind eine Spezialität an der Atlantikküste des zentralafrikanischen Staates. Die neben vielen Fischen im Süß-, Brack- und Salzwasser lebenden Krebstiere gaben dem Land seinen Namen: Als portugiesische Seefahrer 1472 an der Mündung des Wouri landeten, dort, wo heute Douala liegt, entdeckten sie schnell dessen besonderen Reichtum und nannten ihn »Rio dos Camaroes«. Daraus wurde Kamerun.

Den wahren Reichtum der Tierwelt des Landes, das sich – mit 475 000 Quadratkilometern um ein Drittel größer als die Bundesrepublik Deutschland, aber nur von elf Millionen Menschen bewohnt – über eine Länge von 1300 Kilometern vom Atlantik bis zum Tschad-See erstreckt, konnten die knapp tausend Jahre nach den Karthagern unweit des 4100 Meter hohen Kamerunberges (Mount Cameroon) an Land gegangenen iberischen Welterkunder nicht einmal ahnen.

Ihrer vielfältigen, eindrucksvollen Landschaft verdankt die »Schweiz Afrikas« eine Artenfülle von Pflanzen und Tieren, wie sie kaum ein anderer afrikanischer Staat aufweisen kann. Gorillas, Schimpansen, Mandrills und die vielen anderen Bewohner des tropischen Regenwaldes im Süden, der mit immer größeren Lücken aufgrund von Brandrodung und Holzeinschlag noch etwa ein Drittel der Staatsfläche bedeckt, lassen sich nur schwer und unter schweißtreibenden Anstrengungen beobachten. Im Hafen von Douala zeugen Abertausende riesiger Baumstämme vom rigorosen Einschlag in den tropischen Wäldern des Landes.

Wer in Kamerun freilebende Tiere sehen will, verläßt besser den schwülheißen Süden, passiert die Berge des Westens und schaut sich in den Savannen und Steppen des Nordens um. Hier sind sechs Nationalparke des Landes eingerichtet: *Faro* auf 330 000 Hektar, *Boubandjidah* auf 220 000 Hektar, *Bénoué* auf 180 000 Hektar, *Waza* auf 170 000 Hektar, *Kalamalou* auf 4500 Hektar und *Mzogo-Gokoro* auf 1400 Hektar. Sie sind von Mitte Dezember bis Mitte Juni für Besucher geöffnet. In der übrigen Jahreszeit machen die vom Regen verursachten Überschwemmungen die Straßen unpassierbar.

Die Stadt Garoua mit ihrem großen, modernen Flughafen ist der geeignete Ausgangspunkt für Safaris mit dem Auto. Die drei größten Nationalparke liegen eine halbe Tagesreise südlich, der berühmte *Waza-Park* und die beiden kleinen Schutzgebiete eine knappe Tagesreise nördlich, nahe den Grenzen zu Nigeria und zum Tschad.

Die erste Begegnung mit einem »wilden« vierbeinigen Lebewesen ist zivilisationsnah und garantiert unausweichlich. Im schönen Bénoué Novotel Garouas sorgen rotköpfige Geckomännchen und ihre schlichter gefärbten Damen rund um den Swimmingpool für Abwechslung. Abends geben sich Fledermäuse und Flughunde über der Wasserfläche ihr Stelldichein zur Insektenjagd.

Geduld, eine Eigenschaft, die sich in Afrika ganz allgemein und bei Safaris insbesondere üben läßt, ist schon beim Anmieten eines Autos gefragt. Wem es schließlich gelungen ist, unter den von kleinen Unternehmen und

Die Kronenkraniche waren einst über weite Teile Afrikas verbreitet. In den vergangenen drei Jahrzehnten ist ihre Zahl stark zurückgegangen: Sowohl die im Osten und im Süden beheimateten Grauen Kronenkraniche als auch die überwiegend im westlichen Afrika lebenden Dunklen oder Schwarzen Kronenkraniche (oben) leiden unter der zunehmenden Austrocknung des Kontinents.

privaten Vermietern angebotenen Fahrzeugen ein brauchbares Vehikel zu einem annehmbaren Preis zu bekommen, tunlichst mit einem Fahrer, der neben Französisch die gängigen Stammessprachen des Nordens beherrscht, der hat eine entscheidende Hürde überwunden. Ohne ein robustes Auto nämlich läßt sich die Natur im nördlichen Kamerun nicht erkunden.

Der größere Teil der etwa 200 Volksstämme und ethnischen Gruppen Kameruns, die sich in mehr als 100 Sprachen untereinander verständigen, lebt im Norden des Landes. Allein die rund 60 000 Einwohner des Bezirks Rey Bouba, in dem die Nationalparke *Bénoué* und *Boubandjidah* liegen, gehören 30 Stämmen an.

So wird für uns die Fahrt in die Naturreservate auch zum völkerkundlichen Erlebnis. An der Anlage der Dörfer, an der Form der zumeist noch mit Stroh gedeckten Hütten und an der Kleidung lassen sich die Unterschiede erkennen. Die langen, wallenden Gewänder weisen hier viele Menschen als Moslems aus. Seit dem Beginn des 18. Jahrhunderts, als der Islam in das Land kam, hat in jedem größeren Dorf ein Lamidu, ein Sultan, seinen Sitz. (Rund 20 Prozent der Bevölkerung Kameruns sind heute islamischen Glaubens.)

Von Zeit zu Zeit huldigen die Untertanen ihrem Herrscher mit Prozessionen und Reiterspielen, die ihren Ausgang von den aus Lehm erbauten Palästen nehmen. Die manchmal nach mehreren Dutzend zählenden Ehefrauen mit den nicht selten über hundert Nachkommen eines Lamidus machen einen erheblichen Teil der Zuschauer aus.

Wir haben das Glück, in einen solchen Festtrubel aus bunt gekleideten, mit Säbeln bewaffneten Männern und prächtig geschmückten Pferden zu geraten, und erfahren deren Gastfreundschaft. Doch tut jeder Kamerabesitzer gut daran, vorher zu fragen, ob er fotografieren darf. Ein Lamidu wird eine solche Bitte selten abschlagen. Die meisten Menschen auf dem Land jedoch wollen, bevor sie sich ablichten lassen, ein »cadeau« haben. Wechseln nicht einige Münzen von Hand zu Hand, wenden sie sich ab: auf den Wochenmärkten mit ihrem farbenfrohen und geruchsintensiven Gedränge ebenso wie auf den Feldern beim Ernten von Baumwolle, Hirse, Erdnüssen, Paprika, Maniok oder Kürbissen. Da hat es der Fotograf mit den Tieren leichter. Nach dem Bezahlen einer einmaligen geringen Eintrittsgebühr kann sich der Gast im Nationalpark so lange aufhalten, wie er will. Einen Platz im Auto muß er für einen Führer freihalten: Die Begleitung eines orts- und naturkundigen Einheimischen für eine Tagespauschale ist nicht nur obligatorisch, sondern auch sinnvoll. Auf dem weitverzweigten Wegenetz der Parke verliert der Besucher leicht die Orientierung. Außerdem wissen die Führer, wann welches Wild wo mit größter Wahrscheinlichkeit zu sehen ist. Kameruns Nationalparke werden nicht wie die in Ostafrika von touristischen Heerscharen heimgesucht. Hier trifft der Naturfreund nur gelegentlich auf Gleichgesinnte. Dabei bieten die Reservate die Chance zur Begegnung mit einer Vielzahl von Tierarten, die den Vergleich mit den klassischen ostafrikanischen Safariländern nicht zu scheuen braucht. Allerdings kommt das Wild nur selten in so großen Herden wie dort vor. Außerdem sieht die Landschaft anders aus: Wegen der vielerorts dichten Vegetation – sie wird gebietsweise zur besseren Sicht und für einen neuen Grasbewuchs abgebrannt – sind die Tiere nicht immer einfach zu entdecken. Doch erhöhte Anstrengungen und Geduld werden mit der Beobachtung mancher Art belohnt, die es in Ostafrika gar

Reiterspiele zu Ehren eines Lamidus zeichnen sich durch besondere Farbenpracht aus. Hundert und mehr geschmückte Pferde bieten die festlich gekleideten Untertanen auf, um ihrem Sultan von Zeit zu Zeit zu huldigen.

nicht gibt; besonders unter den Antilopen, den Affen und den Vögeln. »The Big Five«, die Großen Fünf, sind alle da: Elefant, Spitzmaulnashorn (in einem winzigen Restbestand, nachdem die meisten gewildert wurden), Büffel, Löwe und Leopard.

Jeder der Nationalparke hat seine Raritäten. *Bénoué* und *Boubandjidah* sind außer für Elefanten, Büffel, Flußpferde und Löwen für die Riesen-Elenantilopen berühmt. Mit einem Körpergewicht von knapp einer Tonne sind sie die größten ihrer Familie. Ihre Verwandten, die Ducker oder Schopfantilopen, von denen dort gut ein halbes Dutzend verschiedener Arten lebt, erscheinen neben ihnen wie Zwerge. Manche wiegen nicht einmal zehn Kilogramm.

In den kleinen, angenehmen Camps der beiden Parke treffen die mit Kameras ausgerüsteten Besucher mit schwerbewaffneten Jägern zusammen. Im Abstand von einem Kilometer außerhalb der Parkgrenzen beginnen die Jagddistrikte. Dort pirschen Waidmänner aus Europa, den Vereinigten Staaten und Japan auf Elefant, Büffel, Löwe und Antilope. Gegen unterschiedlich hohe Abschußgebühren erhalten sie von der staatlichen Behörde für Tourismus und Jagd entsprechende Lizenzen für die »große«, die »mittlere« und die »kleine Jagd«. Sie müssen sich Führern, zumeist Pächtern der Jagddistrikte, und Fährtensuchern anvertrauen. Mit der streng geregelten Jagd, so wird den auf friedlicher Kamerapirsch befindlichen Gästen nicht ohne Berechtigung erklärt, würde Geld für den Wildschutz und die Erhaltung der Nationalparke eingenommen und auch ganz praktisch der Wilderei Einhalt geboten. In Gebiete, die von Jagdberechtigten kontrolliert würden, wagten sich die Wilderer nur selten hinein. Trotz solch einleuchtender Argumente kann sich mancher Nationalparkbesucher eines Schauders nicht erwehren, wenn er nachmittags die am Morgen erbeuteten Trophäen unweit des Camps erblickt. Dort trocknen abgeschlagene Füße von Flußpferden und Elefanten, Stoßzähne, Gehörne und Felle in der Sonne und werden mit Salz für den Transport ins heimische Wohnzimmer vorbereitet.

In *Waza*, dem bekanntesten unter Kameruns Nationalparken, kommen nur illegale Jäger zu Schuß. 170 000 Hektar sind auf einem Wegenetz von 450 Kilometern kaum zu überwachen, zumal in der Regenzeit. Doch auch sonst steht lediglich der Kleinlastwagen des »Conservateurs«, des Leiters, zur Verfügung. Der Vorgänger von Badjoda Daouda, der wie alle höheren Wildschutzbeamten in den französisch-sprachigen Staaten Afrikas einen Teil seiner Ausbildung an der »École de la Faune« in Garoua genossen hat, wurde 1980 von nigerianischen Wilderern erschossen. 90 Prozent der Wilderer kommen über die nur acht Kilometer entfernte Grenze aus dem Nachbarland, haben aber nach Ansicht des Leiters Komplizen in Kamerun.

Neben der Wilderei gibt es andere Probleme im *Waza-Nationalpark.* Wie alle anderen Wildschutzgebiete leidet auch er unter der schlechten wirtschaftlichen Lage Kameruns. Selbst kleinste Ersatzteile sind nicht zu beschaffen, so daß beispielsweise die meisten großen Maschinen zur Unterhaltung des Wegenetzes immer wieder längere Zeit stilliegen. Die Folge: Ein Teil der Parke kann nicht besucht werden, und damit bleibt auch

Wie in den meisten Ländern Afrikas werden die Kühe einer Dorfgemeinschaft auch in Kamerun gemeinschaftlich auf die Weide geführt. Meistens suchen zu viele der langhornigen Rinder nach Nahrung und zerstören die Landschaft. In einer langen Trockenzeit gehen dann viele der Tiere zugrunde. Doch immer noch bemißt sich das Ansehen einer Familie auf dem Lande nach der Zahl der Rinder, die sie besitzt. Zum Nachteil der wildlebenden Fauna und Flora.

die durch Touristen und deren Führer durchgeführte Kontrolle aus. Und da es nicht genügend Besucher gibt, ruhte jahrelang ein großer, fast vollendeter Hotelneubau am Eingang des Parks. Das wunderschön an einem Berg gelegene »Campement de Waza« mit seinen rund fünfzig Betten nimmt meistens alle Besucher ohne Schwierigkeiten auf. Die größten Sorgen bereitet seit 20 Jahren den Verantwortlichen in *Waza* der Wassermangel. Während in Douala im mittleren Jahresdurchschnitt 4000 und auf dem 4070 Meter hohen Kamerunberg sogar bis zu 11 000 Millimeter Regen fallen, erhält der in einer großen Ebene gelegene *Waza-Nationalpark* von Juli bis September höchstens 600 Millimeter Niederschläge, die in manchen Jahren fast gänzlich ausbleiben. Für regelmäßige Überschwemmungen sorgte bis 1969 der Logone-Fluß, der, von Süden kommend, in den Tschad-See fließt. Doch seitdem sein Wasser rund 50 Kilometer südwestlich des Parks bei Maga in einem 36 000 Hektar großen Stausee aufgefangen wird, um mit dessen Hilfe Reiskulturen zu bewässern, ist es mit den Überschwemmungen vorbei. Im

Jahr 1934 konnte Pierre Flizot, der Gründer des Parks (zunächst war die Region eine Jagdzone, wurde dann ein Reservat und 1968 schließlich zum Nationalpark erklärt), mit dem Einbaum von *Waza* bis zum 140 Kilometer nördlich gelegenen Kousséri, an der Grenze zum Tschad, fahren, ohne sein Boot ein einziges Mal über Land tragen zu müssen. Heute ist diese ehemalige Wasserstrecke (die Straßenentfernung ist kürzer) völlig trocken und allenfalls mit dem Pferd zu bewältigen.

Unter dem Wassermangel leidet bei einer deutlich wahrnehmbaren Veränderung des Pflanzenwuchses und damit des Landschaftsbildes ganz besonders die Tierwelt. Allein die rund 2000 Giraffen und 1200 Elefanten brauchen täglich eine Menge Flüssigkeit. Ihr Schicksal wäre längst besiegelt, und ebenso das der großen Pferdeantilopen, der Schwarzfuß-Moorantilopen, der Kuhantilopen und Rotstirngazellen, gäbe es nicht mittlerweile 17 Wasserstellen, jeweils von der Größe eines halben Hektars und sechs Meter tief. Eine französische Firma sorgt durch die Anlage und Unterhaltung von 250 Meter tiefen Brunnen dafür, daß sie auch in der Trockenzeit gefüllt sind.

Die Hälfte der Elefanten stammt aus dem Tschad. Sie haben sich während des vergangenen Bürgerkriegs, als sie stark bejagt wurden, von dort nach Kamerun abgesetzt. Die Wildhüter können sie sehr genau von den einheimischen unterscheiden: Sie sind wesentlich scheuer und aggressiver.

Als wir an einem heißen Tag mit dem Direktor des Parks zu einer von Elefanten gern aufgesuchten Wasserstelle fahren, kommen wir den großen Tieren nahe wie nie zuvor in Afrika. Zum Glück scheinen es einheimische Elefanten zu sein, denn sie sind so »freundlich«, wie es den »sanften Riesen« häufig nachgesagt wird.

Doch zunächst liegt der durch einen Damm unterteilte künstliche See recht verlassen da, als wir ihn am Morgen nach gut einstündiger

Im Morgendunst ist die Kuhantilope noch schlechter zu sehen als sonst (Seite 142 oben). Die Oribis oder Bleichböckchen tarnen sich auf andere Weise: indem sie sich hintereinander stellen, das Männchen vor das Weibchen (Mitte). Die Pferdeantilopen (Seite 142 unten) und die Rotstirngazellen (oben) kommen dem Besucher des Waza-Nationalparks, *wenn er Geduld hat, recht nahe.*

Junge Elefanten haben beim täglichen Bad an einer der Wasserstellen des Waza-National-parks *im Norden Kameruns besonders viel Spaß.*

Fahrt durch den Park erreichen. Wir wollen schon weiterfahren, als der uns begleitende »garde de parc« aufgeregt von einem kleinen Ausflug in den nahen Busch zurückkehrt. Er muß eine wichtige Entdeckung gemacht haben, denn augenblicklich springt der Chef des Parks von unserem schattigen Platz unter einem Baum auf und bedeutet uns, ihn zu begleiten. Wenige Minuten später stehen wir vor einem nur notdürftig mit Zweigen und Gras abgedeckten Haufen von mindestens 100 recht großen toten Fischen. »Die sind heute nacht hier rausgeholt worden. Wir haben die illegalen Fischer wohl gestört. Wahrscheinlich wollen sie ihre Beute im Lauf des Tages abholen. Wir kennen das. Sie kommen mit zwei oder drei Maultieren über die Grenze vom Tschad, haben aber meistens hiesige Helfer.«

Mit dem beschaulichen Tagesausflug durch den Nationalpark ist es vorbei. Wir bleiben mit dem »garde« am Gewässer, der Direktor fährt davon, um von einem Feldposten im Park Verstärkung zu holen. Daß wir ihn vor 22 Uhr nicht wiedersehen, liegt daran, daß er bald darauf an einem anderen Wasserloch auf die illegalen Fischer stößt und mit einigen Mitarbeitern deren Verfolgung aufnimmt. Mit mehr als einer Tonne Fisch auf der Ladefläche kommt er spätabends heim. Die Fischwilderer sind der Nationalparkwache über den Logone-Fluß hinweg in den Tschad entkommen, doch sie mußten Netze, Kescher und halbvolle Säcke zurücklassen.

Wahrscheinlich hätten wir in Kamerun kaum jemals vier Stunden so intensiver Beobachtungen von fast 200 Elefanten genießen können, hätten die Fischwilderer nicht unser ursprüngliches Programm neu gestaltet. Eigentlich wollten wir uns nicht so sehr den Elefanten, sondern den schwarzen Kronenkranichen, einem weiteren Wahrzeichen des *Waza-Nationalparks*, widmen. So aber bleiben wir, den erfahrenen Wächter mit seinem alten Karabiner an unserer Seite, ohne Auto im Zentrum des Nationalparks und sind bald von immer mehr Elefanten umgeben. Tiere aller Altersstufen, vom wenige Wochen alten Baby bis zum starken Bullen, kommen im Lauf des Vormittags in unterschiedlich großen Herden zum Baden und Trinken. Sie fühlen sich hier sicher, denn mehrfach nähern sich uns einzelne Tiere bis auf zehn Meter. Hätte unser sympathischer schwarzer Begleiter, der wie ein alter erfahrener »Askari« wirkt, uns anfangs nicht beruhigend erklärt, wir sollten selbst dann nicht ängstlich reagieren, wenn uns ein Elefant mit seinem Rüssel beschnüffele, wer weiß, ob wir die Annäherung einer mächtigen Elefantenkuh mit ihrem etwa einjährigen Kalb bis auf vier oder fünf Meter so gelassen hingenommen hätten. Der Pulsschlag geht dennoch merklich schneller, und die Kamera ist plötzlich völlig vergessen.

Während um uns herum das Elefantenleben pulsiert, denke ich an die Situation der »Grauen Riesen« in Afrika, die längst nicht überall so beschaulich leben und ihren Tag so

genießen können, wie sie es ganz offensichtlich vor unseren Augen tun.
Elefantenkühe werden im Alter von acht bis zwölf Jahren geschlechtsreif und gebären, nach einer Tragezeit von rund 22 Monaten, höchstens alle vier Jahre ein Junges, selten zwei. Eine natürliche Geburtenkontrolle bewirkt, daß bei hoher Elefantendichte weniger Junge in größeren Abständen geboren werden, daß aber bei geringer Elefantenbevölkerung mehr Nachwuchs zur Welt kommt. Bei einer normalen jährlichen Zuwachsrate von etwa fünf Prozent, die damit über der natürlichen Sterberate liegt (Elefanten können ein Höchstalter von 60 bis 70 Jahren erreichen), sollte es für die bis zu 150 Zentner schweren, über sechs Meter langen und drei Meter hohen Tiere eigentlich eine positive Bestandsentwicklung geben. Doch das Gegenteil ist bis vor kurzem der Fall gewesen.

Um 1970 gab es in Afrika noch etwa 1,5 Millionen Elefanten. 20 Jahre später wurde der Bestand nach einer in allen afrikanischen »Elefantenländern« durchgeführten Zählung mit etwa 610 000 Tieren angegeben. Allein zwischen 1980 und 1989 verringerte sich der Bestand um rund 700 000. In diesem Zeitraum verloren Länder wie Kenia, Mosambik, Somalia, der Sudan, Tansania, Zaire und Sambia zwischen 69 und 92 Prozent ihrer Elefanten. Den überwiegenden Teil töteten Wilderer, die es auf die Stoßzähne der Tiere abgesehen hatten. Bertolt Brecht hätte seinen Ausspruch über den Elefanten um ein Wort erweitern müssen: »Wo dieses Tier war, führt eine breite – ›blutige‹ – Spur.« Diese Spur hätte schließlich in den Untergang der Art *Loxodonta africana* geführt, wäre nicht dank internationaler Naturschutzorganisationen und auf Initiative einiger Regierungen die Ursache

Wenn eine große Elefantenherde am und im Wasser erscheint, machen alle anderen Tiere Platz. Es gibt in Afrika wenige andere so eindrucksvolle Erlebnisse, wie den großen Rüsselträgern beim Baden und Trinken zuzusehen. Es ist erstaunlich, mit welcher Ruhe und Ordnung die mächtigen Tiere nacheinander in die Fluten steigen, ohne sich gegenseitig zu bedrängen oder einander den Platz streitig zu machen.

für das Niedermetzeln beseitigt worden: der überwiegend illegale Handel mit dem »weißen Gold«.
Die entscheidende Wende für die Nachfrage für Elfenbein brachte die CITES-Konferenz (Convention on International Trade in Endangered Species) im Oktober 1989 in Lausanne. Dort beschlossen mit großer Mehrheit die dem Washingtoner Artenschutzübereinkommen beigetretenen Staaten, den afrikanischen Elefanten auf den Anhang I zu setzen. Damit war auch der illegale Handel mit Elfenbein beendet. Im März 1992 wurde der Beschluß auf der Nachfolgekonferenz im japanischen Kyoto erneuert. Im November 1994 steht das Thema wiederum auf der Tagesordnung der CITES-Konferenz in Fort Lauderdale in den Vereinigten Staaten.
Nicht alle der 33 Staaten Afrikas, in denen heute noch Elefanten in unterschiedlich großer Zahl leben (Guinea Bissau: zwischen 20 und 50 Tiere; Zaire: rund 90 000 Tiere), haben die gleichen Vorstellungen. Die südafrikanischen Staaten etwa wollen ihre Elefanten wie andere Wildtierbestände »nachhaltig nutzen«, so daß ein für die jeweils in der Form von Nationalparken und Reservaten zur Verfügung stehenden Lebensräume tragbarer Bestand erhalten bleibt, der Zuwachs indes »abgeschöpft« und »verwertet« wird. Dieses theoretisch sinnvolle Ernteprinzip hat bei den größten Landsäugetieren gleich mehrere Haken. Trotz jahrzehntelanger Erforschung ihrer Lebensgewohnheiten durch viele Wissenschaftler ist keineswegs geklärt, wie viele Quadratkilometer Buschsavanne ein Steppenelefant (*Loxodonta africana africana*) oder wie viele Hektar Urwald der – auch in Kamerun beheimatete – klei-

Die Gabelracke, auf englisch »Lilac-breasted Roller« (unten), und der Rotkehlspint (Seite 147 oben), ein Verwandter des Bienenfressers, gehören zu den farbenprächtigsten Bewohnern der zentralafrikanischen Steppengebiete. Während sie in der Luft Jagd auf Insekten machen, ernähren sich die Helmperlhühner (großes Bild) am Erdboden. Im Gegensatz zur Straußenhenne, die ihre 14 Küken über eine Sandpiste führt (Seiten 148/149), können die Perlhühner bei Gefahr wegfliegen.

nere Waldelefant (*Loxodonta africana cyclo-ties*) zum Leben brauchen.
Die zunehmende Bevölkerung Afrikas engt den Lebensraum der Elefanten und anderer Wildtiere von Jahr zu Jahr stärker ein. Seit 1989 haben die Elefanten in Afrika weitere zehn Prozent ihres Verbreitungsgebietes eingebüßt. Von den 30,3 Millionen Quadratkilometern afrikanischer Landflächen können die Elefanten zur Zeit noch 5,2 Millionen Quadratkilometer, also gut ein Sechstel, unterschiedlich intensiv als Lebensraum nutzen: davon 49 Prozent in Zentralafrika,

Auch in Kamerun wird die Wildbahn geplündert. Im Urwald getötete Tiere werden am Straßenrand zum Verkauf angeboten, ein junger Schimpanse fristet am Strand als Schauobjekt ein trauriges Dasein (oben); währenddessen warten Urwaldriesen auf die Verschiffung, und der Tropenwald geht in Flammen auf (Seite 151).

25 Prozent im südlichen Afrika, 21 Prozent in Ostafrika und fünf Prozent in Westafrika. Immer öfter gibt es Konflikte zwischen Elefanten und Bauern und Hirten um Nahrung und Wasser. Nicht wenige Afrikaner sehen die mächtigen Tiere, die täglich bis zu 150 Kilogramm Blätter, Zweige, Baumrinde, Gras und andere Pflanzen verzehren, als Schädlinge oder als Lieferanten von Fleisch, Leder und Elfenbein. In immer mehr afrikanischen Staaten indes spielt bei der Bewertung ihrer Elefantenbestände auch der Fremdenverkehr eine besondere Rolle. Die großen Rüsselträger stehen bei einer Safari an erster Stelle unter den Attraktionen. Besser als hier, im Herzen des *Waza-Nationalparks* in Kamerun, könnte uns das kaum vor Augen geführt werden.

Am nächsten Tag sind die Vögel an der Reihe, die mich ganz besonders in den Norden Kameruns gelockt haben. Es gibt in Afrika wohl kein anderes Schutzgebiet, in dem man die schwarzen Kronenkraniche so gut sehen kann wie im *Waza-Nationalpark.* Die westafrikanischen Verwandten des ost- und südafrikanischen Grauen Kronenkranichs – eine der 15 auf der Erde lebenden Kranicharten – haben in der Vergangenheit auch unter der Wilderei gelitten. In den sechziger Jahren wurden zur Trockenzeit im *Waza-Nationalpark* noch bis zu 10 000 dieser schönen Vögel gezählt. Jetzt sammeln sich dort keine 2000 mehr. Viele riskieren täglich ihr Leben, wenn sie zur Nahrungssuche den Park verlassen und nach Nigeria und in den Tschad fliegen. Da nützt es den Vögeln mit dem goldgelben Kronenschopf aus dünnen, steifen Federn wenig, daß sie sich gegen vierbeinige Feinde, vor allem nachts, besonders zu schützen wissen: Als einzige ihrer Sippe setzen sich die Kronenkraniche in die Wipfel von Bäumen oder gar auf Elektromasten. Zum Brüten dagegen richten sie sich – mit ganz wenigen Ausnahmen – wie alle anderen Kraniche am Boden ein. Das Nest muß im knöchel- bis knietiefen Wasser stehen. Und da es daran nicht nur im *Waza-Nationalpark*, sondern auch in vielen anderen Gegenden Afrikas zunehmend mangelt, haben immer weniger Kronenkraniche Nachwuchs.

Da geht es dem Strauß, der zweiten charakteristischen Großvogelart im *Waza-Nationalpark*, besser. Sein Nest muß im heißen Sand liegen, und statt der zwei bis drei Jungen, die das Nest der Kronenkraniche verlassen, folgen der Straußenmutter mitunter bis zu 20 Nachkömmlinge. Legen zwei oder drei Hennen zusammen in ein Nest, was häufig der

Fall ist, so können es mehr als 50 Küken werden. Damit sind genügend Reserven vorhanden, so daß Löwen, Leoparden, Geparde, Hyänen und Schakale, die alle im Park vorkommen, hin und wieder einen Jungstrauß reißen können. Allerdings müssen die Jäger dabei auf der Hut sein. Mit seinen krallenbewehrten großen Füßen kann der Strauß einen Angreifer leicht für immer außer Gefecht setzen. Deshalb bin ich froh, daß sich eine Straußenmutter mit ihren 14 Jungen, der wir auf einem unserer Pirschgänge im *Waza-Nationalpark* begegnen, nach kurzem, neugierigem Abschätzen von uns abwendet und sich nur noch von hinten fotografieren läßt.

Kodiakbären, Meerotter, Pelikane: mit unterschiedlichen Methoden zum Erfolg

Bewegungslos wie ein Standbild aus Stein oder Metall steht die Braunbärin mitten im Fluß. Das schnellfließende Wasser reicht ihr bis knapp unter die Knie. Seit mehr als einer Minute harrt das mächtige Tier wie zur Salzsäule erstarrt aus und läßt sich auch von den durch die starke Strömung hervorgerufenen Strudeln und Spritzern nicht aus der Ruhe bringen. Ebensowenig von uns, die wir in einer Gruppe von sechs Personen keine 50 Meter entfernt im Gras am Flußufer hocken. Zwei kleine Wasserflugzeuge haben uns in einer knappen Stunde von Kodiak hierher geflogen. Schneebedeckte Berge und glitzernde Flußläufe liegen zwischen uns und der nächsten menschlichen Siedlung. Bis zu 30 Braunbären könnten wir hier gleichzeitig an einem bestimmten Abschnitt des Karluk-Flusses sehen, hatte unser einheimischer Gewährsmann versichert.

Der Blick der Bärin ist flußabwärts gerichtet. Von dort kommen die Lachse. Nachdem sie den Pazifischen Ozean verlassen haben, versammeln sie sich zu Tausenden im Mündungsgebiet dieses breiten Flusses im Südwesten der zu Alaska gehörenden Insel Kodiak. So wie es unzählige weitere Lachse entlang der Pazifikküste in den anderen Flüssen Alaskas, Kanadas und Sibiriens zwischen Mai und Oktober tun. Fünf der sechs pazifi-

schen Lachsarten kommen auf Kodiak Island vor: der Blaurückenlachs, der Kisutsch-Lachs, der Buckellachs, der Quinnat und der Keta-Lachs. Die amerikanischen Bezeichnungen für sie sind einfacher und selbst Deutschen geläufiger: Sockeye oder Red, Silver, Pink, Chinook und Chum oder Dog Salmon. Den Masu-Lachs gibt es nur an der asiatischen Pazifikküste.

In den Mündungsbereichen der Flüsse und in den landeinwärts gelegenen Süßwasserseen erholen sich die Lachse ein wenig, bevor sie der Quelle der von den Bergen fließenden Ströme entgegenschwimmen. Die mit Rogen gefüllten Weibchen steuern nach zwei- bis fünfjährigem Aufenthalt im Pazifik den Flußabschnitt an, in dem sie selbst aus dem Ei geschlüpft sind, um dort abzulaichen. Die Männchen in ihrem Gefolge sind, da unbelastet, beweglicher und zumeist auch kräftiger. Sie kommen nicht nur schneller gegen die Strömung voran, sondern überwinden Geröll und Stromschnellen mit weiteren Sprüngen als die Weibchen, von denen jedes einige tausend orange bis leuchtend rot gefärbte Eier in seinem Körper transportiert. So sind es denn auch überwiegend Lachsweibchen, die den Bären bei ihrer Fischjagd zum Opfer fallen.

Die Geduld der Bärin in Kodiaks Karluk River wird auf keine lange Probe gestellt. In einer Entfernung von mehr als 50 Metern sieht sie die dunkelglänzenden Rücken und die schäumenden Bugwellen der in dichtgedrängter Gruppe schnell heranschwimmenden Lachse. Wo die Bärin lauert, muß die Flotte der Schuppenträger einen besonders seichten Flußabschnitt überwinden. Die Fische scheinen die Gefahr zu ahnen, denn sie schießen wie Torpedos heran. Den größeren unter ihnen reicht das Wasser nicht einmal an die Rückenflosse.

Als der Schwarm auf der Höhe der Bärin ist, hebt diese mit einem Ruck den Vorderteil ihres Körpers so weit in die Höhe, daß die Vordertatzen kurz über die Wasserfläche geraten. Im nächsten Augenblick schlägt sie erst mit der einen, dann mit der anderen Tatze nach unten. Das Wasser um das große Tier im hellbraunen Fell brodelt und schäumt: Panik der Lachse und Verwirrungstaktik zugleich. Die ersten Griffe der Bärin sind daneben gegangen. Sie wirft sich herum und schlägt erneut ins Wasser. Die meisten aus der großen Gruppe der Lachse haben die für sie gefährliche Stelle passiert, einige scheinen umgekehrt zu sein. Da schließlich glückt der Bärin ein Fang. Unter ihrer Vordertatze schlägt ein Lachs mit der Schwanzflosse und krümmt seinen Körper nach oben. Die Bärin drückt ihre Beute eine Weile auf den kiesigen Boden, der hier nur wenige Zentimeter vom Wasser überspült wird. Doch sie kann jetzt keineswegs in Ruhe ihr Jagdglück genießen. Aus dem Weidengestrüpp des etwa 20 Meter entfernten Ufers lugt zunächst ein kleiner Bärenkopf hervor, und wenig später springen drei junge Braunbären auf ihre Mutter zu. Sie kann

Es könnte auch ein fremder Bär sein, der da um die Biegung des Flusses über die Sandbank kommt, und dann müßten die drei Jungbären schnellstens Reißaus nehmen. Daher richten sich zwei auf den Hinterbeinen auf, der dritte ist schon halb in Fluchtposition (Seite 152). Doch es ist die Mutter, die von einem Erkundungsgang zurückkehrt und bald darauf zeigt, wie man auf einen Schlag zwei Lachse fängt (oben).

gerade noch den erbeuteten Lachs zwischen ihre Zähne nehmen und sich mit der zappelnden Beute im Fang zu einer kleinen Halbinsel stromaufwärts trollen. Die eineinhalbjährigen Bärenkinder folgen ihr. Ebenso ein halbes Dutzend Möwen, die darauf vertrauen, daß auch für sie etwas abfällt.
Auf dem Trockenen angekommen, legt die Bärin den Lachs auf einen großen Stein, den der Fluß als Teil seines Geschiebes hier liegengelassen hat. Während sie mit einem Vorderfuß den noch matt schlagenden Fisch auf die Unterlage drückt, schlitzt sie mit ihren scharfen Zähnen seine nach oben gekehrte, silbrig glänzende Seite auf. Die Bärenmutter hat es nur noch auf den leuchtend roten Rogen abgesehen. Seit Mitte Juni, nachdem sie mit ihren vorjährigen Jungen aus den Bergen einige hundert Meter herabgewandert war, um die nach Beendigung der knapp sechsmonatigen Winterruhe zunächst genossene Pflanzenkost gegen fette Fischmahlzeiten zu tauschen, hat sie so viel Lachs gefressen, daß sie sich zeitweise nur noch das Allerbeste gönnt.
Doch die Möwen oder der Weißkopfseeadler, der am gegenüberliegenden Ufer träge auf dem Ast einer Erle hockt, sind noch nicht an der Reihe. Das rosafarbene Fleisch des mindestens drei Kilogramm schweren Lachsweibchens lockt die Bärenjungen. Solange die Lachse noch in großer Zahl ziehen, ist ihr Hunger zur Tagesmitte freilich ebenfalls nicht mehr so groß. Sie haben in den letzten Wochen dank der üppigen Beute an Gewicht und Größe reichlich zugenommen, so daß sie – flüchtig betrachtet – vom Umfang her wie ausgewachsene Wildschweine erscheinen.
Weil hier am Fluß alle ohne Mühe satt werden, kommt es selten zum Streit um den Lachs. Das kleinste der drei Geschwister ist am schnellsten und schleppt den toten Fisch ein wenig abseits ins flache Wasser. Immer wieder von den Bering- und Sturmmöwen bedrängt, deren Zahl auf mehr als 20 angestiegen ist, muß der Jungbär wiederholt seinen Platz wechseln, bis er schließlich den Fisch, nur zu knapp einem Drittel verzehrt, den weißgefiederten Vögeln überläßt und sich nach seiner Mutter und seinen beiden Geschwistern umschaut.
Die Bärin ist indessen wieder in den Fluß gestiegen, mit den zwei anderen Jungen im Gefolge. Jetzt erteilt sie Unterricht im Fischfang. Geduld und Ausdauer sind dafür wichtige Voraussetzungen, die sich am besten in der Praxis vermitteln lassen. Mißerfolge dürfen nicht entmutigen, denn so manches Mal schlägt auch ein erfahrener Bär daneben oder galoppiert im flachen Wasser vergeblich eine ganze Strecke hinter den Lachsen her. Wo Stromschnellen oder Wasserfälle die Lachse zum weiten Sprung durch die Luft zwingen, landet mancher von ihnen unmittelbar im aufgesperrten Bärenrachen. Erfahrene Braunbären postieren sich an solchen Orten, inmitten der Gischt auf einem Felsen – strategisch optimal ausgeklügelt , in die Sprungbahn der Fische. Obwohl derartige Fangplätze ebenso wie die flachen Abschnitte lachsreicher Flüsse begehrt sind, gibt es selten handfesten Streit um sie. Dem jeweils stärksten Bären machen die übrigen Platz. Nur Gleichrangige geraten sich gegenseitig ins Fell. So lernen auch die Jungbären früh, älteren den Vortritt zu lassen.
Solange sie in den ersten beiden Sommern ihres Lebens im Gefolge einer kräftigen Mutter entlang einer Flußstrecke ihr eigenes Revier haben, müssen sie sich wenig Sorgen machen. Da können sie häufig erleben, wie ihre Mutter anderen Bärinnen und Bären Beine macht. Vor allem die Männer hält sie auf Distanz, weil nicht wenige Bären Junge der eigenen Art als Beute betrachten und töten, wenn sie sie erwischen. (Auch unter erwachsenen Braunbären kommt es immer wieder vor, daß einer den anderen umbringt und verzehrt. Verhaltensforscher sehen darin eine innerartliche Bestandsregulierung.) Für den Bärennachwuchs ist es daher lebensnotwendig, daß die Mutter in den ersten ein-

Drei eineinhalbjährige Braunbären haben am Flußufer Aufstellung genommen und warten darauf, daß in ihrer Nähe ein Lachs vorbeischwimmt. Doch mit der eigenen Fangtechnik klappt es noch nicht besonders gut. Die meisten Fische erhalten die Jungbären von ihrer Mutter. Im nächsten Jahr allerdings müssen sie selbständig jagen, denn dann hat die Bärin neuen Nachwuchs.

einhalb bis zweieinhalb Jahren seinen Schutz gewährleistet.

Die Fürsorge der Bärin beginnt schon vor der Geburt ihrer Jungen. Bei der Auswahl und beim Herrichten des Winterlagers muß sie berücksichtigen, daß ihre Kinder zur kältesten Jahreszeit geboren werden. Eine Höhle, die nicht tief genug ins Erdreich gegraben ist oder im Felsgestein unzureichend vor Frost und Schnee gesichert ist, kann in einem harten Winter der ganzen Familie zum Verhängnis werden. Mit Vorliebe legen die Bären ihr Winterversteck daher an südlichen Berghängen an, die sich im Frühling am ehesten erwärmen. Eine trächtige Bärin muß im November, wenn sie sich zur Winterruhe zurückzieht, in guter Kondition sein. Mindestens bis zum April kann sie keine Nahrung zu sich nehmen, muß aber ab Dezember oder Januar immer wieder ihren Winterschlaf unterbrechen, um die dann nach einer Tragezeit von sechs bis sieben (bei eingeschobener Eiruhe sogar neun) Monaten geborenen Jungen zu säugen und zu betreuen. Diese wiegen, wenn sie blind zur Welt kommen, nicht einmal 500 Gramm.

Sobald das Wetter es zuläßt, verläßt die Bärin im Frühling die Höhle. Ihre Jungen läßt sie während der Ausflüge in den ersten Wochen allein im Versteck. Weitaus abgemagerter als Bärinnen, die im Winter nicht geworfen haben (dazu zählen auch jene, die ihre vorjährigen Jungen mit ins Winterlager genommen haben), und Bären, die einen echten Winterschlaf bei stark herabgesetzten Körperfunktionen gehalten haben, ist sie besonders hungrig. Sie macht sich über alles her, was sie findet: Gras, Kräuter, Blätter, Rinde, vom letzten Herbst übriggebliebene Beeren, Wurzeln, die sie ausgräbt, Reste von im Winter umgekommenen Tieren. Insekten, insbesondere Ameisen, am Boden brütende Vögel, Mäuse, Lemminge, Erdhörnchen und selbst größere Säugetiere sind nicht vor ihr sicher. Eine ausgehungerte Braunbärin kann

Eines von mehreren Bärentälern auf Kodiak Island. Zehntausende von Lachsen ziehen in jedem Sommer den Karluk River hinauf, um in der Nähe von Quellen und Zuflüssen zu laichen. Vorn links im Bild ist die Halbinsel zu sehen, an der das Foto auf Seite 152 entstand. Mehr als 20 Bären waren mitunter gleichzeitig an diesem Flußabschnitt zu beobachten. Immer wieder zogen sich die Tiere zwischendurch ins hohe Gras zurück.

selbst einem Menschen gefährlich werden. Noch mehr Vorsicht ist allerdings geboten, wenn sie Junge führt und diese durch den Menschen bedroht fühlt. Brenzlig wird es, wenn man zwischen die Bärenmutter und ihre Jungen gerät. In Nordamerika kommen immer wieder Menschen durch Braunbären, gelegentlich auch durch Schwarzbären, ums Leben, weil sie sich falsch verhalten. In der Regel sind alle sieben Großbärenarten der Erde (Braunbär, Schwarzbär oder Baribal, Eisbär, Kragenbär, Lippenbär, Malaienbär und Brillen- oder Andenbär) scheu und meiden den Menschen. Der Braunbär *(Ursus arctos)* kommt in vielen Unterarten vornehmlich auf der nördlichen Erdhalbkugel vor. Im westlichen Europa gibt es den Braunbären in kleinen Populationen noch in Spanien, Italien und Skandinavien; größere Zahlen weisen östliche Länder wie Rußland, Rumänien, das ehemalige Jugoslawien und die Slowakei auf. In den österreichischen Alpen haben unlängst die Wildbiologische Gesellschaft München, die Stiftung Europäisches Naturerbe und der WWF ein Wiederansiedlungsprojekt begonnen. Am bekanntesten ist der nordamerikanische Grizzly, auch als Graubär bekannt. Sein Fell kann von hellgrau über goldgelb bis dunkelbraun gefärbt sein; seine Größe und sein Gewicht schwanken stark. Über den »Ursus arctos horribilis« gibt es, seinem wissenschaftlichen Namen entsprechend, viele furchterregende Geschichten, von denen die wenigsten wahr sind.

Was für die vor allem nördlich des 55. Breitengrades lebenden Grizzlybären gilt, trifft auch auf die einheitlicher braun gefärbten Kodiakbären und die ihnen ähnlichen Kamtschatkabären der ostasiatischen Halbinsel zu: Wo sie mit dem Menschen keine schlechte Erfahrung gemacht haben, gehen sie ihm nicht ohne weiteres aus dem Weg, ohne gleich böse Absichten zu haben. Mit einer Körperlänge von bis zu gut drei Metern und einem Gewicht, das knapp 800 Kilogramm erreichen kann, brauchen Kodiak- und Kamtschatkabären als größte Landbeutegreifer von Natur aus vor niemandem Furcht zu haben. Gäbe es nicht die Trophäenjäger unter den Menschen, die ihnen mit weitreichenden Gewehren nach dem Leben trachten, und gäbe es nicht die nach abendländischen Vorstellungen merkwürdigen Medizingebräuche in Asien, wäre die Bärenwelt – abgesehen von der Zerstörung der Lebensräume der in Ländern mittlerer und südlicher Breitengrade beheimateten Arten – in Ordnung. In jüngster Zeit sind aber neben dem asiatischen Kragenbär die lange nicht im Bestand gefährdeten nordischen Braunbären unter Druck geraten.

Die Öffnung der Grenzen der GUS-Staaten und ihr Wunsch nach Deviseneinnahmen bringt viele Jäger, sehr häufig aus Deutschland, in die Länder der einstigen Sowjetunion. In Rußland bieten geschäftstüchtige westliche Jagdunternehmer, gemeinsam mit ihren östlichen Zuarbeitern, ungewöhnliche Beute und begehrte Trophäen an. Die Braunbären Kamtschatkas und des Amur- und Ussuri-Gebietes stehen hoch im Kurs. In den vergangenen Jahren landeten bereits viele Schädel, Decken und Tatzen kapitaler Bären aus Rußland in den Werkstätten westeuropäischer und japanischer Präparatoren. An Schutzgesetzen oder an deren Überwachung mangelt es häufig. Und da in manchen Gebieten lange nicht gejagt wurde, gibt es scheinbar einen Überfluß an Wild, der zum wahllosen Abschuß verführen kann. Nur selten existieren Bestandsaufnahmen von Wildtierarten in Großgebieten. So kann auch eine kurzfristige, jahreszeitlich bedingte Konzentration von Bären in einer Gegend ein falsches Bild über ihre Gesamtpopulation abgeben.

Nicht alle Jäger trachten an erster Stelle den Bären nach dem Fell. In Japan, China, Taiwan und Korea gilt ihre Gallenblase und deren Inhalt als wertvolles Heilmittel gegen allerlei Gebrechen und wird mit Gold aufgewogen. Nachdem die meisten asiatischen Kragenbären in der Wildbahn ihr Leben gelassen haben oder eingefangen wurden, um hinter Gittern täglich durch eine in die Galle implantierte Sonde die begehrte Flüssigkeit grammweise abzusondern (allein in China sollen zwischen 5000 und 8000 Tiere auf Bärenfarmen für diesen Zweck in engen Käfigen dahinvegetieren), müssen in zunehmendem Maß auch Braun- und Schwarzbären für den makabren Handel ihr Leben lassen. Selbst in Kanada wurden bereits erlegte Schwarzbären gefunden, denen nur die Gallenblase herausgeschnitten war.

Auf Kodiak Island sind zwei Drittel der knapp 9000 Quadratkilometer umfassenden Berge, Flüsse und Seen als National Wildlife Refuge ausgewiesen. Naturschutz und Jagd sind hier gut aufeinander abgestimmt, so daß von den 2000 bis 2500 auf der Insel lebenden Kodiakbären jährlich eine kleine Zahl nach bestimmten Vorgaben geschossen werden darf. Hier wird lediglich der »Überschuß« abgeschöpft. Zur Strecke kommen fast ausschließlich männliche Bären.

So braucht die Bärin, die es sich zur Mittagszeit mit ihren drei Jungen vor uns am breiten Ufer des Karluk River im hohen Gras auf einer ihrer gewohnten Lagerstätten bequem

Die Bärin hat mit ihren drei Jungen dort Aufstellung genommen, wo die Lachse flußaufwärts schwimmen. Ein Jungbär ist jeweils in ihrer Nähe: Er erhält Unterricht darin, wie ein Fisch erbeutet wird. Die Geschwister warten derweil im Hintergrund, bis sie an der Reihe sind.

In den Wäldern an den Küsten und auf den Inseln Alaskas wird ein immenser Raubbau getrieben. Riesige Flächen werden kahlgeschlagen, der größte Teil des Holzes geht nach Fernost (oben). Nur in kleinen Bereichen bleibt der ursprüngliche Regenwald erhalten (unten).

gemacht hat, kaum jemals um ihr Leben zu bangen. Sie wird nach 20 bis 30 Jahren an Altersschwäche sterben, vielleicht von einer Rivalin getötet oder aus ihrem letzten Winterschlaf nicht mehr aufwachen.

Die Jungbären können noch viele Sommer abwechselnd Lachse fangen und Gras fressen, bevor sich die Männchen vor einer Kugel in acht nehmen müssen, sobald sie mit zehn bis 15 Jahren auf der Höhe ihrer Kraft sind. Im Fluß, beim Lachsfang, allerdings wird kein waidgerechter Jäger sie schießen. Und schließlich gibt es auch auf Kodiak, wie anderswo, Braunbären, die sich aus Lachs nichts machen und überwiegend vegetarisch, Honig eingeschlossen, leben.

Das Wetter an Alaskas Küsten ist launisch. Zwei Tage beschert es uns im schnellen Wechsel Sonnenschein, tiefhängende Wolken, Regen, Nebel und starken Wind. Die Mücken und kleinen Fliegen sind anscheinend mit allem zufrieden und ununterbrochen aktiv. Den Bären können sie wenig anhaben. Bei uns hingegen landen sie trotz aller möglichen Gegenmaßnahmen – unter denen in Alaska das Einreiben der Haut mit dem Badeöl eines bekannten Kosmetikherstellers als besonders wirkungsvoll gilt, dem Fotografen aber beim Schwitzen brennende Augen beschert – manchen Stich. Zeitweise umschwirren uns die Plagegeister in dichten Wolken. Doch angesichts des herrlichen Flußtales mit bisweilen 16 Bären, die wir gleichzeitig im Blickfeld haben, finden wir uns mit den »bugs« ab und stellen irgendwann die Abwehrmaßnahmen ein.

Von den etwa 400 Paaren Weißkopfseeadler, die auf Kodiak Island und den benachbarten Inseln brüten sollen, sehen wir zwei. Dann und wann nehmen die Wappenvögel der Vereinigten Staaten einen Lachs in ihre starken Fänge und tragen ihn zu ihrem Horst, in dem jetzt, zum Julibeginn, zwei bis drei Junge mehrfach am Tag auf ihre Atzung warten. Die Altadler, die ohne große Anstrengung vor uns ihre schuppige Beute schlagen, streben danach jedesmal in entgegengesetzte Himmelsrichtungen: Ihre Nester liegen weit genug auseinander, so daß es zwischen den Paaren nicht zu Revierstreitigkeiten kommt.

Kolkraben, Möwen, graue Füchse und Maultierhirsche – wenn sich die Bären für eine Ruhepause zwischen das Weiden- und Erlengebüsch und ins hohe Gras des Ufers zurückgezogen haben, lassen sich immer wieder andere Tiere blicken und sorgen dafür, daß keine Langeweile aufkommt.

Doch wir sind nicht nur der Bären wegen nach Kodiak gereist. Tagelang fährt uns der irischstämmige Devoe Friend mit seinem großen Metallboot in der Inselwelt herum.

Wo es außer der abwechslungsreichen, teilweise bizarr geformten Küstenlandschaft etwas Besonderes zu sehen gibt, drosselt er seinen starken Außenbordmotor oder stellt ihn ganz ab, und wir treiben oder paddeln in die Nähe der Ruheplätze von Seelöwen, die es an Kodiaks Küsten in stattlichen Kolonien gibt. Früher wurden sie hier, wie an fast allen Orten ihres Vorkommens, bejagt, doch seit 1972 genießen sie durch den »Marine Mammal Protection Act« besonderen Schutz.

Nicht zuletzt diesem Gesetz haben wir es auch zu verdanken, daß wir mehrfach die kleinsten Meeressäugetiere, die es auf der Erde gibt, zu Gesicht bekommen: Der Meer- oder Seeotter, fast doppelt so groß wie sein Verwandter, der Fischotter, war wegen seines begehrten Pelzes zwischen 1740 und 1911 von russischen und amerikanischen Jägern und Händlern nahezu ausgerottet worden. Die Gier nach den in Peking, St. Petersburg und Boston hochbezahlten Fellen war zeitweise so groß, daß sie menschliche Tragödien zur Folge hatte: Nachdem die anfangs zutraulichen Tiere gemerkt hatten, wie übel ihnen die Menschen von Booten und Schiffen aus mitspielten, wurde es immer schwieriger, ihnen nahe genug zu kommen. Außerdem wurden sie seltener. Daher zwangen die von den Händlern ausgeschickten Jäger die auf den Inseln und an den Küsten lebenden Ureinwohner, die Tiere für sie aufzuspüren und zu erlegen. Da die Meerotter fast ihr

Hätten nicht Naturschutzbeamte vorher den Horstbaum eines Weißkopfseeadlers (unten) mit Schildern gekennzeichnet (oben), würde auch er den Motorsägen zum Opfer fallen.

Seitdem sie durch den »Marine Mammal Protection Act« und nachfolgende Gesetze geschützt sind, haben sich die Bestände von Stellers Seelöwen an den nordamerikanischen Küsten wieder gut erholt. Wo die Felsen einen leichten Zugang zum Land, aber auch eine schnelle Flucht ins Wasser ermöglichen, liegen manchmal mehrere hundert der mächtigen Robben dicht beieinander auf engem Raum (Seiten 160/161). Die Bullen können eine Körperlänge von dreieinhalb Metern und ein Gewicht von über 1000 Kilogramm erreichen. Früher wurden die Tiere bis an den Rand der Ausrottung zur Gewinnung von Fett und Öl gejagt; heute gibt es vor Alaska, Kanada und Kalifornien wieder einige hunderttausend Seelöwen. Wo sie nicht gestört werden, verlieren sie jede Scheu vor dem Menschen. In San Francisco belagern sie Bootsstege und springen selbst auf im Hafen festgemachte Schiffe, um sich auf deren Planken zu sonnen.

ganzes Leben im Wasser verbringen, war die Jagd mit kleinen Booten gefährlich. Oft wurden die einheimischen Hilfsjäger so lange bei jedem Wetter vor die Küste getrieben, bis sie in der rauhen See untergingen oder vor Entkräftung nicht mehr zurückkehrten. Oder sie wurden hart bestraft, wenn sie nicht erfolgreich genug waren.

Die possierlichen Meerotter leben in küstennahen Gewässern des nördlichen Pazifiks und des südlichen Beringmeeres, von der nördlich Japans gelegenen Inselkette der Kurilen über das südliche Kamtschatka, die Medney-Inseln, die Aleuten, die Alaska-Halbinsel, Kodiak Island, den Golf von Alaska, entlang der kanadischen Küste bis zur Halbinsel von Kalifornien (Baja California). Das zumindest war – mit größeren Lücken entsprechend der Beschaffenheit der Küsten und dem davon abhängigen Nahrungsangebot an Schalentieren – vor Beginn der großen Verfolgung zur Mitte des 18. Jahrhunderts der Verbreitungsraum von *Enhydra lutris* (en hydra, griechisch: im Wasser; lutra, lateinisch: der Otter). Doch der ans Salzwasser gebundene, zur Familie der Marder und damit zu den »Raubtieren« zählende »Meeresbiber« (bobri morski), wie die Russen den Meerotter wegen seines dichten Pelzes und des abgeplatteten Schwanzes nennen, mußte, wie der auf binnenländisches Süßwasser angewiesene Biber ein pflanzenfressendes Nagetier, einen wahren Vernichtungsfeldzug über sich ergehen lassen: Von den über eine Million Tieren, auf die heute der Weltbestand zu Beginn der Verfolgung geschätzt wurde, blieben einige tausend in kleinen, auseinandergerissenen Populationen zurück. Ob es sich dabei um drei verschiedene Unterarten zwischen Kalifornien und Sibirien handelt oder um eine Art mit unerheblichen Unterschieden in den einzelnen geographischen Bereichen, ist – wie vieles andere – unter Zoologen noch ungeklärt.

Vor den Küsten Alaskas waren um die Jahrhundertwende noch etwa 2000 Meerotter am Leben, und es stand zu befürchten, daß die Art in wenigen Jahren ausgerottet sein würde. Entlang der kalifornischen Küste, an der zwischen 1786 und 1868 mehr als 200 000 Meerotter getötet wurden, waren die Tiere nahezu vollends verschwunden. Grund genug für die amerikanische Regierung, im Jahr 1911 den totalen Schutz der Art zu verfügen, was aber nicht sogleich das Ende der – danach illegalen – Verfolgung bedeutete. Aber die Bestände konnten sich langsam erholen, und heute leben wieder etwa 100 000 Tiere vor den Küsten Alaskas. Im Jahr 1967 wurde sogar eine begrenzte Jagd und ein darauf aufbauender Pelzhandel wiedereröffnet; bis 1972, als der »Marine Mammal Protection Act« eine endgültige Schonzeit auch für die Meerotter verfügte, kamen 2500 Pelze auf den Markt.

Das alles erfahren wir, während wir mit maßvoller Geschwindigkeit von der Seeseite her auf eine der kleinen Inseln vor Kodiak zuhalten. Zwischendurch wird unsere Aufmerksamkeit von zwei Walen gefangengenommen, die im Wechsel auf- und abtauchen und jedesmal beim Ausatmen eine Wasserfontäne in die Höhe spritzen. Es sind Finnwale; für die in jedem Jahr zwischen Mexikos Baja California und Alaskas Küste hin- und herwandernden Grauwale sind wir hier noch ein wenig zu früh im Jahr. Doch wir haben es auf eine windgeschützte Bucht abgesehen, in der wir gestern aus der Ferne eine größere Anzahl dunkler Punkte beobachtet haben. Als Devoe, der ausgezeichnete Kenner von Kodiaks Inselwelt, uns sagte, das seien Meerotter, die sich dort im »kelp«, dem Riesentang *Macrocystis pyrifera*, verankert hätten, stand unser Entschluß fest: Dort wollten wir viel Zeit zubringen, doch gestern war zunächst der Besuch steil abfallender Felswände mit Brutkolonien von Dreizehenmöwen und Lummen sowie der mühsame Aufstieg durch hohes Gras und eine fast tropisch anmutende Vegetation zu den Bruthöhlen von Papageientauchern geplant gewesen.

Ein Seeotterweibchen hält sein halberwachsenes Junges auf dem Bauch und im Arm, während es auf dem Rücken an einer Insel vor Alaskas Küste vorüberschwimmt. Dabei äugt es aufmerksam zum Fotografen. Die enge Mutter-Kind-Beziehung dauert mindestens ein Jahr.

Bevor wir uns im Sichtschutz von Felsen der flachen Insel nähern, haben wir uns mit der Hilfe von Ferngläsern vergewissert: Die Meerotter ruhen wieder in ihrer Lieblingsbucht. Nach der Zahl der vielen dunklen Erhebungen, die wir sehen, zu schließen, müssen es zwischen 50 und 100 sein. Doch Devoe dämpft unsere Erwartungen. Zwar schlössen sich die Tiere bisweilen sogar zu Gruppen von einigen hundert zusammen, doch täuschten die sich über dem Wasser im Wind aufstellenden breiten »Blätter« des Riesentangs auch Otterköpfe vor. Und in der Tat ist es eine gute halbe Stunde später nicht einfach für uns, selbst aus einer Entfernung von etwa 100 Metern zwischen Pflanzen und Tieren zu unterscheiden: Die Otter haben sich mit den Tangpflanzen umwickelt und zu Flößen, zu »rafts«, zusammengebunden, so daß sie nicht abgetrieben werden. Zwischen den auf dem Rücken ruhenden Tieren, deren Köpfe dank des trockenen Pelzes recht hell aussehen, erscheinen immer wieder mal die Köpfe schwimmender und tauchender Otter, die wie der dunkle, nasse Tang glänzen. Immerhin kommen wir nach mehrmaligem Zählen auf 26 Tiere.

Mindestens sieben Weibchen sind darunter, die auf ihrem Bauch ein Junges fürsorglich mit ihren »Händen« halten und fortwährend dessen Pelz streicheln und irgendwie bearbeiten. Die mit Schwimmhäuten versehenen Vorderfüße der Tiere ähneln in der Tat eher Händen als Füßen; die Otter setzen sie bei ihren Mahlzeiten auch auf ganz besondere Art ein. Wenn sie in einer Wassertiefe von bis zu 40 Metern, bevorzugt aber zwischen drei und fünf Metern, den Meeresgrund nach Muscheln, Krebsen, Schnecken und Seeigeln absuchen, erfühlen sie ihre Beute. Versuche haben ergeben, daß Meerotter in gänzlich trübem Wasser aus einem Korb voll verschiedener Muscheln mit ihren »Händen« innerhalb von Sekunden ihre Lieblingsspeise ausgewählt und an die Wasseroberfläche geholt haben. Doch erst dann beginnt das, was die Meerotter für Verhaltensforscher so ungemein interessant, für Tierfilmer so attraktiv und für die Besucher von Meeresaquarien und einiger Hafenbecken entlang der kalifornischen Küste zu so begehrten Objekten der Beobachtung werden läßt: Wenn die Kruste oder die Schale des Beutetieres zu hart ist, nimmt der Meerotter einen Stein zu Hilfe und zertrümmert die feste Hülle. Dieses Werkzeug sucht sich das Tier nicht etwa jedesmal aufs neue, sondern es verstaut vor jedem Schwimmen und Tauchen seinen Hammerstein in einer der beiden Hautfalten zwischen Brust und Vorderbeinen. Diese Körpertaschen benutzen die Otter nicht selten auch als Vorratskammern, wenn sie ihre Beute nicht auf einmal verzehren können.

Auf diese Weise können die Weibchen auch sicherstellen, daß ihr einziges Junges nicht hungern muß, wenn kurzfristig mal das Jagdglück ausbleibt. Über ein Jahr lang kümmern sich die Mütter um ihr Kind, das sie mehr auf dem Bauch als auf dem Rücken transportieren. In den ersten Lebenswochen bleibt das Junge an der Wasseroberfläche, wenn die Mutter nach Nahrung taucht. Später macht es längere Unterwasserreisen mit und lernt so das Tauchen und das Aufspüren von Beutetieren. Da ein Meerotter täglich etwa ein Viertel seines eigenen Körpergewichts an frischer Nahrung braucht, sind die Tiere gut beschäftigt. Vor allem die Männchen, die ein Gewicht von durchschnittlich 30 Kilogramm erreichen, mitunter aber gut zehn Kilogramm schwerer werden können. Weibchen wiegen in der Regel ein knappes Drittel weniger.

Noch mehr Zeit als auf die Mahlzeiten verwenden die Meerotter auf die Pflege ihres Pelzes. Das hat seinen guten Grund, denn davon hängt ihr Leben im kalten Wasser des nördlichen Pazifiks ab. Da die Tiere nur selten und dann recht kurz an Land – das heißt: meistens auf die Felsklippen irgendwelcher Inseln – gehen, brauchen die Meerotter eine gute Wärmeisolierung gegen die Kälte des Wassers. Im Winter mehr als im Sommer, denn Meerotter wandern nicht wie manche anderen Meeressäuger. Und sie haben nicht wie die Robbe und ihr naher Verwandter, der Fischotter, eine dicke Fettschicht unter der Haut. Bei ihnen sorgt allein das Fell dafür, daß der Körper nicht zuviel Wärme verliert. Die großen Tagesrationen an eiweißreicher Beute liefern den notwendigen Brennstoff.

Aus sicherer Deckung hinter einigen Klippen können wir dem Tagesablauf einer Gesellschaft von Meerottern zusehen. Während die Tiere gemütlich auf dem Rücken im Wasser liegen, massieren sie sich in regelmäßigen Abständen den Pelz. Dabei befördern sie kleine Luftblasen zwischen die äußerst dicht sitzenden Außenhaare und die wie mit einer Wollschicht bedeckte Haut. Auf diese Weise verschafft sich der Meerotter einen wasserundurchlässigen Thermoanzug, der allerdings ständiger Wartung und Pflege bedarf. Die Mutter, die ihr Kind nach einer Tragezeit von zwei Monaten (durch eine unterschiedlich lange und vom Weibchen in der Dauer steuerbare Eiruhe von bis zu sie-

ben Monaten können neun Monate zwischen der Paarung und der Geburt vergehen) mitunter an Land, meistens aber auf einem Bett von Riesentang zur Welt bringt, muß anfangs für ihr Junges die Pelzpflege mit erledigen. Auf diese Weise lernen die jungen Meerotter, welche Griffe die richtigen sind. Mindestens ein Jahr bleiben Mutter und Kind zusammen; daher pflanzen sich Meerotterweibchen nicht alljährlich fort. Bei einem erreichbaren Lebensalter von 15 bis 20, in seltenen Fällen wohl auch von 30 Jahren, bleibt die Nachwuchsrate entsprechend gering.

Sehr viel eher, als von der Natur vorgesehen, ist das Leben eines Meerotters zu Ende, wenn er in verschmutztes Wasser gerät. Dann verkleben die bis zu 800 Millionen Einzelhaare des Pelzes (etwa 100 000 Haare pro Quadratzentimeter), und das Thermosystem ist zerstört. Mit der Wärmeisolierung geht auch der durch den Luftmantel verursachte Auftrieb, der die Tiere an der Wasseroberfläche hält, verloren. Schon eine leichte Verunreinigung des Meerwassers durch Öl hat schlimme Folgen für die Meerotter. Als 1989 der Tanker Exxon Valdez im Prince William Sound auf Grund lief und einen Großteil seiner Ölfracht verlor, starben zahlreiche Meerotter, die dort in einem dichten Bestand lebten. Wie viele es waren, konnte nicht festgestellt werden, da die meisten Tiere innerhalb

Fünf Meerotter haben sich mit Seetang zu einem Floß zusammengebunden und können sich so stundenlang auf dem Rücken im Wasser vor der Pazifikküste Kaliforniens treiben lassen. Die possierlichen Tiere waren bis zu Beginn dieses Jahrhunderts wegen ihres dichten Fells intensiver Verfolgung ausgesetzt.

Der zerklüfteten Küste von Kodiak Island sind viele kleinere Inseln vorgelagert. Dank hoher Niederschlagsmengen und maritimen Klimas sind sie in der Regel von einer üppigen Pflanzendecke überzogen. Der Besucher kommt sich fast wie in den Tropen vor, wenn er durch mannshohe Gräser und Blütenpflanzen auf- und absteigt.

weniger Stunden, nachdem sie mit dem Öl in Berührung gekommen waren, ertranken und versanken. Rund 1000 Opfer wurden gefunden. Die Schätzungen belaufen sich auf ein Vielfaches dieser Zahl.

Hier, vor Kodiak Island, scheint die Welt der Meerotter wieder und noch in Ordnung zu sein, wenngleich der Mensch auch hier immer stärkere Spuren zurückläßt. Auf vielen Inseln sind sämtliche Bäume, überwiegend Fichten, abgeholzt. Hier wird nach der Kahlschlagmethode »geerntet«. Die zu riesigen Türmen aufgeschichteten Stämme tragen asiatische Schriftzeichen: Das Holz geht fast ausnahmslos nach Japan, Korea und Taiwan, wie wir bei einem Besuch eines Holzfällerlagers erfahren. Mitunter werden die Stämme vor Ort schon zu Chips verarbeitet und als Schnitzelfracht gleich auf Schiffe zum Abtransport nach Ostasien verladen. Gelegentlich sehen wir hinter dem dünnen Streifen von Bäumen, der im Uferbereich aus »optischen Gründen« stehengelassen wurde, eine etwas größere Bauminsel. Das ist der von Naturschutzbeamten gekennzeichnete Nistbereich eines Weißkopfseeadlers. Nur für den Wappenvogel wird eine solche Ausnahme gemacht. Manches Paar verläßt dennoch sein Revier, nachdem sich die Umgebung durch den Holzeinschlag so stark verändert hat. Für viele andere Bewohner des Waldes bedeutet die Zerstörung ihres Lebensraumes den Tod.

Doch zurück zu den Meerottern, von denen einige in der Gruppe vor uns immer mit erhobenem Kopf in die Runde sichern. Tierische Feinde haben sie kaum. Aber: Ihr großer Bedarf an Schalen- und Krustentieren und ihre Vorliebe für die zu den Meeresschnecken zählenden Abalonen oder »Meerohren«, für die Feinschmecker viel Geld bezahlen, hat zur Folge, daß die Meerotter bei Fischern nicht sehr beliebt sind. Bei einem früheren Besuch der kalifornischen Küste habe ich gelernt, wie schwierig es ist, eine bedrohte Tierart wie den Meerotter zu erhalten, wenn Menschen mit unterschiedlichen Interessen den Lebensraum mit ihnen teilen und nutzen. Im Hafen von Monterey und am Aussichtspunkt der *Point Lobos State Reserve*, beide südlich von San Francisco gelegen, konnte ich nicht nur Meerotter ganz hervorragend beobachten, sondern auch mehrfach kontroversen Gesprächen über die herrlichen Geschöpfe beziehungsweise die »pest«, das Ungeziefer, zuhören.

Die Vertreter beider Lager haben Organisationen gegründet, die für ihre Ziele werben: »Friends of the Sea Otter« und »Save Our Shellfish (SOS)«. Letztgenannter gehören vornehmlich Fischer an, die allerdings betonen, daß sie den Meerotter nicht ausrotten, seine Zahl und Verbreitung vor Kaliforniens Küste jedoch kontrolliert sehen, das heißt, den jetzigen Zustand aufrechterhalten wollen.

Daß es zwischen San Francisco und San Diego heute an mehreren Stellen wieder insgesamt zwischen 1000 und 1500 Meerotter gibt, gleicht einem Wunder. Nach 1920 glaubte man zunächst, daß südlich von Alaskas Prince William Sound keine überlebensfähige Population von Meerottern mehr vorkomme. Die Entdeckung einer Gruppe der Tiere 1938 bei Point Lobos, wenige Kilometer südlich von Carmel bei Monterey, hatte gleich eine Reihe von Initiativen zu ihrem Schutz zur Folge. An manchen Plätzen sind die wendigen Schwimmer und Taucher, die sich so gern zu »rafts«, zu Flößen, zusammenschließen und eng beieinander im Wasser ruhen oder treiben lassen, große Touristenattraktionen geworden. Gemeinsam mit den See-Elefanten von Año Nuevo (zwischen San Francisco und Santa Cruz), mit den Seelöwen und Seehunden, die allenthalben entlang der Küste zu beobachten sind, mit den Braunen Pelikanen, die sich beim Fischen so spektakulär kopfüber ins Meer stürzen, und vielen anderen Küstenvögeln ziehen die Meerotter jährlich Zehntausende von Naturbeobachtern an Kaliforniens Pazifikküste. Für viele sind dabei die Meerotter die absoluten »Stars«. An manchen Küstenabschnitten treffen sie übrigens mitunter mit dem viel stärker ans Land gebundenen Fischotter zusammen, was immer wieder zu Verwechslungen zwischen den beiden Arten führt. (Es kommt sogar nicht selten vor, daß selbst in Europa der Fischotter, hier vielfach nur als Otter bekannt, in Beschreibungen zum »Seeotter« wird, denn die meisten Angehörigen dieser in Mitteleuropa hochbedrohten Art leben an Binnenseen.)

Nicht nur als Magnet für den Fremdenverkehr ist der Meerotter zu einem Wirtschaftsfaktor an Kaliforniens Küste geworden. In der Schadensabwägung, die bei den Fischern von Muscheln, Krabben, Krebsen, Langusten, Seespinnen, Tintenfischen und anderen, vom Menschen ebenfalls geschätzten Meeresbewohnern immer zu Lasten der

Die steilen Felsen an der Küste Kodiak Islands sind für eine Vielzahl von Seevögeln ein begehrter Brutplatz. Hier haben einige hundert »Kittiwakes«, Dreizehenmöwen, jeden noch so kleinen Absatz für die Anlage eines Nestes genutzt. Das erste Foto im Buch, Seite 1, zeigt eine Brutkolonie von Lummen, die von diesem Nistplatz nicht weit entfernt ist.

Mardertiere ausfällt, ist das Pendel in jüngerer Zeit stark zu ihren Gunsten ausgeschlagen. Durch den Verzehr von Seeigeln schützen sie die Unterwasserwälder der »kelps«, der großen Meeresalgen. Der Seeigel frißt den jodhaltigen Tang, der wiederum in großen Mengen von einer eigens dafür entwickelten Industrie geerntet und zu vielen Produkten, vor allem für Heilmittel und zum Stabilisieren von Lebensmitteln, verarbeitet wird. Aus den bisweilen über 50 Meter langen Gewächsen, die vom Meeresboden zur Oberfläche streben, ohne dort verwurzelt zu sein, wird unter anderem Alginat gewonnen. Meerotter gelten bei ihren Freunden und Beschützern daher als »acquatic forest rangers«, Wächter und Bewahrer der marinen Kelp-Wälder, die wiederum vielen Fischen, Schnecken, Krebs- und Muscheltieren als Kinderwiege, Nahrungsgründe und Schutz vor Feinden dienen. Die Meerotter selbst können ohne die im Wasser hin- und herwogenden Riesentangwälder an den meisten Orten ihres Vorkommens gar nicht leben.

Die mit ihren unendlich vielen Ausbuchtungen, Einschnitten, Flußmündungen, Inseln und Halbinseln etliche zehntausend Kilometer lange Küste Nordamerikas beherbergt zwischen dem Nördlichen Eismeer und dem Golf von Mexiko, entlang des Atlantiks wie des Pazifiks, derart viele Landschafts- und Lebensformen, daß man ununterbrochen dort unterwegs sein könnte, um sich an dem immensen Reichtum der Natur zu erfreuen, aber auch zugleich immer wieder neue Bedrohungen kennenzulernen: Einflüsse des Menschen, die nicht nur die ursprüngliche Schönheit der Küsten an mehr und mehr Abschnitten beeinträchtigen, sondern Lebensgefahren mannigfacher Art für die hier lebenden Tiere und Pflanzen mit sich bringen. Die Verschmutzung der Flüsse und der Meere, insbesondere innerhalb der Dreimeilenzone, die von vielen Tierarten als Lebensbasis benötigt wird, wiegt neben der Verbauung und touristischen Nutzung der Küsten dabei am schwersten. Welche Auswirkungen ein einziges Öltankerunglück auf das Lebensgefüge einer Küstenregion haben kann, hat die bereits beschriebene Katastrophe nach dem Auslaufen der Exxon Valdez im Jahr 1989 gezeigt. Neben Meeressäugern, Fischen und Schalentieren waren auch viele Vögel schwer betroffen. Von den knapp 1800 Vogelarten, die bisher in Nordamerika beobachtet wurden, dürften mehr als ein Drittel zur Brut und/oder während der Zugzeit auf die Küsten angewiesen sein. Unter ihnen befinden sich drei Arten, die in den Vereinigten Staaten und Kanada besondere Aufmerksamkeit genießen. Weil sie die größten sind und schneeweißes Gefieder tragen, waren sie in früheren Zeiten eine begehrte Beute der Jäger. So kam es, daß der Trompeterschwan, der Nashornpelikan oder Weiße Pelikan (in Amerika: white pelican) und der Schreikranich an den Rand der Ausrottung gerieten. Strengen Schutzbestimmungen, sowohl die Bejagung als auch die Erhaltung und Wiederherstellung von Lebensräumen sowie die Ausweisung von Reservaten betreffend, ist es zu verdanken, daß sich die verschwindend kleinen Restbestände, insbesondere vom Trompeterschwan und vom Schreikranich (siehe dazu das Kapitel »Im Wald der Apachen schneit es Vögel«) zu einem überlebensfähigen Bestand erholt haben. Bei den Nashornpelikanen war die Zahl nicht wie bei den anderen beiden Arten mit unter 50 Tieren ganz so dramatisch klein gewesen, doch Naturkenner hatten noch nach 1950 auch um das Überleben der Nashornpelikane in Nordamerika gefürchtet.

Nachdem ich die Trompeterschwäne in einem ihrer Brutgebiete, im *Yellowstone National Park*, und zur Zugzeit auf einigen Seen in den nordkalifornischen Klamath Mountains gesehen hatte, nachdem ich die Schreikraniche sowohl im kanadischen *Wood Buffalo Nationalpark* als auch an der texanischen Küste in ihrem Winterrefugium Aransas nahe Corpus Christi beobachtet hatte, wollte ich wissen, wie und wo die Nashornpelikane den Winter verbringen. Eine ihrer wenigen Brutkolonien hatte ich in der Nähe von Fort Smith in den kanadischen Nordwest-Territorien kennengelernt und dort einen Tag lang das Geschehen in einer Brutkolonie von rund 100 Paaren aus größerer Entfernung mit dem Fernglas verfolgt. Diese nördlichste Brutstätte liegt auf einer felsigen, von Bäumen bestandenen Insel inmitten eines Flusses. Trotz dieser geschützten Lage, fernab der Zivilisation, heute aber nicht weit von einer – noch ungeteerten – Straße entfernt, hatte es auch hier in den fünfziger und sechziger Jahren einen starken Einbruch gegeben. Doch die bis zu neun Kilogramm schweren Vögel mit einer Flügelspanne von drei Metern hatten weniger am Brutort als vielmehr auf dem Zug und während ihres winterlichen Aufenthaltes an der Westküste vor Florida und entlang des Golfs von Mexiko Einbußen erlitten.

Wie ihren Verwandten, den Braun- oder Meerespelikanen, und zahlreichen anderen Vogelarten waren ihnen Mitte unseres Jahrhunderts die damals unkontrolliert eingesetzten Umweltgifte zum Schicksal geworden. Vor allem die über ihre Nahrungskette in den Beutefischen angereicherten chlorierten Kohlenwasserstoffe, an erster Stelle das damals als Pflanzenschutzmittel intensiv ein-

Ein Seehund sonnt sich südlich des kalifornischen Ortes Carmel am Big Sur (oben); nicht weit entfernt davon ist für die See-Elefanten das Schutzgebiet Año Nuevo *eingerichtet worden (unten).*

Trompeterschwäne (oben) und Schreikraniche (unten) waren zur Jahrhundertmitte mit nur mehr weniger als jeweils 50 Vögeln am Leben. Dank intensiver Schutzmaßnahmen haben sich ihre Bestände in Nordamerika wieder erholt, aber sie gelten immer noch als gefährdet.

gesetzte DDT, bedrohten die Existenz vieler Tierarten, so auch die von *Pelecanus erythrorhynchus*, dem Nashornpelikan, und *Pelecanus occidentalis*, dem Braunpelikan. Daß beide Arten heute wieder von vielen Menschen beobachtet werden können, verdanken wir nicht zuletzt dem zu Recht immer wieder zitierten Buch von Rachel Carson, »Der stumme Frühling«, das nach seinem Erscheinen im Jahre 1962 in den Vereinigten Staaten und danach weltweit ein Umdenken einleitete. Dennoch werden auch heute noch zu viele die Um- und Mitwelt belastende sowie Mensch, Tier und Pflanze gefährdende Stoffe durch den Menschen eingesetzt und verbreitet.

Davon ist auf den ersten Blick nichts zu merken, als wir in Floridas *Everglades National Park* vom südlich gelegenen Flamingo aus mit einem Kanu in die flache, von vielen Inseln durchsetzte Florida Bay starten. Bei der Ausfahrt sehen wir einige Braunpelikane auf den Aufbauten von Motorbooten und an der Hafenmole hocken. Sie sind hier fast handzahm. Wir haben es diesmal aber auf ihre weißen Verwandten abgesehen, die bei ablaufendem Wasser nicht weit von der Küste trockenfallende Bereiche aufsuchen und sich dort von ihrer Fischjagd ausruhen. Im Gegensatz zu den Braunpelikanen, die bei ihrer Nahrungssuche mit angewinkelten Flügeln in atemberaubendem Sturzflug ins Meer tauchen, verfolgen die Nashornpelikane ihre Beute schwimmend. Dabei bilden die in Gruppen zusammen jagenden Vögel regelrechte Treiber- und Jägerketten. Mit Methode drücken sie sich die Fische gegenseitig zu, um sie dann mit ihren mächtigen Schnäbeln aufzunehmen.

Wo sich die Nashornpelikane zu mehrstündiger Pause einfinden, zieht es auch viele andere Vögel hin. Jetzt, im Februar, ist die Florida Bay ein Dorado für Naturbeobach-

Vier Nashornpelikane im Landeanflug auf ihren Rastplatz in der Bucht von Florida, den sie mit weiteren Artgenossen und einer großen Anzahl kleinerer Vögel teilen (Seiten 172/173). Auf einer Schlammbank, die bei ablaufendem Wasser früh »flachfällt«, versammeln sich neben anderen Pfuhlschnepfen und (die helleren) Schlammtreter, Aztekenmöwen, Reiher, Kormorane, Scherenschnäbel, Braun- und Nashornpelikane, um auszuruhen.

ter. Vom Land aus haben wir in den Tagen zuvor die Stellen ausgemacht, wo der Schlickboden am frühesten aus dem Wasser ragt. Bereits etwa eine halbe Stunde bevor der dunkelglänzende Schlamm sichtbar wird, stellen sich dort die ersten Gefiederten ein. Es sind die mit den längeren Beinen: Reiher und Schnepfenvögel wie Pfuhlschnepfe und Nordamerikanische Schlammtreter können dort schon stehen, wenn andere Vögel noch schwimmen müssen oder andernorts Land unter ihren Füßen haben.

Langsam paddeln wir in die Richtung einer Schlickbank, die jetzt als solche nur dadurch erkennbar ist, daß dort zwei Silberreiher und drei Schmuckreiher (ein naher Verwandter des in der Alten Welt beheimateten Seidenreihers) stehen, ohne daß ihr Gefieder naß wird. Weit genug, um die Vögel nicht zu beunruhigen, aber nahe genug, um mit dem Fernglas gut beobachten und mit dem 400-Millimeter-Objektiv vielleicht brauchbare Aufnahmen machen zu können, bringen wir unser Kanu aus leichtem Metall zwischen den in den grundlos erscheinenden Schlamm gesteckten Paddeln in eine feste Liegeposition. Gar kein so leichtes Unterfangen, und es dauert seine Zeit, bis wir nicht mehr von der recht starken Strömung abgetrieben werden. »Steigen Sie auf keinen Fall aus«, hatte uns der junge Mann vom Kanuverleih gesagt, »Sie versinken bis zur Hüfte im Schlamm da draußen, und dann sind Sie in einer verdammt üblen Situation.«

Wir haben Glück: Die Bühne vor uns belebt sich von Minute zu Minute stärker. Zunächst kommt in schnellem Flug ein Trupp von etwa 30 Pfuhlschnepfen und landet ziemlich abrupt. Anscheinend nehmen das in weiterer Entfernung zahllose andere Vögel für ein Signal wie »Landebahn freigegeben«. In kurzen Abständen fliegen nun scharenweise Vögel ihren bevorzugten, einen knappen Kilometer vor der Küste gelegenen Ruheplatz an. Die einen drehen erst eine oder zwei Runden, bevor sie sich niederlassen,

Erst aus der Nähe wird die bunte Färbung des Braunpelikans deutlich (oben). Die Rosalöffler hingegen machen schon von weitem auf sich aufmerksam (unten). Sie gehören wie die Weißen Sichler (Seite 175) zu den selteneren Bewohnern des Everglades Nationalparks *in Florida.*

andere machen eine Direktlandung ohne jeden weiteren Flugschnörkel. In mancher Minute kommen so viele Vögel in buntem Artenreigen, daß es uns unmöglich ist, die Übersicht zu behalten. Ein großer Schwarm von Aztekenmöwen bringt vorübergehend Unruhe unter die vielen Vögel. Die Aztekenmöwe *(Larus atricilla)*, die auch in Florida brütet, heißt in Amerika »laughing gull«; sie ist eine nahe Verwandte der in Europa und Asien weitverbreiteten Lachmöwe *(Larus ridibundus)*. Ihre Flügel sind grauer als die der Lachmöwe. Die Aztekenmöwen fliegen eine Weile kreischend hin und her, bevor auch sie sich für eine Pause entscheiden.

Das Wasser ist nur noch wenige Zentimeter tief, da endlich kommen als Vorhut vier Nashornpelikane angesegelt. Wie ein Verband schwerer Transportflugzeuge nähern sich die großen weißen Vögel mit den schwarzen Handschwingen dem Landeplatz, ohne ihre Flügel zu bewegen. Als seien für sie einige Quadratmeter von den übrigen Vögeln freigehalten worden, landen sie zwischen der mittlerweile auf mehrere hundert Köpfe angewachsenen Pausengesellschaft, ohne daß diese sich gestört zeigt. Das wird anders, als bald darauf ein Geschwader von mehr als 20 der zwischen den anderen Vögeln riesig wirkenden Pelikane zielsicher auf die Schlammbank zugleitet. Sie wollen neben ihren schon stehenden Artgenossen landen, doch da scheint nicht mehr genügend Platz zu sein. Einige Pelikane starten mit mächtigem Schwingenschlag noch einmal durch, doch die Mehrzahl hat entweder keine Lust dazu, oder die Vögel können ihr Gewicht von rund zehn Kilogramm nicht mehr in die Höhe bringen. So landen sie denn inmitten des ruhenden Vogelschwarms, von dem ein Teil wie ein explodierendes Federknäuel in die Luft stiebt.

Den Pelikanen scheint das nichts auszumachen. Sie haben ihre im Flug nach Art der Reiher angezogenen Hälse unmittelbar nach

der Landung in die Höhe gestreckt. Ihre gelben Schnäbel leuchten hell zwischen den grauen und braunen Leibern der übrigen Vögel. Jetzt, außerhalb der Brutzeit, fehlt den Nashornpelikanen ihr namengebendes Merkmal: der Aufsatz in der Mitte des Oberschnabels. Ob diese während der Brutzeit sichtbare Ausbildung mehr als ein Schmuckelement ist, konnte bisher noch nicht herausgefunden werden. Schnell haben sich die übrigen Vögel an die knapp 180 Zentimeter großen weißen Riesen gewöhnt. Nacheinander fallen die Schwärme wieder ein, es kommen noch weitere Pelikane, darunter auch einige dunkelgefärbte Jungvögel. Als sich das Wasser weiter zurückgezogen hat und der erste Schlamm im Sonnenlicht glitzert, landen auch einige Braunpelikane.

Jetzt ist die Zeit gekommen, zu der die kleinsten Vertreter aus der großen Sippe der Schnepfenvögel ebenfalls hier landen: Im schnellen Zickzackflug kommen einige

Trupps Regenpfeifer und Wasserläufer angeschossen und legen eine Blitzlandung hin. Die Florida-Bucht mit ihren vielen Inseln, den »Keys«, ist für Hunderttausende von im Norden Kanadas und in Sibirien brütenden Vögeln ein wichtiges Überwinterungs- oder Durchzugsgebiet. Um so besorgter registrieren Naturschützer, daß sich die Wasserqualität verschlechtert. Das Problem, unter dem der *Everglades Nationalpark* seit Jahren leidet, macht sich auch in der Florida-Bucht bemerkbar: Immer weniger Wasser fließt aus dem Okeechobee-See (Lake Okeechobee) nach Süden, um die »glades« zu versorgen. Das vom Kissimmee-Fluß gespeiste »Große Wasser« (so lautet die Übersetzung des indianischen Namens Okeechobee), mit gut 2000 Quadratkilometern einer der größten Süßwasserseen der Vereinigten Staaten und mit einer durchschnittlichen Tiefe von 3,60 Metern auch der flachste unter den großen, ist das außerhalb

gelegene »Herz« der Everglades. Von ihm fließt das Wasser auf einer Breite bis zu 80 Kilometern und in einer Höhe von etwa 15 Zentimetern ganz langsam über eine Strecke von 180 Kilometern der Florida-Bucht am Südzipfel des östlichen Nordamerikas entgegen. Auf einem etwa 100 000 Jahre alten Untergrund aus Kalkstein breitet sich der »river of grass« als riesige Überschwemmungslandschaft aus. Große Flächen von Riedgras, das in der Übersetzung seines amerikanischen Namens »saw grass« auch als Sägegras bezeichnet wird, haben schon die früher hier beheimateten Indianer veranlaßt, den Südteil Floridas »Pa-hay-okee«, Gräsernes Wasser, zu nennen.

Bei unseren Streifzügen durch den Nationalpark haben wir immer wieder das Gefühl, in der afrikanischen Savanne zu sein. Vom Gräsernen Wasser bleibt nämlich immer mehr Gras als Wasser übrig. Der enorme Verbrauch an Trinkwasser für das an Einwohnern laufend wachsende Südflorida und eine ebenso intensive Übernutzung der Wasserreserven zur Bewässerung landwirtschaftlicher Flächen haben dazu geführt, daß immer weniger von dem nach der Regenzeit regelmäßig überlaufenden Okeechobee-See so fließt, wie es von der Natur vorgesehen war. Nicht nur die Überschwemmungsflächen gehen zurück und damit all die Lebewesen, die an das Wasser gebunden sind, sondern auch die Florida-Bucht mit ihren knapp 100 Inseln erhält immer weniger Süßwasser. Das aber ist nötig, um das von vielen Fischen und Krebsen bevorzugte Brackwasser im richtigen Mischungsverhältnis mit dem salzigen Meerwasser entstehen zu lassen. Hinzu kommt, daß große Mengen der im nördlich intensiv betriebenen Gemüse-, Obst- und Zuckerrohranbau eingesetzten chemischen Mittel mit dem Wasser in weite Gebiete des knapp 570 000 Hektar großen Nationalparks eingeschwemmt werden.

Auch Rückstände aus intensiver Rinderzucht außerhalb des Parks reichern das

Nährstoffangebot derart an, daß viele Gewässer bereits überlastet sind. Innerhalb des Parks wird am Rand so manchen Sees vor dem Trinken oder der Benutzung des Wassers zum Kochen und sogar vor dem Baden gewarnt. Entwässerungsgräben und Kanäle mit einer Länge von mehr als 2000 Kilometern ziehen an den Grenzen des Nationalparks so viel Wasser ab, daß über 50 Prozent der Feuchtgebiete der Everglades nicht mehr vorhanden sind. Die Folgen sind an einem dramatischen Rückgang vieler Tier- und Pflanzenarten abzulesen. Von den einstmals mehr als 300 000 Paaren an Reihern und Waldstörchen beispielsweise, auf die sich diese Arten zwischen 1930 und 1940 wieder

Das Amerikanische Zwergsultanshuhn, eine Rallenart, steigt zur Nahrungssuche sogar in Büsche und Bäume; der Silberreiher fängt seine Beute im Wasser (beide auf Seite 176). Der Schlangenhalsvogel (oben) trocknet sein Gefieder, während der Truthahngeier mit einer erbeuteten Schildkröte fertig zu werden versucht (unten).

Die Schmuckschildkröte gehört zu den mindestens zehn Arten von Süßwasserschildkröten, die in den Everglades beheimatet sind. Wer sich am Rand eines Gewässers ruhig niederläßt und Geduld hat, wird sie ausführlich beobachten können, denn die Reptilien klettern gern auf einen Baumstamm oder ans Ufer, um sich zu sonnen.

Seiten 178/179: Der Blaureiher (links) und der Cayennereiher (rechts) haben es sich jeweils auf einem Bein im Mangrovengeäst bequem gemacht. Sie gehören zu den zehn Reiherarten, die in Florida vorkommen.

vermehrt hatten, nachdem das erbarmungslose Abschießen der Vögel durch Federsammler verboten worden war, sind heute noch zwischen 5000 und 10 000 Paare vorhanden. In den dreißiger Jahren brüteten mindestens 4000 Paare des Amerikanischen Waldstorchs in den Everglades; 1993 waren es nur noch 25 Paare. Ähnlich sieht es bei Schlangenhalsvögeln und Ibissen aus. Zwar bekommt der Besucher sie bei einem Besuch des Nationalparks zu Gesicht, doch muß er sich dafür schon anstrengen. Außerhalb der Brutzeit, wenn die Vögel überall umherfliegen und nach Nahrung suchen, muß er mitunter einige Tage aufwenden, wenn er zumindest die häufigsten und repräsentativsten der 350 im Nationalpark vorkommenden Vogelarten sehen möchte.

Durch die langsame Austrocknung und die Schäden, die in den vergangenen Jahren durch Wirbelstürme angerichtet wurden (der bisher letzte war 1992 der Hurrikan »Andrew« mit verheerenden Folgen), hat auch die Pflanzenwelt stark gelitten. So haben die »hammocks«, die charakteristischen Bauminseln, die sich auf einer oftmals nur wenige Zentimeter über dem allgemeinen Niveau gelegenen Kalksteinfläche im Lauf von Jahrtausenden gebildet, verändert und behauptet haben, ihr Aussehen stark verändert. Diese kleinen Waldinseln stellen jeweils ein eigenes, in sich geschlossenes Ökosystem dar. Hier haben sich auf Flächen von manchmal nur wenigen hundert Quadratmetern insgesamt 120 Baumarten in unterschiedlicher Zusammensetzung angesiedelt. Manche der »hardwood hammocks« sind zu floristischen Museen geworden: In ihnen finden sich die größten und ältesten Exemplare von Mahagoni, Gumbolimbo, Palmen, Virginischer Eiche und – als Schmarotzer – der Würgfeige in den USA. Hier lassen sich die schönsten Luftpflanzen (Epiphyten) betrachten und fotografieren. Von den Ästen der bis über 40 Meter hohen Sumpfzypressen hängt in lichten Fahnen das Spanische Moos herab und verleiht den ohnehin schon eindrucksvollen Bäumen, die einmal im Jahr ihre Nadeln abwerfen, ein ganz besonderes Aussehen. Viele dieser Kostbarkeiten sind nach den Stürmen schwer angeschlagen. Fachleute vermuten, daß das gestörte Wassersystem den Stürmen die Zerstörung erleichtert, weil die Wurzeln der Pflanzen geschwächt sind.

Das trifft insbesondere auch auf die Mangroven entlang der Küste und auf den Inseln zu. In den Everglades, geographisch der gemäßigten Zone zugeordnet, treffen Lebewesen aus den Tropen, den Subtropen und aus der gemäßigten Klimazone aufeinander. Fauna und Flora Südamerikas und der Karibik sind hier ebenso vertreten wie die aus dem mittleren Amerika. Sie haben zum Teil neue Formen und Arten entwickelt. Die Mangroven, auf den Wechsel von Ebbe und Flut, auf eine Mischung von Salz- und Süßwasser am Übergang vom Land zum Meer angewiesen, sind aufgrund der besonderen klimatischen Bedingungen an Floridas Südküste hier reich vertreten. »Der Wald, dessen Bäume im Meer wachsen«, wie die Mangroven schon vor mehr als 2000 Jahren beschrieben wurden, ist wie alle Wälder auf der Erde großen Gefahren durch die Menschen ausgesetzt. Die mit langen Stelz- und Stützwurzeln im Küstenschlamm gründenden Pflanzen, von denen es weltweit rund 60 Arten gibt, bieten zahllosen Tierarten den notwendigen Lebensraum. Zwischen ihrem Wurzelwerk laichen Fische und leben Krebstiere. In den Everglades gibt es mehr als 300 Fischarten, von denen viele ohne den Schutz der Mangroven hier nicht mehr vorkommen würden. Den meisten Großvögeln dienen die Mangrovendickichte, die sich vielerorts wie ein Bollwerk aus grünen Blättern und bräunlichem Wurzelwerk entlang der Küste hinziehen, als Nistunterlage, so den Reihern, Ibissen und Waldstörchen. Nach dem Hurrikan »Andrew« sank die Brutrate dieser Vögel im *Everglades Nationalpark* um mehr als die Hälfte.

Während anderswo an den tropischen Küsten die Mangroven großflächig abgeholzt werden, um Brennholz oder Flächen für die künstliche Aufzucht von Krabben im Brackwasser zu gewinnen, wird ihnen entlang der Nationalparkküste zwar nicht mit der Motorsäge an die Wurzel gegangen, doch spüren diese Pionierpflanzen, die durch das Sammeln der Sedimente in ihrem Wurzelbereich zur Landgewinnung beitragen, den Einfluß des Menschen auf andere Weise: Die immer geringere Vermischung des Meerwassers mit vom Land einströmendem Süßwasser macht ihre Wurzeln anfälliger. Wenn sie nicht selbst absterben, hat ein kräftiger Sturm zunehmend ein leichtes Spiel, wie sich in den letzten Jahren gezeigt hat.

Harmlos, aber doch furchteinflößend: Der Mississippi-Alligator (»American Alligator«) kann immerhin sechs Meter lang werden.

An der Küste Floridas kommt noch etwas anderes hinzu: ein intensiver Tourismus. Schnellfahrende Motorboote und Ausflugsschiffe erzeugen einen starken Wellenschlag, der auf Dauer für die Mangroven ebenfalls schädlich ist. Aus diesem Grund und um die Tierwelt nicht unnötig zu beunruhigen, gilt im Nationalpark und entlang seiner Grenze für Motoryachten und Ausflugsschiffe eine Geschwindigkeitsbegrenzung. Daß manche Schiffe und Boote für die Vögel eine Störung sind, erleben wir mehrfach während unseres dreistündigen Aufenthaltes vor der »Vogelbank«. Immer wieder fliegt ein Großteil der Vögel auf, als Motorboote mit relativ hoher Geschwindigkeit und lautem Motorengeräusch zwischen ihnen und der Küste vorbeifahren. Während wir darum bemüht sind, unser Kanu wieder flottzumachen, bevor das letzte Wasser unter seinem Kiel verschwindet, können wir in der Ferne beobachten, wie ein besonders schnelles Motorboot von einem – noch schnelleren – Boot der Parkranger verfolgt und schließlich gestellt wird. Das gibt eine teure Verwarnung.

Der Schlamm, aus dem wir unser Kanu schließlich befreien, riecht faulig. Die Algen hätten sich in den vergangenen Jahren stark vermehrt, hören wir von einem der Parkwächter. »Das ist die Folge der verheerenden Wasserpolitik«, sagt er. »Wenn nicht in Kürze Entscheidendes passiert, wird hier alles vor die Hunde gehen. An einer stinkenden Brühe ohne Tiere ist auch kein Tourist mehr interessiert.« Das hat die Bundesregierung in Washington, unter deren Verwaltung die Nationalparke stehen, anscheinend erkannt. 1989 wurde der »Everglades National Park Protection and Expension Act« vom Kongreß verabschiedet und durch den damaligen Präsidenten George Bush, ein häufiger Besucher des *Everglades Nationalparks*, in Kraft gesetzt. Mit Hilfe dieses Gesetzes soll der 1947 gegründete Nationalpark um rund 43 500 Hektar vergrößert werden. Doch es fehlt nicht nur das Geld für den Landerwerb, sondern auch die Bereitschaft vieler privater Landbesitzer zum Verkauf. Sie haben vor Jahren im Norden des Parks spekulativ Grundstücke gekauft, weil Makler ihnen einen großen Wertzuwachs versprochen hatten. Daher bleibt es fraglich, ob die Florida Bay auch in der Zukunft den Pelikanen und den vielen anderen nordischen Vogelarten als Winterrefugium und als Erholungstrittstein dient und denjenigen Arten, die auf »The Glades«, die »glänzende Lichtung«, für das ganzjährige Leben mit Brut- und Jungaufzucht angewiesen sind, erhalten bleibt. Von der Parkverwaltung wird alles getan, die Tiere – unter ihnen auch der »Florida-Panther«, eine Unterart des Pumas, der Rotluchs, der Fischotter und die Seekuh als Vertreter der gut 40 Säugetierarten sowie der Mississippi-Alligator, das Spitzkrokodil und allein 16 Schildkrötenarten – im Nationalpark zu erhalten. Gleichzeitig sind Spezialtrupps mit Kettensägen, Macheten und »umweltverträglichen« Herbiziden damit beschäftigt, exotische Pflanzen an weiterer Ausbreitung und Verdrängung einheimischer Arten zu behindern: Brasilianischer Pfeffer und eine australische Nadelbaumart namens *Melaleuca quinquenervia* gehören in den Everglades wie andernorts das Indische Springkraut und die Eukalyptusbäume zu den bei Naturschützern am wenigsten geschätzten Pflanzen. Der Pfeffer kam von allein, die Nadelbäume wurden eingeführt. Beide werden inzwischen, neben weiteren »Neubesiedlern«, als ernste Gefahr für die Flora der Everglades angesehen.

Das Sumpfkaninchen, der Waschbär und das Neunbinden-Gürteltier (Seite 182 von oben nach unten) gehören zu den kleineren Säugetieren, die auch in oder nahe bei den charakteristischen Bauminseln, den »hammocks« (unten), anzutreffen sind. Bis zu 120 verschiedene Baumarten mit einer Unzahl schöner Luftpflanzen wachsen auf diesen erhöhten Eilanden im »Meer des Grases«.

Im Wald der Apachen schneit es Vögel

Wir trauen unseren Augen nicht. Obwohl wir darauf vorbereitet sind, hier viele Vögel zu sehen, halten wir die große weiße Fläche aus der Ferne zunächst für ein verschneites Feld. Rund herum auf den Bergen nämlich liegt Schnee, und in der Nacht hat es gefroren. Doch warum ist nur dieser eine Geländeteil völlig weiß? Als wir das gemietete Auto zum Stehen gebracht und die Seitenfenster heruntergedreht haben, brauchen wir nicht mehr zum Fernglas zu greifen: Der vermeintliche Schnee ist ein Meer aus Federn. Tausendfaches Gegocker klingt uns aus einer Entfernung von knapp einem Kilometer entgegen. Das muß ein guter Teil der 38 000 Schneegänse sein, die hier, laut Anzeigetafel am Eingang zum Reservat, zur Zeit überwintern. Da stehen die Vogelleiber, dichtgedrängt, hektarweise in einem Maisfeld beisammen. Bilder aus Ungarn, wo Mastgänse in großen Scharen in der Pußta geweidet werden, tauchen kurz in der Erinnerung auf. Doch sie verblassen ebenso schnell wie die zum Vergleich herangezogenen Eindrücke von den Zugvogelscharen aus dem nord- und ostfriesischen Wattenmeer. Dem mitteleuropäischen Beobachter erscheint diese Zusammenballung von Vogelleibern hier im Südwesten der Vereinigten Staaten von Amerika absolut gigantisch.

Morgenstimmung über einem der Gewässer, auf dem Schneegänse und Kanadakraniche die Nacht verbracht haben. Wenn es in der Nacht gefroren und sich eine Eisschicht gebildet hat, dauert es eine gute Weile bis nach Sonnenaufgang, bevor sich die Vögel Bewegung verschaffen und zur Nahrungssuche auf die Felder fliegen.

Wir rollen behutsam näher. Es ist unser erster Morgen im *Bosque del Apache*, dem

berühmten National Wildlife Refuge (nationales »Refugium« für Wildtiere; bei uns in Deutschland kommt dem das Naturschutzgebiet nahe) am Rio Grande in Neu-Mexiko. Gut 100 Kilometer südlich von Albuquerque, der bevölkerungsreichsten Stadt des fünftgrößten US-Bundesstaates, haben wir vor dem Morgengrauen, gegen fünf Uhr, unser Motel in dem 8000-Seelen-Ort Socorro verlassen. Eine halbe Stunde vor Sonnenaufgang wird der Schlagbaum am einzigen Einlaß zum Reservat geöffnet. Und eine halbe Stunde dauert auch die Fahrt von Socorro durch das Tal des Großen Flusses (Rio Grande), der auf seinem Weg in den Golf von Mexiko den Bundesstaat Neu-Mexiko in zwei Hälften teilt.

Auf dem knapp 25 Kilometer langen »Tour loop« für Autos im 24 000 Hektar (genau: 57 191 acres) großen Reservat kommen wir schon bald nicht mehr recht voran. Umrahmt von einer grandiosen Bergkulisse mit orangefarbenem Himmel im Osten, führt uns der feste Sandweg sogleich an die ersten ausgedehnten Wasserflächen. Eine Gruppe

großer, langbeiniger Vogelsilhouetten sorgt für einen ausgiebigen Halt: Kanadakraniche – mehr als 12 000 versammeln sich hier von November bis Februar. Wir wollen erleben, wenn sie ihren Kopf aus dem Gefieder ziehen, wollen wissen, wann die Vögel den jungen Tag begrüßen und wie sie ihre erste Morgenstunde gestalten. So kommt es, daß wir erst lange nach dem faszinierenden Sonnenaufgang am wolkenlosen »Western-Himmel« und nach vielen aufregenden Beobachtungen, die uns immer wieder anhalten lassen, das Gänseheer entdecken.

Während wir uns Meter für Meter heranarbeiten, entdecken wir in der Masse der weißen Leiber einige blaugraue. Beide Farbvarianten der Schneegänse sind hier also vertreten. Unentwegt landen kleine und größere Trupps am Rand der riesigen Schar. Sie kommen, wie wir später erfahren, vom Äsen auf den umliegenden Feldern.

Rund 300 Meter mögen uns vom nächstmöglichen Standort auf der Straße zur gefiederten Versammlung und etwa 500 Meter zu ihr selbst noch trennen, als das laute Stimmengewirr für einen Moment abebbt und dann schlagartig anschwillt. Sekunden später geht unter ohrenbetäubendem Lärm eine weiße Wand vor uns hoch. Zwischen und hinter den nahezu senkrecht startenden Gänsestaffeln sind mehrere dichte Pulks kleinerer dunkler Vögel auszumachen: Enten unterschiedlicher Art gehen ebenfalls in die Luft. Wir haben sie in dem teils gemähten, teils auf dem Halm stehenden Mais gar nicht gesehen. Es müssen ebenfalls Tausende sein. Flügelrauschen und Rufen, in immer neuen Wellen aufsteigende, schwingenschlagende Vogelleiber – akustisch wie optisch haben wir derartig Überwältigendes noch nicht erlebt. Haben wir die Fluchtdistanz unterschritten? Wir wundern uns allerdings dar-

»Great Blue Heron« heißt der Amerikanische Graureiher in seiner Heimat (Seite 186 oben). Wie er, das Löffelentenpaar (Seite 186 unten) und die Kanadagänse (unten) verbringen viele Vogelarten den Winter in der National Wildlife Refuge Bosque del Apache.

Seiten 188/189: Mehr als 40 000 Schneegänse überwintern in manchen Jahren am Rio Grande und erfüllen mehrmals am Tag die Luft mit ihren Rufen, wenn sie in großen Scharen zwischen den Äsungsplätzen hin- und herfliegen oder von einem Adler aufgescheucht werden. Die Vögel brüten in der arktischen Tundra, viele in Sibirien. Um in ihre Winterquartiere nahe der mexikanischen Grenze zu gelangen, müssen sie viele tausend Kilometer zurücklegen. Entlang der »flyways« finden sie eine Reihe von Schutzgebieten, in denen sie rasten können. Auf dem Foto sind unter den vielen weißen Gänsen auch einige Vögel, deren Gefieder schiefergrau bis bläulich gefärbt ist. Beide »Farbphasen« gehören derselben Art an.

über, daß die Gänseketten ganz dicht über unser Auto hinwegstreichen und selbst dann weiter in dieser Richtung starten, als wir aussteigen und sie ins Visier der Kamera nehmen. Ein Wirrwarr ohnegleichen am Himmel. In mitunter atemberaubenden Manövern vermeiden immer wieder einzelne Vögel im letzten Augenblick einen Zusammenstoß. Gelegentlich hören wir, wie Schwingen aneinanderschlagen. Dann werden die Kreise geschlossener, die Flugformationen geordneter. Doch statt – wie von uns erwartet – Abstand zu uns und zwei weiteren inzwischen ankommenden Autos zu gewinnen, winkeln die ersten rotschnäbeligen Gänse ihre schwarzweiß-gezeichneten Schwingen abwärts, ziehen zwei, drei Landekurven und gehen mit nach vorn gestreckten Füßen zu Boden. Erregend wie der Start setzt daraufhin eine Massenlandung mit Kapriolen von mitunter einmaliger Komik ein. Gut fünf Minuten hat das Schauspiel gedauert, dann sitzen alle Gänse wieder dort, von wo sie aufgeflogen sind.

An uns kann es also nicht gelegen haben. So fahren wir denn auch noch näher heran. Keine besondere Unruhe der Vögel. Immer haben etliche den Hals in die Höhe gestreckt, während die Mehrzahl nach Maiskörnern sucht. Ein Teil der etwa 25 000 hier versammelten Gänse (die Zahl nennt uns ein später vorbeikommender Refuge-Ranger) ruht auf einem benachbarten Sturzacker. Das tausendfache Gockern in unterschiedlichen Stimmlagen gehört als permanente Geräuschkulisse dazu. Keine zehn Minuten später: Mit einem Ruck gehen alle Köpfe nach oben, für einen Moment erstirbt jeder Ton. Und dann scheint der Leibhaftige erneut in die Menge zu fahren.

Erst nach der dritten Geflügelexplosion begreifen wir, was los ist. Am blauen Februarhimmel, gegen den sich die weißen Gänse im Flug so herrlich abheben, kreist ein Steinadler. Jedesmal, wenn er die Flügel zusammenklappt und aus einer Höhe von mehreren hundert Metern zum Sturzflug ansetzt, gibt es den geballten Gänse- und Entenstart. Irgendwann schafft es eine geschwächte Gans nicht mehr, rechtzeitig in die Luft zu kommen – dann schlägt der Adler sie am oder kurz über dem Boden.

Bei rund 40 000 Gänsen (neben den Schneegänsen überwintern im *Bosque del Apache* zwischen 1000 und 2000 Kanadagänse) und mehr als 20 000 Enten (unter denen die Stockenten neben 14 weiteren Arten den Hauptteil ausmachen) fällt für die Greifvögel reichlich Beute ab. Außer den Steinadlern, die von den nahen Chupadera-Bergen herüberstreichen, halten sich in jedem Winter bis zu einem Dutzend Weißkopfseeadler im Reservat auf. Der Wappenvogel der Vereinigten Staaten kommt – wie die meisten seiner Beutevögel – aus dem Norden. Weitere Krummschnäbel unter den hier beobachteten 290 Vogelarten: der Wanderfalke, der Präriefalke, der Merlin, der Sperber sowie mehrere Habicht- und Bussardarten.

Allein dieser Vogelreichtum – neben einer erklecklichen Zahl von Säugetierarten, Kriechtieren, Lurchen und Insekten – hat *Bosque del Apache* zu einem der interessantesten unter den gut 500 amerikanischen National Wildlife Refuges werden lassen. Doch mancher der jährlich 80 000 Besucher kommt in erster Linie wegen eines ganz besonderen Vogels: Seit dem Winter 1975/76, 40 Jahre nach der Einrichtung des Schutzgebietes, läßt sich hier der Schreikranich beobachten. Mit den zeitweise 15 bis 20 Vertretern von *Grus americana*, die sich seit Mitte der siebziger Jahre – zunächst in zunehmender, nach 1985 aber in schwindender Zahl – in jedem Herbst für etwa vier Monate im Schutzgebiet einstellen, hat es eine besondere Bewandtnis. Sie sind »Ziehkinder« von Kanadakranichen und kommen mit ihren Ersatzeltern aus dem 1200 Kilometer nördlich gelegenen Reservat *Grays Lake* in Idaho. Bunte Plastikringe an ihren Ständern zeugen von einer beispiellosen Rettungsaktion für die seltenste der 15 Kranicharten dieser Erde. 1941 gab es auf dem ganzen Kontinent nur mehr 21 Schreikraniche, die zur Zeit der Besiedelung Nordamerikas durch die Weißen noch weit verbreitet waren. 1994 waren es immerhin schon wieder gut 150 freilebende »Amerika-Kraniche«.

Die meisten der großen weißen Vögel brüten im kanadischen *Wood Buffalo National Park* und überwintern im *Aransas National Wildlife Refuge* an der texanischen Küste des Golfs von Mexiko. Seit 1975 bemühen sich kanadische und amerikanische Biologen in staatlichem Auftrag, eine zweite freilebende Population der Vögel aufzubauen: Sie entnehmen in jedem Frühjahr den Nestern im *Wood Buffalo National Park* jeweils eines der beiden Eier (sofern beide befruchtet sind, was durch eine Schwimmprobe der Eier im Wasser getestet wird) und bringen die zerbrechliche Fracht im Flugzeug zu verschiedenen Einrichtungen. Bis 1992, als die Naturschützer ihre Strategie änderten, gelangte ein Teil der »geraubten« Kranicheier ins 1500 Kilometer südwestlich gelegene Idaho. Hier wurden sie einigen der im Schutzgebiet *Grays Lake* zeitgleich brütenden Kanadakraniche untergeschoben – pro Nest ein Ei.

Mit ihrem langen Schnabel holt die Bekassine Würmer aus dem Boden (oben). Zwischen der Riesenkanadagans und der Zwergkanadagans gibt es einen erheblichen Größenunterschied.

Im Herbst ziehen die Schreikraniche im Gefolge der etwas kleineren Kanadakraniche von *Grays Lake* über Colorado nach Neu-Mexiko. Manche fliegen sogar bis nach Mexiko, das 200 Kilometer südlich von *Bosque del Apache* beginnt. Die »Rocky-Mountains-Population«, wie sie genannt wird, hat einen Vorteil: Ihr Winterquartier liegt nur 1200 Kilometer südlich vom Brutgebiet. Die Entfernung zwischen dem *Wood Buffalo National Park* und Aransas indes beträgt fast 4000 Kilometer. Der Hin- und Rückzug dauert mithin erheblich länger und birgt mehr Gefahren. Das war auch die ausschlaggebende Idee für die viele Millionen Dollar teure, aber mangels Erfolges im Jahr 1992 in dieser Form eingestellte Aktion gewesen: durch eine zweite, unabhängige Vogelgruppe das Risiko zu mindern, daß die gesamte Art durch ein Unglück oder eine infektiöse Krankheit untergeht.

Das Unternehmen hat die Hoffnungen der vielen amerikanischen Vogelfreunde, insbesondere der Mitglieder der Whooping Crane Conservation Association – WCCA (Vereinigung für die Erhaltung des Schreikranichs), nicht erfüllt: Die Schreikraniche von *Grays Lake* beziehungsweise *Bosque del Apache* wollten partout nicht brüten. Abgesehen davon, daß es mehr Männchen als Weibchen gab, scheinen selbst die bis heute überlebenden, von den Kanadakranichen aufgezogenen »Whoopers« (die amerikanische Kurzbezeichnung für »Whooping Crane«) keine Lust zur Verpaarung untereinander zu haben; aufgrund einer Fehlprägung, wie einige Wissenschaftler meinen. Zu einer gemischten Ehe zwischen Kanada- und Schreikranich ist es hingegen gekommen, sogar mit einem aufgezogenen »Kanadaschreikranich«. Die letzten Überlebenden des Versuchs ziehen übrigens nach wie vor in jedem Herbst und Frühjahr zwischen den beiden Gebieten hin und her, doch auf eine »saubere« Familiengründung warten die Ornithologen weiterhin vergebens.

Seit 1993 richten sich neue Hoffnungen auf eine nichtziehende Population von Schreikranichen in Florida. Dort hat die Art früher gelebt. Dank günstigem Klima und genügendem Nahrungsangebot während des ganzen Jahres sollen die Schreikraniche hier »Standvögel« gewesen sein, wurden aber, wie fast überall in den Vereinigten Staaten und in Kanada, durch Jagd und Lebensraumzerstörung ausgerottet.

Mit der Hilfe von Nachzuchten in Gefangenschaft, aber auch durch das Ausbrüten von Eiern, die weiterhin in jedem Frühjahr in begrenzter Zahl den Nestern der wildlebenden Kraniche im *Wood Buffalo Nationalpark* entnommen werden, soll sich im Südosten der Vereinigten Staaten mit Hilfe von gezielten »Wildlife-Management«-Maßnahmen nun das einstellen, was im Südwesten ausgeblieben ist: eine überlebensfähige und irgendwann sich selbst vermehrende Population von *Grus americana*. Von den ersten der 1993 freigelassenen Schreikranichen wurde der größere Teil allerdings in den ersten Wochen von Raubwild gerissen. Die im Forschungs- und Aufzuchtzentrum des U. S. Fish- and Wildlife Service in Patuxent bei Washington D. C. geschlüpften und hochgepäppelten Tiere waren auf das gefahrvolle Leben in der Wildbahn nicht genügend vorbereitet, und die Sicherungsmaßnahmen in Florida reichten nicht aus. Mit der zusätzlichen Hilfe der International Crane Foundation (ICF) in Baraboo, Wisconsin, und des Zoos von Calgary im kanadischen Alberta sind die Nachzuchtbemühungen verstärkt worden.

Und damit es nicht zur Inzucht kommt, wurden 1994 die Gelege der freibrütenden Kraniche im Norden Kanadas erneut um dreizehn Eier erleichtert. Da bei den Schreikranichen in freier Wildbahn fast immer nur ein Junges von einem Paar aufgezogen wird, nimmt die Wildpopulation durch den Eiertransfer keinen Schaden.

Einstweilen genießt *Bosque del Apache* immer noch wegen der wenigen großen weißen Vögel, die aus dem braunen Heer der Kanadakraniche (von denen sich hier drei Unterarten im Winterquartier treffen) hervorstechen, ganz besondere Aufmerksamkeit innerhalb eines großartigen und auf der Erde bisher einmaligen Systems von staatlichen Schutzgebieten, in denen auch ein gewisses Maß an Nutzung zugelassen ist. Im Jahr 1903, 31 Jahre nach der Gründung des ersten Nationalparks (*Yellowstone* in Wyoming), wurde eine kleine Pelikaninsel in Florida von Präsident Theodore Roosevelt zum ersten National Wildlife Refuge (NWR) erklärt. Im Jahr 1994 genießen 501 Gebiete, etwa 37 Millionen Hektar Land und Wasser, in 49 Bundesstaaten den besonderen Status der »Refugien«. Zwar ist der Schutz der Natur in diesen Gebieten nicht ganz so umfassend wie in den 50 US-Nationalparks, doch wäre es ohne sie um die freilebende Tier- und Pflanzenwelt in Nordamerika wesentlich schlechter bestellt.

Der Buntfalk (Amerikanischer Turmfalke) fliegt von einem luftigen Ansitz in die Tiefe, sobald er ein Beutetier entdeckt hat; der Rennkuckuck verfolgt seine Beute in schnellem Lauf (beide auf Seite 192). Der männliche Berghüttensänger, sowohl Brutvogel als auch Wintergast in Neu-Mexiko, fällt schon von weitem durch sein leuchtend blaues Gefieder auf (oben).

Der aus dem Norden für die Wintermonate zugeflogene Raubwürger lebt allein (oben), der Rotschulterstärling (Seite 195 oben) verbündet sich im Winter mit seinesgleichen zu einer riesigen Schar. Abends suchen mitunter mehrere tausend einen Baum zum Übernachten auf (Seite 195 unten). Im Hindergrund überschreiten drei Kanadakraniche den Weg.

Die Mehrzahl der NWR-Areale wird vom U. S. Fish- and Wildlife Service verwaltet, der im Washingtoner Innenministerium angesiedelt ist. Ihre Größe reicht von weniger als 4000 Quadratmetern bis zu acht Millionen Hektar, und sie dienen besonders den Wasservögeln. So sind viele entlang der nord-südlichen Zugwege, der »flyways«, angelegt: An der Ost- und Westküste des Kontinents, entlang des Mississippi und am östlichen Rand der Rocky Mountains ziehen alljährlich Millionen von Gänsen, Enten und Schnepfenvögeln zwischen ihren nördlichen Brutgebieten und den südlichen Winterquartieren hin und her. Ihnen folgen viele Greifvögel. Ungezählte Kleinvögel reisen ebenfalls auf diesen Zugstraßen und nutzen die Schutzeinrichtungen. Im *Bosque del Apache* zählen wir in wenigen Tagen knapp 40 Singvogelarten – einige, wie die Stärlinge, in Schwärmen zu mehreren tausend.

Ein Teil der rund 40 000 Schneegänse vom *Bosque del Apache* kommt von der sowjetischen Wrangel-Insel nahe der Beringstraße, ein anderer Teil stammt von der Southampton-Insel in der Hudson Bay. Sie stellen eine Minderheit unter den mehr als zwei Millionen Schneegänsen dar, die sich in jedem Winter über die südlichen USA verbreiten. Zum Ausbau des NWR-Netzes haben die vielen Wasserwild-Jäger in den USA kräftig beigetragen. Um jagen zu dürfen, müssen sie »duck stamps« (Enten-Briefmarken) kaufen. Die 7,50 Dollar pro Marke – jedes Jahr mit einem anderen künstlerischen Motiv – werden zur Sicherung von Feuchtgebieten und deren Pflege verwendet. Seit Einführung der »duck stamps« im Jahr 1934 kamen bis 1993 819 Millionen Dollar zusammen. Doch die NWRs leben auch von anderen Zuschüssen und von Eintrittsgeldern. 2500 Menschen arbeiten ständig in ihnen, während der Ferienzeiten kommen Studenten und freiwillige Helfer hinzu.

Im Winter sind die »Ranger« auch damit beschäftigt, die Jagd in den Nationalrefugien zu kontrollieren. Denn in bestimmten Zonen der Schutzgebiete – und das ist einer der wesentlichen Unterschiede zu den Nationalparks – darf gejagt werden. Im *Bosque* del Apache, wo zu bestimmten Jahreszeiten auch Wachteln und Wildtauben, Wildkaninchen und Maultierhirsche geschossen werden dürfen, kommen in jedem Februar etwa 1000 Schneegänse zur Strecke. Die Zahl der zum Abschuß freigegebenen Vögel richtet sich nach der Gesamtzahl der Wintergäste. Jäger, die sich um einen Platz in einem der 20 Ansitze bewerben und ausgelost werden, müssen einen besonderen Kurs absolvieren und einen Test bestehen: Unter 25 vorgeführten Dias müssen sie schnell entscheiden, ob sie die abgebildeten Vögel schießen dürfen oder nicht. Dabei geht es in erster Linie um das richtige »Ansprechen« der Schreikraniche, die trotz des Größenunterschiedes leicht mit Schneegänsen verwechselt werden können, da ihr Gefieder ähnlich gefärbt ist.

Vier mal vier Tage dauert eine Schußzeit, und bis zu 60 Jäger sitzen morgens an, um von Sonnenaufgang bis um zehn Uhr höchstens fünf Gänse mit höchstens zehn Stahlgeschossen zu erlegen. Die zu dritt in jedem Schirm ausharrenden Flintenträger werden von einem nahen Turm überwacht. Nähert sich ein Schreikranich dem Ort der Kanonade, verordnen die Refuge-Wärter über Funksprechgeräte eine Feuerpause. Wer will da noch von Jagd sprechen?

Durch die enge Begrenzung der Schießzone werden die Vögel nicht übermäßig beunruhigt. Die schlauen Gänse haben schnell herausgefunden, wo ihnen Gefahr droht, und lassen sich auch nach kurzer Zeit nicht mehr durch die aufgestellten Attrappen zur Landung verführen. Dort, wo Mais, Sorghum, Weizen und Luzerne für die Tiere angebaut werden – auf insgesamt fast 600 Hektar –, fällt ohnehin kein Schuß. Farmer aus der Umgebung des Schutzgebietes helfen bei der Naturschutzarbeit mit: Sie bestellen die Felder und erhalten dafür zwei Drittel des Ertrages, ein Drittel ist für die Tiere bestimmt.

Die Feldbewirtschaftung soll die Vögel davon abhalten, zu starke Schäden auf dem freien Farmland anzurichten. Daneben spielt die Wasserbewirtschaftung im Schutzgebiet eine besondere Rolle. Die Manager fluten im Winter weite Geländeteile und schaffen damit große Ruheflächen für Gänse, Enten und Kraniche. *Bosque del Apache* (der »Wald der Apachen« hat seinen Namen nach den vielen Pappeln, die im Flußbecken des Rio Grande wachsen) ist ein gutes Beispiel für erfolgreiches »water management«, wie es in vielen der National Wildlife Refuges betrieben wird: Im Frühling und Sommer, wenn die Vogelmassen in ihre Sommerstandorte gezogen sind, werden die Flachseen abgelassen. Ihr Wasser kommt dann den Feldern zugute. Auch im Sommer, so verheißt der Prospekt, sei *Bosque del Apache* ein lohnendes Ziel für »birdwatchers«, für Vogelbeobachter. Wir glauben es gern, können es uns aber nicht schöner vorstellen als am ersten Februarabend, den wir hier nach einem langen Tag voller Beobachtungen erleben: In nicht abreißenden Ketten fliegen gockernd die Gänse von weit her ein. In langen Keilen folgen ihnen mit dem unverwechselbaren »Kroo, Kroo« zu Tausenden die Kanadakraniche, um sich im knapp knietiefen Wasser dicht beieinander für die Nacht einzurichten. Selbst Anfang März noch, wenn sich die Gefiederten auf den weiten Weg nach Norden machen, müssen sie hier aufpassen, daß ihnen die Füße nicht festfrieren.

Die jährliche Überschwemmung bringt das Leben

Das Gesicht des alten Silvio Falcao de Araújo sieht aus wie ein kleines Relief der Landschaft, in der er lebt. Die vielen Falten in der sonnengebräunten Haut und manche Narbe zeugen von einem harten Leben auf dem Pferderücken in einem Land, das durch Flüsse, Bäche, Kanäle, durch Seen und Lagunen gekennzeichnet ist. Doch der Vergleich wird beiden nicht gerecht: weder dem eindrucksvollen Aussehen des 75jährigen Fazeinderos noch der größten Wasser- und Sumpflandschaft ganz Amerikas, dem etwa 150 000 Quadratkilometer (15 Millionen Hektar) umfassenden Pantanal im Südwesten Brasiliens. Diese auf der Erde einmalige Wildnis endet nicht an den Staatsgrenzen. Ihre größte Ausdehnung findet sie in den brasilianischen Bundesstaaten Mato Grosso und Mato Grosso do Sul (beide zusammen sind mehr als dreimal so groß wie die Bundesrepublik Deutschland); mit 1,2 Millionen Hektar reicht sie aber auch nach Bolivien und mit 400 000 Hektar nach Paraguay hinein.

Der Wilde Westen von Brasilien wird diese Gegend auch genannt, und damit sind nicht nur ihre Unzugänglichkeit und ihr Wildreichtum gemeint. Viehzüchter nutzen den größten Teil des flachen Landes, von dem alljährlich mehr als zwei Drittel überschwemmt werden und dessen Ausdehnung deshalb auch mit unterschiedlichen Maßen (bis zu 200 000 Quadratkilometern) angegeben wird. Einige der Fazendas, der Viehfarmen, haben kaum vorstellbare Ausmaße. Auf den 240 000 Hektar der Fazenda Bodoquena etwa weiden 70 000 Rinder. Besitzungen zwischen 5000 und 10 000 Hektar gelten als klein; ihre Eigentümer führen ein bescheidenes Leben.

Silvio Falcao und seine drei Söhne gehören zu den Letztgenannten. Auf der Fazenda Boa Vista gehören ihnen »einige mehr als tausend Tiere«, bei deren Betreuung sie von drei berittenen Helfern unterstützt werden. Obwohl wir als Fremde kommen, nicht einmal angemeldet sind und außer einem Gruß von einem Bekannten nichts mitbringen, ist der Empfang herzlich. Bei einem Schluck Wasser tragen wir unseren Wunsch vor, etwas über das Pantanal von jemandem zu hören, der hier sein ganzes Leben verbracht hat. Wir konnten keinen besseren Gesprächspartner als Silvio Falcao finden, dessen Familie schon in dritter Generation Viehzucht betreibt. Einer seiner Söhne war uns als ein besonderer Kenner der Wildbahn genannt worden, der uns vielleicht einiges zeigen könne.

Seit im Jahr 1973 die Transpantaneira, als Teilstück einer von Norden nach Süden durchs Pantanal konzipierten Straße, zwischen dem Städtchen Poconé und dem Ufer des Rio Cuiabá als Schotterdamm fertiggestellt wurde, kommt hin und wieder schon einmal Besuch nach Boa Vista. Es wird noch Jahre dauern, bis die Transpantaneira bei Porto Jofre den Rio Cuiabá überquert und nach Corumba in Mato Grosso do Sul, unmittelbar an der bolivianischen Grenze, führt. Dann wird es mehr Verkehr zwischen Cuiabá, der Hauptstadt Mato Grossos, und dem Süden geben. Einstweilen dient die staubige Piste, die während der Regenzeit und noch Wochen danach überschwemmt und unbefahrbar wird, neben dem geringen regionalen Verkehr der touristischen Erschließung des nördlichen Pantanals: Angler

und Naturbeobachter machen den größten Teil der Autoreisenden aus, die sich der rund 130 Kilometer langen Straße mit ihren mehr als 100 Holzbrücken anvertrauen. Für viele Pantaneiros hingegen ist neben dem Pferd immer noch das mit Stangen vorangestakte Boot ein wichtiges Verkehrsmittel.
Einige Kilometer hinter Poconé gibt es hinter einem großformatigen Schild, das den Anfang der Transpantaneira verkündet und an die schon fast legendäre Transamazonica im Norden erinnert, einen Kontrollposten. Die großkalibrigen Pistolen der beiden Beamten, denen wir die Gepäckstücke und den Kofferraum unseres Mietwagens zeigen müssen, hängen wohl nicht nur zum Spaß an ihren Hüften. In dieser Gegend wird noch häufig scharf geschossen. Der Besitzer des kleinen Hotels, in dem wir die Nacht zuvor verbracht haben, kann ein trauriges Lied davon singen: Erst sechs Wochen zuvor wurde sein einundzwanzigjähriger Sohn 200 Meter vom Hotel entfernt erschossen. Diejenigen aber, denen die Kontrolle am »Tor zum Pantanal« in erster Linie gilt, werden hier nicht gefaßt. Sie sind zu gut organisiert und gehen ihren illegalen Geschäften bereits zu lange erfolgreich nach. Und wer den jährlich auf viele Millionen Dollar geschätzten Umsatz von Wilderern, Schmugglern und Hehlern stört, muß schlimmstenfalls mit einer Kugel rechnen. In den vergangenen zwölf Jahren haben mehr als 50 Menschen, unter ihnen Polizisten und Wildschutzbeamte, ihr Leben in einer Schießerei verloren.
Im Pantanal geht es seit vielen Jahren um Krokodilleder. Genauer: um die Häute der hier bis vor kurzem noch zu Millionen lebenden Brillenkaimane, der Jacarés. Die Haut der Tiere ist eine begehrte Handelsware. Bis 1967 durfte in Brasilien allgemein gejagt werden, und damals gab es einige Gerbereien im Pantanal, in denen neben Kaimanhäuten auch die Felle von Jaguar und Capybara, dem größten Nagetier der Erde (auch unter dem Namen

Sokoi-Reiher, nahe Verwandte des Graureihers, haben ihre Nester in die Krone eines rosa blühenden Ipébaumes gebaut. Von dort starten sie zu ihren Nahrungsflügen, die sie in die weite Überschwemmungslandschaft des Cerrado mit seinen vielen in unterschiedlichen Farben leuchtenden Pflanzen führen. Die rosa, rot und gelb blühenden Ipébäume geben dabei eine besonders schöne und für das Auge des Europäers ungewohnte Kulisse ab (Seiten 200/201).

Das Weibchen des Schneckenweihs hat eine Apfelschnecke im Wasser erbeutet und ist auf dem Nest eines Töpfervogels gelandet, um mit seinem stark gebogenen spitzen Schnabel die Schnecke aus ihrem Gehäuse zu ziehen (oben). Karakaras oder Caranchos, die zu den Geierfalken zählen, sind auch im Pantanal »Hans Dampf in allen Gassen« (unten).

»Wasserschwein« bekannt) verarbeitet wurden. Doch die Brillenkaimane waren damals noch nicht so begehrt. Erstens gab es am Amazonas und in anderen Gebieten viel mehr und leichter zu erbeutende Artgenossen, und zweitens war den Häuten der Brillenkaimane mit dem damaligen Können der Gerber schwer beizukommen. Erst eine in Deutschland entwickelte Technik ermöglichte es später, das Leder weich und »tragefreundlich« zu machen. Doch da war es für eine legale Ausbeutung zu spät. Aus Sorge um die rasch dahinschwindenden Wildbestände im Zuge der stürmischen Besiedlung und zunehmenden ökologischen Zerstörung ihres Landes verbot die brasilianische Regierung zunächst die Jagd und trat als einer der ersten südamerikanischen Staaten dem Washingtoner Artenschutzübereinkommen bei. Damit war auch der Handel mit gefährdeten Arten freilebender Tiere und Pflanzen mit einem Bann belegt.

Doch das Pantanal ist wie geschaffen dafür, Gesetze zu umgehen. Da ist die Unwegsamkeit, die der Tierwelt auch nach der – sehr lückenhaften – Besiedlung durch den Menschen viel Lebensraum und ein weitgehend ungestörtes Dasein ließ. Und da ist die Nähe zu Bolivien und Paraguay. Beides machten sich Wildererbanden mit immer größerem technischem Aufwand zunutze. Mit Booten und Flugzeugen kommen sie nachts und schießen die Kaimane im Kegel von starken Stabscheinwerfern zusammen. Die Gruppen von acht bis zwanzig Mann arbeiten mitunter eine bis zwei Wochen hintereinander, verstecken sich tagsüber und töten nachts. In wenigen Minuten sind die erschossenen oder erschlagenen Tiere abgehäutet. Meistens werden nur die wertvollen »Westen« genommen, zur besseren Haltbarkeit eingesalzen und in Zwischenlagern deponiert. Dann werden sie mit größeren Booten oder mit Flugzeugen abtransportiert. Zeitweilig haben die Wilderer sogar Hubschrauber eingesetzt. Ihre Operationen wurden derart frech, daß sich sogar die Bundesregierung wiederholt herausgefordert fühlte. Auf Ersuchen des Staates Mato Grosso do Sul schickte sie Bundespolizei und Militär, um gegen die Banditen vorzugehen. Doch es kam genauso wie bei vorausgegangenen Einsätzen regionaler Behörden: Die Wilderer waren offenbar gewarnt; nur ein paar kleinere »Fische« gingen ins Netz. Die Naturschutzbehörden sind verzweifelt. Ihnen ist bekannt, daß die Verquickungen von Wilderei, Hehlerei, Kokain- und Waffenschmuggel über die verschiedenen Grenzen hinaus bis in höchste Etagen reichen. (In Paraguay laufen viele Fäden zusammen, nach dort reichen auch die Wurzeln manches trüben Geschäfts mit der Bundesrepublik Deutschland. Ähnliches gilt für Bolivien. Obwohl beide Staaten auch das Washingtoner Artenschutzübereinkommen unterzeichnet haben, kommen von hier in großer Zahl gefälschte Bescheinigungen.) Gefaßt oder gar erschossen werden allenfalls die illegalen Jäger, die für wenige Cruzeiros hart arbeiten und ihr Leben aufs Spiel setzen. Die Hintermänner, zu denen sogar einflußreiche Fazendeiros gehören sollen, die ihre kleinen Privatflugplätze zur Verfügung stellen (zum Teil auch aus Angst), bleiben mangels Beweisen oder dank guter Verbindungen unbehelligt.

Auf 500 000 bis zwei Millionen Kaimanhäute pro Jahr schätzten brasilianische Behördenvertreter in den achtziger Jahren die illegale Beute. Die Viehzüchter bemerkten den Rückgang der Echsen an ihren Rinderherden: Weil immer weniger Brillenkaimane die Piranhas dezimieren, vermehren sich die gefürchteten Raubfische unnatürlich stark. Mit Vorliebe fressen die in Schwärmen lebenden Piranhas den Kühen, wenn diese Wasser durchqueren, Teile ihrer Euter ab, was bestenfalls eine Notschlachtung zur Folge hat. Viele Kühe allerdings gehen auf diese Weise verloren, indem sie irgendwo kläglich verenden.

Nicht nur die Wilderer, denen sich mancher Pantaneiro (Bewohner des Pantanals) aus finanzieller Not für einige Monate im Jahr zugesellt, bringen das Gleichgewicht in der Natur durcheinander. Die Viehzucht und die Landwirtschaft verändern das Antlitz der von einem besonderen Wasserkreislauf geprägten Urlandschaft immer stärker. Obwohl Pantanal im Portugiesischen Moor und Sumpf bedeutet, ist das »Pantanal Matogrossense« etwas anderes. In diesem größten Binnenlanddelta Amerikas, vielleicht sogar der Erde, sammelt sich das Wasser vieler Flüsse, fließt der Regen von den Hängen der rundherum gelegenen Gebirge und Höhenzüge wie in einer Bratpfanne zusammen. Der Rio Paraguay, der Rio Sao Lourenco, der Rio Cuiabá und die vielen anderen Ströme mit ihren weitverzweigten Nebenflüssen treten schon bald nach dem Beginn der Regenzeit im September über ihre Ufer. Da ihr Gefälle ganze drei Zentimeter auf einen Kilometer beträgt, können sie schon bald die Wassermassen nicht mehr zügig genug abtransportieren, so daß ein Landstrich nach dem anderen unter ihnen versinkt. Der Erdboden ist wie im Cerrado, dem Savannen- und Steppengebiet Brasiliens, sandig. (Daher zählt das Pantanal als besondere Landschaftsform auch zum Cerrado.)

Doch mit den Wassermassen werden Sedimente eingeschwemmt, so daß sich immer wieder eine feine Humusschicht bildet – Nährstoffe für Tier- und Pflanzenleben. Alle zehn bis zwölf Jahre kommt es zu einer besonders heftigen Überschwemmung, bei der bis zu 90 Prozent des Landes für mehrere Monate unter dem Wasser verschwinden.

Von einem Termitenhügel blickt ein Paar Kanincheneulen dem Eindringling in sein Revier entgegen. Die an Steinkäuze erinnernden Vögel sind, anders als die meisten anderen Eulenarten, besonders bei Tage aktiv. Sie brüten in Erdhöhlen.

Auf dem Stumpf eines hohen Palmenstammes hat ein Weißhalsibis Posten bezogen. Er brütet nicht, wie viele seiner Verwandten, in großen Kolonien, sondern einzeln oder in kleinen Gruppen, deren Mitglieder ihre nicht sehr aufwendig gebauten Nester mit genügendem Abstand zueinander im Geäst von Bäumen errichten.

Dann gibt es nicht nur große Verluste unter den Landsäugetieren, vom Ameisenbär bis zum Jaguar, sondern auch unter dem Vieh der Fazendeiros. Ein Großteil der Herden wird ins höher gelegene Umland getrieben, doch dort reicht in der Regel das Futter für die Zeit der Überbrückung nicht aus. So sank der Rinderbestand als Folge großer Überschwemmungen zwischen 1976 und 1983 von sieben auf vier Millionen Tiere im Pantanal. Auch danach gab es immer wieder starke Schwankungen.

Kein Wunder, daß die Besitzer der großen Fazendas alles daransetzen, die Gewalt der Überschwemmungen zu mindern. Nachdem etliche von ihnen kräftig dazu beigetragen haben, daß die natürlichen Filter und Rückhalteflächen für das Wasser immer kleiner werden, indem sie die Wälder entlang der Flüsse abgeholzt haben und viele der inselartig wachsenden Wälder mit ihrem Artenreichtum an buntblühenden Bäumen inmitten des Cerrados niedergebrannt und gerodet haben, um noch mehr Weideflächen zu gewinnen oder Felder anzulegen, bauen sie Kanäle und errichten sie Dämme, um das immer stärker aus dem natürlichen Zyklus geratene Wasser nach ihrem Willen zu lenken. In manchen Gegenden ist das Wasser begehrt, denn dort wird – entgegen den ursprünglichen Vorgaben der Natur – in vermehrtem Umfang Reis angebaut. In den Randzonen des Pantanals wurde in der Vergangenheit von Jahr zu Jahr mehr Landfläche umgewandelt: Aus Wald- und Grasflächen des Cerrados, jahrhundertelang allenfalls extensiv genutzt, entstanden mit Hilfe der modernen Agrartechnik riesige Felder, auf denen Sojabohnen und Getreide wachsen.

Kunstdünger und chemische Pflanzenschutzmittel werden ebenso von diesen Feldern ins Pantanal geschwemmt wie der einer zunehmenden Erosion ausgesetzte Erdboden, der nicht mehr von der ursprünglichen Pflanzendecke gehalten wird. Die Folge: Das Wasser, das sich über dem Pantanal ausbreitet, ist mit immer mehr Schadstoffen belastet; nicht zuletzt auch mit Quecksilber, das vom Goldwaschen stammt. Darüber hinaus verändern sich die Fließwege des Wassers durch immer mehr Sedimente, und ehemals fruchtbare und fischreiche Senken versanden. Ein komplexes Ökosystem, das Jahr für Jahr einem natürlichen Prozeß unterworfen ist und sich damit zwar auch immer wieder verändert, wird vom Menschen nunmehr so stark beeinflußt, daß der ehemals natürliche Reichtum an Pflanzen- und Tierarten immer schneller schwindet.

Das merken wir, als wir fünf Jahre nach dem ersten Besuch bei Silvio Falcao de Araújo in der Nähe der Transpantaneira wiederkommen und wochenlang – diesmal von Corumba aus – kreuz und quer durch das Pantanal streifen: mit dem Geländewagen, mit dem Boot, zu Fuß und zu Pferd. Unter kundiger Führung, damit wir nicht verlorengehen und die Orte finden, an denen all das zu sehen ist, was das Pantanal auszeichnet.

Da ist zunächst der immer noch große Vogelreichtum. Zwar gibt es hier im Vergleich zum Amazonasgebiet mit seinen 1800 verschiedenen Arten »nur« 600 Vogelarten, doch ist ihre Individuenzahl um ein Vielfaches höher. Zur Zeit der Überschwemmungen versammeln sich Hunderttausende von Gefiederten zur Brut im Pantanal, denn dann ist sowohl für die Vegetarier als auch für die Insekten- und Fischfresser der Tisch reich gedeckt. Neben den besonders auffälligen einheimischen Reihern, Ibissen, Störchen, Enten, den eigentümlichen Wehrvögeln, Tukanen, Aras, Greifvögeln wie Karakara und Schneckenweih, zahlreichen Kleinvögeln wie Töpfervogel und einem halben Dutzend verschiedener Eisvögel begegnen wir hier vielen Zugvögeln aus Nord- und Mittelamerika, die das Pantanal als Rast- und Überwinterungsgebiet nutzen.

Jede Art für sich beeindruckt uns. Und jede Art verdiente es, ihr eine längere Beschreibung zu widmen. Doch hier soll der längste unter den gefiederten Pantanalbewohnern stellvertretend für die vielen anderen Vögel, die wir beobachtet und fotografiert haben, einer ausführlichen Betrachtung unterzogen werden: Er ist der erste Großvogel, zu dessen Nest uns Pedro, der älteste Sohn von Silvio Falcao, führte. Später sehen wir noch wiederholt Brutstätten des Jabirus, und immer wieder ist es aufregend, dem Geschehen rund um den mächtigen Horst des Großstorchs zuzuschauen:

Schon einige Minuten bevor in der Luft ein singend-sausender Ton auf- und abschwillt, hat sich auf dem riesigen Nest ein großer Vogel erhoben. Wie ein Scherenschnitt wirkt der Jabiru gegen den Horizont. Der südamerikanische Großstorch legt seinen Kopf für einen Moment schräg nach hinten, um besser nach oben blicken zu können. Von dort ertönt das an Lautstärke zunehmende Windgeräusch. Schließlich entdeckt auch der Beobachter dessen Verursacher

Wo sich Fische in den schrumpfenden Gewässern konzentrieren, sind schnell mehrere Großvogelarten im Pantanal beisammen, um in edlem Wettstreit auf Jagd zu gehen. Die großen schwarzköpfigen Jabirus, die Waldstörche mit nicht ganz so dunklen Köpfen, Rosalöffler, Silberreiher und die kleineren Schmuckreiher haben hier eine nahrungsreiche Überschwemmungsfläche in der typischen Cerrado-Landschaft des Pantanals entdeckt.

Das große Nest des Jabirus, auf dem ausladenden Ast eines großen Baumes errichtet, ist mehrere Kilometer weit zu sehen. Während ein Vogel die noch kleinen Jungen wärmt, steht der Partner daneben und leistet ihm Gesellschaft.

am Himmel: In ellipsenförmigen Bögen schraubt sich ein zweiter Jabiru fast sturzflugartig aus großer Höhe herab. Die mächtigen Schwingen sind nur leicht angewinkelt, die langen Beine hängen – in den Fersengelenken ein wenig eingeknickt – nach unten und baumeln bei einer abrupten Wendung des Körpers hin und her. Immer wieder korrigiert der schneeweiße Vogel mit dem dunklen Kopf und dem roten Halsring seinen Sinkflug, wobei die Hand- und Armschwingen in der durch sie hindurchstreifenden Luft, je nach Flügelstellung und Geschwindigkeit, mal rauschende, mal singende und mal fast pfeifende Töne erzeugen.

Je näher der Jabiru dem im flachen Überschwemmungsland einzeln stehenden Brutbaum kommt, desto weiter werden die Kreise. Schließlich landet er in nahezu waagerechtem Anflug auf der gut 150 Zentimeter hohen Nistburg, die ihren Halt in einer starken Astgabel hat. Mit leisem Klappern der wuchtigen Schnäbel und einigen sanften Grunzlauten begrüßt sich das Paar. Dabei treten die beiden Störche vorsichtig auf der Nestplattform umher. Platz genug haben sie, denn der Durchmesser eines mehrjährigen Jabirunestes wie diesem kann leicht zwei Meter und mehr betragen. Aber der angekommene Vogel bleibt zunächst im Randbereich des Nestes stehen. Nach einer kurzen Erholungspause senkt er Kopf und Schnabel und beginnt, zwischen seinen geöffneten Schnabelhälften Nahrung auf den Nestboden hervorzuwürgen.

Die Jungen, die der andere Altvogel nun mit kleinen Brocken zu füttern beginnt, können erst etwa eine Woche alt sein, denn nur gelegentlich ragt ein wackelndes Köpfchen für einen Augenblick über den Nestrand. So dauert die Speisung der Küken zu Beginn ihres Lebens länger als eine halbe Stunde. Später schlingen die meist zwei bis drei, seltener vier Jabirujungen das von den Eltern herangetragene Futter im Wettstreit untereinander in wenigen Minuten hinunter.

Der Vogel, der die Küken bewacht und ihnen abwechselnd Schatten und Wärme gespendet hat – es ist das etwas kleinere Weibchen –, wird beim Füttern bald vom Männchen abgelöst. Kurz darauf breitet das Jabiru-Weibchen die Flügel aus und verläßt den Horst. Abwärtssegelnd fliegt es gut 200 Meter weit an den Rand einer flachen Überschwemmungsfläche, die noch vor zwei Wochen wesentlich größer und tiefer war. Dort ordnet es erst einmal in aller Ausführlichkeit mit der Schnabelspitze sein Gefieder, das es zwischendurch immer wieder kräftig ausschüttelt. Auf diese Weise befreien sich die Vögel von Ungeziefer und allerlei Parasiten. Mit eingezogenem Hals steht das Jabiru-Weibchen nach der Gefiederpflege eine gute halbe Stunde bewegungslos und ruht sich aus.

Ein Dutzend Rosalöffler, die nahe bei ihm im seichten Wasser landen, machen es munter. Flügelstrecken, Gefiederschütteln, ein weißer Kotstrahl schräg nach hinten, einige Schritte auf den langen Beinen, dann ein hüpfender Anlauf, dabei die ersten Flügelschläge, und nach etwa zehn Metern hebt der große Vogel ab. Jetzt hält er den schwarzen ungefiederten Kopf nach vorn gestreckt, und am Hals leuchtet der nackte Hautring kräftig auf. Die dunklen Beine weisen gestreckt nach hinten.

»Aufgeblasen mit dem Wind« nennen die Indianer ihren Tululú, der Ähnlichkeit mit den drei Marabu-Arten in Indien und Afrika hat. Mit diesen, dem Asien-Großstorch und dem in Afrika beheimateten Sattelstorch bilden sie innerhalb der weltweit verbreiteten 17 Storchenarten die Untergruppe der Groß- oder Riesenstörche. In der Reihenfolge der Größe steht der von Mittelamerika bis ins nördliche Argentinien verbreitete *Jabiru mycteria* an dritter Stelle in der Familie, wenngleich die Angaben für seine Körperlänge von 110 bis 150 Zentimetern schwanken. Allerdings gibt es auch vom Jabiru einige Unterarten und Rassen, von denen nicht alle das von dem 1992 gestorbenen deutschstämmigen Ornithologen Helmut Sick in der Ornitologia Brasileira vermerkte Gewicht bis acht Kilogramm und die Spannweite bis zu 260 Zentimetern erreichen.

Das Jabiru-Weibchen gewinnt mit weit klafternden Schwingenschlägen schnell an Höhe und beginnt dort, wo Aufwinde den Flug erleichtern, in Spiralen weiter nach oben zu segeln. In der Nähe des Horstbaumes, wo zu Beginn der etwa fünfwöchigen Brutzeit das

Der Jabiru ist fast doppelt so groß wie sein naher Verwandter, der Maguari-Storch. Beide sind auf gute Wasserstände während der Aufzucht ihrer Jungen angewiesen. Sollte das Hidrovia-Projekt, das als Folge der Begradigung und Vertiefung der Flüsse Paraná und Paraguay ein schnelles Abfließen des Überschwemmungswassers aus dem Pantanal nach sich ziehen würde, verwirklicht werden, hätte das katastrophale Folgen für die meisten Tiere.

Die Pantaneiros, Bewohner des Pantanals, leben mit und von der Natur. Doch in den letzten Jahren kommen immer mehr Sportfischer und holen mit modernen Geräten mehr Fische aus den Gewässern als sie essen können und als der Naturhaushalt verträgt. Von nachhaltiger Nutzung, wie sie dieser Arbeiter einer Fazenda betreibt, ist dann keine Rede.

Wasser noch als Folge der Regenzeit und der damit verbundenen Überschwemmungen auf vielen Flächen 20 bis 40 Zentimeter hoch stand und damit ideale Jagdgründe bot, sind die Nahrungsquellen mittlerweile weitgehend ausgetrocknet. Jabirus als geübte Langstreckenflieger kommen noch am besten unter den Vögeln zurecht, wenn das Wasser nicht mehr überall und reichlich erscheint oder schneller abfließt und verdunstet. Die Großstörche, die als einzige in ihrer Familie ein rein weißes Gefieder tragen, brüten auch schon mal zur Trockenzeit und legen dann ebenfalls große Entfernungen zwischen ihrem Brutplatz und der Nahrungsquelle zurück.

Um herauszufinden, wo es was zu holen gibt, schraubt sich der Jabiru nicht selten so hoch, daß er für das menschliche Auge unsichtbar wird. Aus einer Höhe von mehr als 3000 Metern können die Vögel noch sehr gut feststellen, wo sich für sie geeignete Fischgründe anbieten. Werden diese in einem Gebiet knapper, sammeln sich an den verbleibenden Wasserflächen viele Vogelarten – neben Reihern, Löfflern und Ibissen auch zwei andere in Südamerika lebende Storcharten, der Amerika-Waldstorch (*Mycteria americana*) und der Maguari-Storch (*Ciconia maguari*). Wenn mitunter mehrere hundert große, hellbefiederte Vögel dicht beieinander stehen oder umherlaufen, wirkt das auf andere wie ein Magnet. So ist dann manches schrumpfende Gewässer nach kurzer Zeit leergefischt.

Jabirus überragen die übrigen fischenden Vogelarten nicht nur um Haupteslänge. Sie fallen auch durch ihre Jagdmethode auf. Während sie durch das Wasser schreiten, tauchen sie immer wieder ihren Schnabel ruckartig hinein. Dadurch wollen sie ihre Beute erschrecken und zur Flucht bewegen, um das oft erst daraufhin entdeckte Opfer zu packen. Immer wieder läßt sich beobachten, wie sich mehrere Jaribus zu einer Jagdgesellschaft zusammenschließen und in einer Art Streife Fische, kleine Kaimane, Schildkröten und Schlangen ans Ufer treiben, wo sie dann leichter zu erwischen sind. Manches Beutetier wird mehrfach kräftig gegen einen Ast geschlagen, bevor es zwischen den Schnabelhälften verschwindet. Wie die Marabus, mit denen sie auch in der Gestalt Ähnlichkeit haben, ernähren sich Jaribus zeitweilig von totem Fisch und anderem Aas. An einer verwesenden Kuh versammeln sich bisweilen neben Geiern Dutzende von Jaribus. Sie gelten daher in Südamerika auch als Gesundheitspolizisten. Auf ihren Suchflügen nach Nahrung entfernen sie sich mehr als 30 Kilometer vom Nest.

In vielen Gegenden Südamerikas sind die Gleitflieger immer häufiger genötigt, große Strecken zurückzulegen, um satt zu werden oder Futter für ihre Jungen heranzuschaffen. Zunehmend fallen Bruten aus, oder Paaren gelingt es nicht, ihren Nachwuchs großzuziehen. An immer mehr Orten verändert der Mensch den natürlichen Wasserhaushalt großer Landstriche mit katastrophalen Folgen für die von Überflutungszyklen abhängigen Lebensgemeinschaften. Wie in Westeuropa der Weißstorch zum Bio-Indikator geworden ist und sein Ausbleiben als ernst zu nehmender Hinweis auf die Verarmung der Landschaft gewertet wird, so sehen südamerikanische Ornithologen und Naturschützer im Rückgang des Jaribus eines von vielen Warnsignalen. Die landwirtschaftliche Erschließung, insbesondere für den ökologisch verhängnisvollen Sojabohnen-Anbau, weiter Flächen im Einzugsbereich des Pantanals hat schlimme Auswirkungen auf das Schicksal der Jaribus, die Stellvertreterfunktion für alle vom Wasser abhängigen Tiere haben. Da fallen die Jaribus, die mancherorts, wie etwa in Amazonien, illegal gejagt werden, weil ihr Fleisch so gut wie das von Gänsen schmecken soll, kaum ins Gewicht. Der geplante Ausbau der Flüsse Paraguay und Paraná indes, gegen den sich langsam eine internationale Front von Naturschützern mit guten Argumenten aufbaut, würde das Ende nicht nur für viele Jaribus bedeuten. Dieser Großangriff auf das Pantanal, an dessen Vorbereitung die Länder Brasilien, Paraguay, Uruguay und Argentinien schon seit Jahren arbeiten, um eine durchgängige binnenländische Schiffsverbindung von einigen tausend Kilometern zu schaffen, ein Projekt namens »Hidrovia«, zu dessen Verwirklichung Gelder der großen internationalen Banken notwendig sind, würde das größte Überschwemmungsgebiet der Erde mit seiner einmaligen Flora und Fauna nachhaltig verändern und in weiten Teilen zerstören. Durch die Vertiefung, Begradigung und Verbreiterung von Flußabschnitten geriete nach Meinung vieler Fachleute das sensible natürliche Be- und Entwässerungssystem im Pantanal weiträumig aus den Fugen.

Einen Durchmesser von über zwei Metern können die Blätter der Seerose Victoria regia *erreichen. Sie gehört zu den vielen besonderen Pflanzen des Pantanals, die mit den Wasserschwankungen leben. Unter ihrem schattenspendenden Blätterdach gedeiht eine vielfältige Unterwasserfauna.*

Noch ist das Pantanal nicht verloren. In einer der vom brasilianischen Fernsehen in zahllosen Folgen mit großem Erfolg gezeigten »Seifenopern« ist der »Garten Eden Brasiliens« zu einem Begriff für die ganze Nation geworden. Neben den in den vergangenen Jahren in wachsender Zahl entstandenen nichtstaatlichen Naturschutzorganisationen im größten Land Südamerikas, etliche von ihnen in den »Pantanal-Staaten« Mato Grosso und Mato Grosso do Sul, haben sich auch prominente Brasilianer als Fürsprecher des Pantanals engagiert. Internationale Naturschutzorganisationen wie IUCN (Internationale Naturschutz-Union), der WWF und Birdlife International sowie die nordamerikanische Audubon Society stärken die Front der Verteidiger.

Bei jeder schweißtreibenden Tagestour, die uns immer weiter ins Herz des Pantanals führt, machen wir neue Entdeckungen. Unser einheimischer Führer kennt fast alle Vaqueiros, die berittenen Hirten der Fazendas und ihrer Außenposten. Sie bieten uns nicht nur an, in ihrer Nähe unser Zelt aufzuschlagen oder unsere Hängematten zwischen den Pfosten einer überdachten Veranda zu befestigen, sondern sie führen uns zu Plätzen, wo wir einige der seltenen Tierarten des Pantanals sehen: den bedrohten Sumpfhirsch etwa oder den bis zu 200 Kilogramm schweren Brasilianischen Tapir. Beide Arten sind auf die Nähe von Wasser angewiesen. Zum einen leben sie von Pflanzen, die auf nassem Untergrund gedeihen; zum anderen

Der Riesentukan (Seite 210) beim Verzehr von Baumfrüchten; der Hyazinthara (oben) und der Grünflügelara (unten) gehören zu den farbenprächtigsten Großvögeln Brasiliens.

Um den Sumpfhirsch, (unten und Seite 213), vor der Ausrottung zu retten, hat der WWF mehrere Jahre ein Schutzprojekt im Pantanal gefördert. Damit gelang es, den geringen Bestand zu stabilisieren und unter den Landbesitzern einige zu gewinnen, die die Tiere nunmehr von der Jagd verschonen. Dennoch werden sie immer wieder gewildert. Auch vom Weidevieh übertragene Krankheiten sind für den größten südamerikanischen Hirsch ein Problem.

ziehen sie sich bei Gefahr, etwa wenn ihnen der Jaguar nachstellt, so weit ins Wasser zurück, daß sie darin fast vollständig verschwinden. Vom Tapir schaut mitunter nur mehr der vordere Teil des Rüssels in die Luft, so daß er so gut wie unsichtbar ist. Der Pantanalhirsch taucht gelegentlich ebenfalls so weit ins feuchte Element ein, daß nur mehr ein Teil des Kopfes und – beim männlichen Tier das Geweih – zu sehen sind. Auch zur Kühlung und zum Schutz gegen Insekten nehmen die Tiere lange Bäder. Weit spreizbare Schalenhufe machen es ihnen möglich, selbst auf weichem Untergrund voranzukommen, ohne einzusinken.

Der Pantanalhirsch, eine Unterart des Südamerikanischen Sumpfhirsches, galt lange bei Jägern als eine besonders erstrebenswerte Beute und geriet dadurch an den Rand der Ausrottung. Obwohl streng geschützt, wird er heute immer wieder gewildert. Wir werden in einer fast halbtägigen Fahrt mit einem Geländewagen, bei der wir mindestens zwei Dutzend Zaundurchfahrten öffnen und schließen müssen, von dem Verwalter einer Fazenda und einem seiner Reitersleute in ein Gebiet geführt, das uns wie ein besonderer Teil vom Paradies innerhalb der ohnehin schon menschenleeren und tierreichen Landschaft vorkommt: In einer Lagune von immenser Ausdehnung scheint die halbe Bewohnerschaft des Pantanals versammelt zu sein. Auf der Fläche von mehr als 300 Hektar sehen wir nacheinander 22 Pantanalhirsche, darunter fünf Geweihte. Mindestens 200 Capybaras, die auch als »Wasserschweine« bezeichneten größten Nagetiere der Erde, mehr als die doppelte Zahl von Brillenkaimanen, Nasenbären an den trockenen Rändern und Vögel über Vögel sind hier völlig ungestört.

»Dieses Gebiet betreten wir nur ganz selten«, sagen uns die Führer. »Hier soll nach dem Wunsch des Fazendeiros absolute Ruhe herrschen. Weder Rinder noch Pferde dürfen hier weiden, und wir schauen nur ab

Eine zu den Wehrvögeln zählende Tschaja mit fünf wenige Tage alten Jungen (rechts); Stelzenläufer und – in der Mitte – Cayenne-Kiebitze in Alarmstellung vor einer Anakonda-Riesenschlange im Wasser (unten); ein Rallenkranich bei der Suche nach Wasserschnecken (Seite 215 oben) und Brillensichler (Seite 215 unten): Immer wieder wartet das Pantanal mit neuen Vogelarten auf.

und zu aus der Ferne nach dem Rechten, daß hier nicht etwa Wilderer herkommen.« Doch das Gebiet liege strategisch so günstig, daß sich eigentlich niemand ungesehen dieser Lagune nähern könne. Es sei denn, es mache jemand gemeinsame Sache mit einigen der Hirten auf der mehr als 80 000 Hektar großen Fazenda, was woanders schon vorgekommen sei. Die von Wasserhyazinthen bewachsene Wasserfläche, die jetzt im Juli schon stark zusammengeschrumpft ist, wird von gelb und rosa bis fast rot blühenden Bäumen umsäumt. Ein kleiner, etwas rückwärts liegender Wald erscheint allerdings eher weiß als grün im Kronendach. Hier hat sich eine Kolonie von mehr als 200 Waldstörchen zum Brüten eingerichtet. Da die Jungen schon ziemlich groß sind, herrscht ein reger Fütterungsbetrieb. Keiner der Altvögel geht in der großen Lagune vor der Kolonie auf Nahrungssuche, sondern alle kommen von weither mit vollem Kehlsack angeflogen.

Truthahngeier sind allgegenwärtig im Pantanal (oben); auch die zu den Großfußhühnern zählenden Hokkos blicken gern von Bäumen über Land und Wasser (Seite 217 oben). Die flugunfähigen Nandus (unten) und die mit den Kranichen verwandten Seriemas (Seite 217 unten) verlassen sich da lieber auf ihre langen Beine und bleiben am Boden.

Wenn wir hier lange genug – das heißt mehrere Tage und Nächte – verweilen würden, bekämen wir vielleicht auch die »onca pintada«, den Jaguar, zu Gesicht. Die große, gefleckte Raubkatze, deren Anblick in freier Wildbahn uns bisher versagt geblieben ist, hat unter den Menschen stark gelitten und wird weiterhin, weil sie Kälber und Kühe reißt, von den Viehzüchtern gnadenlos verfolgt: sowohl nach alter Pantaneiro-Art mit Hunden und einem besonderen Spieß, der »zagaia«, als auch mit Fallen, Gewehren und sogar mit Gift. Regelrechten Strychninfeldzügen fielen zeitweise auch weit harmlosere Bewohner des Pantanals zum Opfer: Aus Angst, sie würden dem Vieh das Gras wegfressen und Krankheiten übertragen, töteten die Landbesitzer unzählige Capybaras. Dabei bringen die bis zu 50 Kilogramm schweren Riesennager, die in Familienverbänden einen Großteil ihres Lebens im Wasser verbringen, vielleicht in absehbarer Zeit den Fazendeiros

Das Capybara oder Wasserschwein ist das größte Nagetier (Seiten 218/219: ein Weibchen mit drei Jungen); verschiedene Affenarten (rechts ein Brüllaffenweibchen), Nasenbären (unten), Flachlandtapire (Seite 221 oben) und Große Ameisenbären (Seite 221 unten) gehören zu den Säugetieren, die im Pantanal anzutreffen sind.

mehr Ertrag als ihr Vieh. Die Tiere, die bereits in anderen südamerikanischen Ländern auf weitläufigen Farmen unter wildbahnähnlichen Bedingungen gehalten werden, liefern schmackhaftes Fleisch und wertvolles Leder. Schon heute leben auf den Ländereien der Fazendas im Pantanal im Schnitt dreimal so viele Capybaras wie Rinder.

So gehört denn auch zum Konzept der mit dem Schutz des Pantanals befaßten Behörden, den Fazendeiros Wege aufzuzeigen, wie sie ihr Land möglichst im Einklang mit den im Pantanal geltenden besonderen Naturgesetzen nutzen können. Neben Capybaras sollen auch Brillenkaimane gezüchtet werden, womit sich das Problem der Wilderei auf längere Sicht vielleicht von selbst erledigen würde. Die Fischerei könnte ebenfalls einen wichtigen Stellenwert in einem ökologisch ausgerichteten Nutzungskonzept haben.

Bislang sind lediglich 137 000 Hektar im *Pantanal Matogrossense Nationalpark* unter Schutz gestellt. Aber selbst die mit seiner Verwaltung befaßten Stellen bemängeln, daß es kaum eine Infrastruktur gebe, um das als viel zu klein angesehene Gebiet zu schützen.

Der Nationalpark müsse um ein Mehrfaches seiner jetzigen Ausdehnung vergrößert werden, die Ausstattung mit Personal und Material bedürfe noch einer merkbaren Aufstockung. Ohne solche Maßnahmen sei die einmalige Funktion des Pantanals als »ökologisches Reservoir« keinesfalls zu erhalten, heißt es auch von seiten der beiden zuständigen Behörden des Staates Mato Grosso do Sul für Umwelt und Naturschutz, SEMA und INAMB.

Während der *Pantanal Matogrossense Nationalpark* kaum zugänglich ist, hat sich entlang der Transpantaneira ganz von selbst eine Art Pantanalzoo mit hohem Anschauungswert für Touristen entwickelt. Zwischen Oktober und Mai, wenn immer noch gut zwei Drittel des Pantanals unter Wasser versinken und auch die Transpantaneira streckenweise verschwindet, gleicht ihr Damm einer Arche Noah. Hier sammeln sich neben Kühen und Pferden für einige Zeit viele Wildtiere.

Wenn die große Überschwemmung im Juni zurückgegangen ist, bleibt für längere Zeit noch Wasser in den großen Vertiefungen beiderseits der aufgeschütteten Fahrbahn. Dort und in den Flüssen, über die mitunter recht wackelige Brücken führen, konzentrieren sich mit den Fischen große Vogelscharen und viele Brillenkaimane. Und gar nicht so selten läßt sich hier auch eine der bis zu sechs Meter langen Anakondas (Wasserschlangen) sehen.

Sie wird meistens durch aufgeregte Rufe von

Gut zweieinhalb Meter lang kann der Brillenkaiman werden. Wo die Tiere gewildert wurden, bleiben nur Köpfe und Gerippe in Massen zurück (unten).

Vögeln angekündigt. Zur großen Seltenheit indes sind im Pantanal die Riesenottern geworden. Auch sie wurden zu lange und zu intensiv verfolgt, in erster Linie wegen ihres Fells.

Die Tiere entlang der Transpantaneira bleiben so lange nach der Überschwemmung vertraut, bis sie von undisziplinierten Touristen durch Steinwürfe oder schlimmere Störungen derart belästigt und daraufhin so scheu werden, daß sie sich aus der Sicht- und Wurfweite von Menschen zurückziehen – zum Nachteil der Mehrheit naturinteressierter Beobachter, die gerade die friedvolle Nähe zu den freilebenden Tieren suchen. Doch gerade in Südamerika trifft man nicht eben selten auf »Freizeitabenteurer«, für die es der größte Spaß zu sein scheint, in der Natur möglichst großen Schaden anzurichten.

Mehrere Dutzend junger Brillenkaimane sind vom sonnigen Ufer ins Wasser »geglitten« und warten darauf, daß das Auto mit dem Fotografen verschwindet.

Pro Tamar – für die Meeresschildkröten

Die schwergewichtige Suppenschildkröte – der deutsche Name ist eine Beleidigung für *Chelonia mydas*, die zweitgrößte Meeresschildkröte – weiß nicht so recht, was sie davon halten soll. Monatelang hat die zu den Reptilien gehörende Schildkröte in einem kleinen runden Wasserbecken der Station von Praia do Forte, 75 Kilometer nördlich von Salvador an der Ozeanküste des brasilianischen Staates Bahia, gelebt. Immer wieder war sie im Kreis geschwommen, an die hellblau gestrichene Wand des Beckens gestoßen. Obwohl sie hier gut mit Nahrung versorgt wurde, wie rund ein Dutzend weiterer Schildkröten in den benachbarten Becken ebenfalls, war das nicht das Schicksal, das Maria Angela und Guy Guagni dei Marcovaldi ausgerechnet dieser großen Meeresschildkröte zugedacht hatten. Vor mehr als einem halben Jahr war die fast ausgewachsene Schildkröte in einem Fischernetz gelandet und halbtot an den Strand gebracht worden. Zehn Jahre zuvor wäre das Tier in den Suppentöpfen der in der Nähe des Strandes wohnenden Familien gelandet, und der Rückenpanzer wäre in Salvador für eine Handvoll Cruzeiros verkauft worden. Damals hätte man den Fischern nicht einmal einen Vorwurf machen können. Die Meeresschildkröte wäre als im Netz ertrunken angesehen worden, und von der großen Gefährdung ihrer Art wußte hier, an der brasilianischen Meeresküste, Anfang der achtziger Jahre niemand etwas.

Das hat sich seit 1980 grundlegend geändert. Seitdem gibt es das Projekt TAMAR. Die fünf Buchstaben stehen für »Tartarugas Marinhas«, die portugiesische Bezeichnung für Meeresschildkröten.

Nachdem die beiden Ozeanographen 1979 vom Brasilianischen Institut für Waldentwicklung, IBDF, das damals für Naturschutzprojekte aller Art im südamerikanischen Staat zuständig war, den Auftrag erhalten hatten, entlang der brasilianischen Küste die Situation der Meeresschildkröten zu erforschen und in einem Bericht darzustellen, wie es um ihren Schutz bestellt ist, wurde schnell klar, daß dringender Handlungsbedarf für Schutzmaßnahmen bestand. Das Ehepaar Marcovaldi hatte mit einigen Mitarbeitern herausgefunden, daß – ähnlich wie an anderen Küstenabschnitten der Erde – die Meeresschildkröten extrem gefährdet sind. Überall wurden die Tiere gefangen und getötet, ihr Fleisch und ihr als Schildpatt gefragtes Horn des Panzers verkauft. Besonders begehrt sind seit jeher auch die Eier der Meeresschildkröten. Die Weibchen kommen in regelmäßigen Abständen an bestimmte sandige Küstenabschnitte, um hier eine Grube zu graben, zwischen 30 und 100, mitunter sogar noch mehr Eier hineinzulegen und diese dann von der Sonne ausbrüten zu lassen. Die Gelege, die leicht zu finden sind, indem man entweder die Schildkröten bei der nächtlichen Eiablage beobachtet oder am nächsten Morgen ihren Spuren im Sand folgt, gelten in süd- und mittelamerikanischen wie in asiatischen Ländern als gehaltvolles Nahrungsmittel.

»Die Marcovaldis«, wie sie in Naturschutzkreisen seit langem bekannt sind, hatten Feuer gefangen. Die brasilianischen Behörden hätten kein besseres Paar finden können, um die Lage der Meeresschildkröten zu erforschen. Für die beiden jungen Leute stand nach Abgabe ihres Berichtes fest, daß sie sich dieser Aufgabe künftig in vollem Umfang widmen würden. Seitdem haben sie Beachtliches geleistet.

Die gut 160 Kilogramm schwere Suppenschildkröte vor uns, deren immer noch gebräuchlicher Name an eine unsägliche Tradition erinnert, der die Art fast vollständig zum Opfer gefallen wäre, streckt ihren kleinen Kopf hin und her und prüft die völlig veränderte Umgebung. Statt in dem kleinen Becken im Kreis herumzuschwimmen, hat sie plötzlich Sand unter den Flossen, und ihr Blick ist nicht mehr von einer blauen Wand begrenzt. Erkennen wird sie nicht viel an diesem weiten, herrlichen Strand, denn ihre kleinen Augen sind nicht fürs scharfe Sehen an Land eingerichtet, doch die veränderten Lichtverhältnisse und der feste Untergrund werden vielleicht Erinnerungen an die Zeit vor ihrer Gefangenschaft in ihr wachrufen. So dauert es auch nur wenige Minuten, bis sie sich zum etwa 30 Meter entfernten Flutsaum auf den Weg macht. Die Spur, die sie auf dem leicht abfallenden Strand im Sand hinterläßt, gleicht den Kettenabdrücken eines Panzers. Wir stehen mit den Marcovaldis und zwei Helfern in der späten Nachmittagssonne und freuen uns an dem Ereignis. Eine weibliche Meeresschildkröte kehrt in ihr Element zurück und wird hoffentlich in einem der nächsten Jahre wiederkommen, um irgendwo ihr Nest zu graben und einen Haufen weißer runder Eier hineinzulegen.

Immer wieder verharrt die »Grüne Schildkröte« (so der neue deutsche Name in Anlehnung an die englische Bezeichnung »green ridley«), als könne sie es noch nicht fassen, daß sie wieder in Freiheit ist. Aber sie muß auch Kraft schöpfen, denn das Laufen an Land ist sie nicht gewohnt, und der Panzer drückt auf Leib und Lunge. Wie alle Meeresschildkröten verbringt sie fast ihr ganzes Leben im Wasser. Nur die Weibchen kom-

Wie in wohlgeordneten Beeten eines Gartens wachsen unter der Erdoberfläche junge Meeresschildkröten in den Eiern zum Schlüpfen heran. Zwischen 50 000 und 100 000 junge Schildkröten kriechen allein in Praia do Forte, Bahia, alljährlich aus dem Sand (unten). Bis sie zu einer stattlichen »Grünen Meeresschildkröte« (Suppenschildkröte) herangewachsen sind (Seiten 226/227), vergehen einige Jahre.

Früher brachten die Fischerboote an der brasilianischen Atlantikküste von ihren nächtlichen Fangfahrten manche Meeresschildkröte mit an Land. Die Tiere waren wegen ihres Fleisches und des Schildpatts begehrt. Heute arbeiten die Fischer im Projekt TAMAR *kräftig mit. Sie haben langfristig mehr von den großen Reptilien, wenn sie zu deren Erhaltung beitragen.*

men, nachdem sie geschlechtsreif geworden sind, bis zu dreimal in einer »Legeperiode« nachts für wenige Stunden an Land, um ihre Eier abzulegen. Ob das jährlich oder im Abstand von mehreren Jahren geschieht, ist noch nicht erforscht und bei den einzelnen Tieren und den verschiedenen Arten sicherlich auch nicht gleich. Kurz bevor das große Tier die erste ausrollende Welle erreicht hat, hält es noch einmal inne. Um es zu verabschieden, sind wir ganz nahe an das urweltartig wirkende Reptil herangetreten. Das letzte Foto soll gemacht werden. Die Meeresschildkröte nimmt uns wahr. Vermutlich ist sie durch ihren langen Aufenthalt in der Zucht- und Schauanlage des Projekts TAMAR, unterhalb des Leuchtturms von Praia do Forte, an die Nähe von Menschen gewöhnt. Doch selbst wenn sie sich vor Menschen schützen wollte, so könnte sie nicht das tun, was die meisten Landschildkröten in einem solchen Fall machen: sich völlig mit ihrem Rückenschild bedecken.

Meeresschildkröten können ihren Kopf und ihre Beinflossen nicht unter den Panzer zurückziehen und sich damit weitgehend unangreifbar machen. Weglaufen können sie erst recht nicht, dazu bewegen sie sich am Strand viel zu langsam. Daher sind sie auch durch größere Beutegreifer (Raubtiere) und erst recht durch den Menschen an Land verwundbar.

Es scheint so, als würde die Meeresschildkröte noch einige Male kräftig atmen, dann trägt sie ihren schweren Körper mit ihren kurzen Flossenbeinen der nächsten Woge entgegen, läßt sich einmal überspülen, geht bei ablaufendem Wasser weiter, und als die nächste Welle über ihren Panzer rollt, hat sie schon »abgehoben«. Noch einmal sehen wir kurz ihren Panzer aufglänzen, danach bleibt sie verschwunden. »Vielleicht erfahren wir einmal, wo sie wieder an Land kommt oder, was natürlich schlimm wäre, wo sie gefangen wird«, sagt Guy dei Marcovaldi. Die kleinen Klammern aus rostfreiem Stahl mit einer Kennzeichnung, die von den Mitarbeitern des Projekts TAMAR an den vorderen »Flossenfüßen« angebracht sind, sollen Rückschlüsse über die Wanderungen der Meeresschildkröten geben. Zwei besonders interessante Rückmeldungen zeigen, daß die Meeresschildkröten, wie immer vermutet wurde, lange Reisen unternehmen. Mehr als 6000 Kilometer hatte eine Unechte Karettschildkröte (*Caretta caretta*) zurückgelegt, bevor sie 1989 in einem Fischernetz bei den Azoren landete. Drei Jahre zuvor war sie an der brasilianischen Küste markiert worden. Eine an der westafrikanischen Küste bei Dakar gekennzeichnete Schildkröte legte vier Monate später am Strand von Bahia ihre Eier ab.

Bei unserem ersten Besuch in Praia do Forte, im Juli, haben wir Glück. Mehrere zwei- bis fünfjährige Schildkröten, die in der Aufzuchtstation für einige Zeit gehalten worden sind, sollen in die Freiheit entlassen werden. Einige waren von Fischern gebracht, einige sind hier als winzige »Schlüpflinge« behalten worden. Als wir gemeinsam mit Maria und Guy dei Marcovaldi in einem Motorboot in See stechen, sind alle fünf Arten der Meeresschildkröten, die an der brasilianischen Küste vorkommen, mit von der Partie: die Echte Karettschildkröte (*Eretmochelys imbricata*), die Unechte Karettschildkröte (*Caretta caretta*), die Bastardschildkröte (*Lepidochelys*

olivacea), die Lederschildkröte (*Dermochelys coriacea*) und die Grüne Schildkröte beziehungsweise Suppenschildkröte (*Chelonia mydas*). An dem 1000 Kilometer langen Küstenabschnitt, der von den TAMAR-Projektmitarbeitern betreut wird, kommen somit alle Arten vor, die es in zwei Familien (eine wird von der Lederschildkröte allein gebildet) in der Ordnung der Meeresschildkröten gibt. Von der Grünen Meeresschildkröte leben im Ostpazifik und vor Australien zwei weitere Unterarten (*Chelonia depressa* und *Chelonia agassazi*), die Bastardschildkröte ist ebenfalls in einer weiteren Form (*Lepidochelys kempi*) vertreten. Manchmal werden diese drei als eigene Arten gewertet; dann gäbe es acht Arten der Meeresschildkröten.

Nachdem Guy und Maria dei Marcovaldi herausgefunden hatten, wie wichtig gerade die brasilianische Atlantikküste für den Bestand der Meeresschildkröten ist, verhängte die brasilianische Regierung Anfang der achtziger Jahre ein Fang- und damit auch ein Handelsverbot. Doch damit waren die jahrhundertelang von den Menschen gefangenen und als Nahrungsmittel genutzten Tiere noch nicht vor der Ausrottung bewahrt. Lange Zeit hatten die Meeresschildkröten die Nutzung durch den Menschen vertragen, ohne daß die Art in die Gefahr der Ausrottung geraten war. Mit der zunehmenden Besiedlung der Meeresküsten und der Intensivierung der Fischerei jedoch wurden immer mehr der großen Tiere gefangen und getötet. Eine jahrzehntelang zunehmende Nachfrage nach Schildpatt zur Verarbeitung für Brillengestelle und für Schmuck- und Dekorationszwecke tat ein übriges. Auch die entferntesten Strände, an denen die weiblichen Meeresschildkröten ihre Eier ablegten, wurden entdeckt und aufgesucht. Die vom Eierlegen erschöpften Meeresschildkröten waren für die Fänger ein leichtes Opfer.

Noch sind kilometerlange Abschnitte der Atlantikküste im Norden Brasiliens menschenleer. Doch die Zahl der Hotels und Freizeitanlagen nimmt auch hier von Jahr zu Jahr zu. Häufig sind gerade die breiten Sandstrände, an denen die Meeresschildkröten ihre Eier ablegen, für den Fremdenverkehr besonders attraktiv. Hier geraten dann der Naturschutz und die wirtschaftliche Entwicklung in einen Konflikt.

Früher, so sagen die Küstenfischer von Bahia, seien mehr Fische in ihren Netzen gewesen und auch häufiger eine oder mehrere Meeresschildkröten. Die Überfischung der Meere, die in den kommenden Jahren noch deutlicher zutage treten wird, zeigt bereits deutliche Folgen.

Manchmal wurden die Tiere sogar gefangen und geschlachtet, bevor sie ihre Eier überhaupt abgelegt hatten. Aber die Eier waren genauso als Beute willkommen. Auf diese Weise verschwanden nicht nur immer mehr erwachsene Tiere, sondern es gab auch immer weniger Nachwuchs.

Mit staatlichen Geldern und der Unterstützung durch Naturschutzorganisationen wie den WWF sowie durch Wirtschaftsunternehmen, die sich dem Umwelt- und Naturschutz verpflichtet fühlen, bauten Guy und Maria dei Marcovaldi ihre Organisation Schritt für Schritt auf. Zunächst begannen sie, von Praia do Forte aus, Fischer aufzuklären und erste Stationen zur Überwachung von Strandabschnitten einzurichten. Mit Hilfe von freiwilligen Helfern und Saisonarbeitern, die während der Lege- und Brutzeit von September bis März die Strandabschnitte überwachen, an denen die weiblichen Meeresschildkröten ihre Nester graben, erreichten sie erstmals, daß ein Teil der Bruten erfolgreich war und Menschen auf die Aktionen aufmerksam wurden.

Von der 8000 Kilometer langen Küste Brasiliens werden fast 1500 Kilometer von den Meeresschildkröten genutzt. Natürlich konnte das Projekt TAMAR nicht von Anfang an diesen langen, von Ansiedlungen und Felsen unterbrochenen Strandabschnitt insgesamt in die Schutzarbeit einbeziehen. So dauerte es mehrere Jahre, bis heute von 20 Stationen aus insgesamt 150 Fischer und rund 50 weitere Mitarbeiter zur Brutzeit jede Nacht ausschwärmen und eine bestimmte Strecke mit Fahrrädern und kleinen geländegängigen Autos abfahren. Insgesamt werden so gut 1000 Kilometer und einige der Küste vorgelagerte Inseln kontrolliert. Wo es nicht möglich ist, schon während der Nacht Schildkröten beim Eierlegen zu beobachten, werden am frühen Morgen die Spuren verfolgt und im Anschluß die von den Schild-

kröten fein säuberlich mit Sand bedeckten Nester markiert.
Mit drei Methoden sorgen die TAMAR-Mitarbeiter dafür, daß aus den Eiern nach 50 bis 60 Tagen auch kleine Meeresschildkröten schlüpfen. Die einfachste ist die gefährlichste: Das Nest wird dort, wo keine Nachteile durch menschliche oder tierische Räuber zu erwarten sind, mit einem kleinen Stock markiert, und die natürliche Entwicklung nimmt ihren Lauf. Wo sich vierbeinige Räuber herumtreiben, wird das Nest mit einem Drahtgeflecht abgesichert. Die Enden dieses feinen Gitters, das oben genügend große Löcher zum späteren Durchschlüpfen der Jungen hat, werden 50 Zentimeter tief in den Sand eingegraben. Auf diese Weise können Hunde, Füchse, Geier und gar Wildschweine nicht von oben und von der Seite her an die Eier gelangen. Die dritte Methode ist die aufwendigste, aber auch die sicherste. Die TAMAR-Mitarbeiter graben noch in der Nacht oder am Tag nach der Eiablage die Eier aus, fahren sie – temperaturneutral, stoß- und schüttelsicher in besonderen Boxen gelagert – zur nächsten Aufzuchtstation. Dort sind dicht an dicht 50 Zentimeter tiefe Löcher in den Sand gegraben, in welche die Eier von jeweils einem Nest so eingebettet werden, als wären sie von der Schildkröte dort hineingelegt worden. Wie beim natürlichen Vorgang wird Sand über die Eier gescharrt, und jedes Nest erhält eine Nummer mit dem »Legedatum«. Das ganze Gelände ist umzäunt wie ein Garten. Doch statt des Gemüses wachsen unter der Erde kleine Meeresschildkröten heran. Sobald die Brutzeit beendet ist, kriechen die kleinen Reptilien aus den Schalen und bahnen sich ihren Weg durch den Sand nach oben. In den Aufzuchtstationen helfen die Mitarbeiter häufig nach.
Von der Temperatur des Sandes hängt es ab, ob aus den Eiern mehr Männchen oder mehr Weibchen schlüpfen. Zwischen der zweiten und dritten Brutwoche fällt im Ei die Entscheidung, welches Geschlecht die heranwachsende Meeresschildkröte haben wird.
Da die weiblichen Schildkröten immer wieder dort zum Eierlegen an den Strand gehen, wo sie selbst zum ersten Mal wenige Stunden nach dem Schlüpfen ins Meer gekrabbelt sind, ist es wichtig, daß die in menschlicher Obhut geschlüpften Schildkröten auch dort ins Meer entlassen werden, wo ihr natürliches Nest gestanden hat. Und so ist nicht nur der vorsichtige Transport der Eier zur Brutstation, sondern auch die vorsichtige Überführung der jungen Schildkröten zu demjenigen Strandabschnitt wichtig, an dem sie ins Meer krabbeln. Zwar ist nicht bekannt, woran sich die winzigen Meeresschildkröten orientieren, doch müssen sie die Strecke vom natürlichen Nest bis zum Flutsaum zu Fuß zurückgelegt haben, um viele Jahre später erstmals ihr dann gewaltiges Gewicht mit der Eierfracht den Strand hinaufzuschleppen. Man nimmt an, daß sich die Jungschildkröten unter anderem nach der größeren Helligkeit über dem Meer richten.
Waren es im ersten Jahr der Bruthilfe, in der Saison 1982/1983, nur 2000 Schildkrötennestlinge, die auf diese Weise ins Meer gelangten, so stieg die Zahl in der Saison 1993/1994 auf annähernd 300 000. Rund zwei Millio-

Ohne den jahrelangen engagierten Einsatz des Ehepaars Marcovaldi gäbe es heute an der Küste von Brasilien und damit auch im Atlantik weitaus weniger Meeresschildkröten. Die beiden Ozeanographen haben sich dem Schutz der großen Meeresreptilien verschrieben und können dabei mit zunehmender Unterstützung rechnen. Mehr als 200 Menschen arbeiten mittlerweile im Projekt TAMAR. *Hier setzen Maria und Guy dei Marcovaldi junge markierte Tiere vom Boot zurück ins Meer.*

nen kleine Meeresschildkröten sind durch das Projekt TAMAR mittlerweile erfolgreich zu Wasser gebracht worden. Wenn auch vieles aus dem Leben und insbesondere vom Heranwachsen der Meeresschildkröten noch unbekannt ist, so gehen Fachleute doch davon aus, daß höchstens jede 1000ste junge Schildkröte die Geschlechtsreife erreicht. Bei zwei Millionen brasilianischen Jungschildkröten wären das gerade 2000 erwachsene Schildkröten. Bedenkt man, daß jährlich immer noch wesentlich mehr getötet werden, insbesondere in Südostasien, aber auch an einigen mittelamerikanischen Küsten, so zeigt das, wie groß die Aufgabe für die Beschützer der Meeresschildkröten ist.

Diese erschöpft sich nicht in der Überwachung der Brutgebiete und der Bruthilfe. Für die Mitarbeiter des Projekts TAMAR ist die Aufklärung der Öffentlichkeit entlang der Küste besonders wichtig. 80 Prozent der über 150 Millionen Brasilianer leben innerhalb eines Streifens von 150 Kilometern entlang der Küste.

Wie stark die Zahl der Menschen besonders in unmittelbarer Nähe der Küste steigt, zeigt anschaulich die Entwicklung von Praia do Forte: 1986 lebten hier 150 Menschen, und 1992 waren es bereits 2400. Der Bau einer großen Hotelanlage und nicht zuletzt das Projekt TAMAR haben dazu wesentlich beigetragen. Doch an anderen Küstenabschnitten sieht es ähnlich aus. Und seit Brasilien zu einem immer attraktiveren Reiseland für Nordamerikaner und Europäer wird, haben viele Unternehmer und internationale Hotelketten bereits ihre Claims an den Stränden abgesteckt. Bahia gehört dabei zu den bevorzugten Staaten.

Auch das ist eine Front, an der die Mitarbeiter von TAMAR aktiv sind. Sie haben schon gelernt, die Vorankündigungen mancher Planer von Hotels und Freizeitparks richtig zu interpretieren. Da die Entwicklung nicht überall verhindert werden kann und soll, gilt es, die empfindlichsten Strandabschnitte freizuhalten. Und dort, wo Anlagen entstehen, müssen die Unternehmer möglichst gleich für das Anliegen des Naturschutzes gewonnen werden. Daß es sich mit dem Schutz von Meeresschildkröten und anderen Naturschutzaktivitäten an der brasilianischen Küste auch trefflich werben läßt, haben mittlerweile bereits manche Orte bewiesen. Und dort, wo ein ernsthaftes Engagement vorhanden ist, ziehen die Initiatoren und Mitarbeiter von TAMAR kräftig mit. Denn nur wer die Menschen aufklärt, kann auch Verständnis für das Anliegen des Naturschutzes schaffen.

Da läßt sich leicht vorstellen, wie groß die Zielgruppe für Guy und Maria dei Marcovaldi und ihre MitarbeiterInnen ist. Die T-Shirts, die kleinen Nachbildungen von Meeresschildkröten, die Postkarten, Anstecknadeln und Aufkleber, die in den 20 Stationen verkauft werden, tun es nicht allein. Wichtig ist, die Menschen in den Fischerdörfern in die Arbeit einzubeziehen. So werden Schulklassen für das Engagement zugunsten der Meeresschildkröte gewonnen. Viele Hausfrauen nähen in Heimarbeit alle möglichen Verkaufsgegenstände mit dem Wappen von TAMAR, und gut 150 Fischer verdienen mittlerweile den Großteil ihres Lebensunterhaltes für sich und ihre Familien als Mitarbeiter von TAMAR. In Praia do Forte zum Beispiel profitieren auch zwei Hotels von dem »Schildkröten-Boom«.

Die Fischer selbst sind das Ziel der Aufklärung. An den Netzen der meisten hängt mittlerweile eine kleine Plastikscheibe, auf der in Zeichnungen ein SOS-Programm für die Meeresschildkröten erklärt ist. Falls sich eine Meeresschildkröte in einer Reuse oder in einem Netz verfangen hat und aus dem Wasser gezogen wird, bevor sie ertrunken ist, wird den Fischern erklärt, was sie zu tun haben: Viele der Schildkröten, die bis zu 50 Minuten unter Wasser bleiben können, dann aber zum Luftholen kurz auftauchen müssen, werden als »Scheintote« geborgen. Sie stehen unter einem Schock und rühren sich nicht mehr, doch durch eine Massage ihres Bauchpanzers gelingt es häufig, die Lungen wieder zum Atmen zu bringen. So wie es der Grünen Meeresschildkröte ergangen ist, deren Freisetzung wir erlebt haben.

Doch diese Art, Meeresschildkröten zu retten, ist nur ein Notbehelf. Das Ziel der Marcovaldis ist es, alle Fischnetze und -reusen so konstruieren zu lassen, daß die Meeresschildkröten sich von selbst wieder befreien können. Das gilt nicht nur für die brasilianische Küste. Abertausende von Meeresschildkröten ertrinken jedes Jahr in kilometerlangen Schleppnetzen auf hoher See und in den vielfältigen Fischereigeräten entlang der Küsten. Das Projekt TAMAR hat inzwischen eine Größe erreicht, die der eines mittelständischen Unternehmens gleicht. Der Jahresetat beläuft sich auf fast 1,5 Millionen Mark, und die staatliche Umwelt- und Naturschutzbehörde IBAMA kann davon nur die Hälfte aufbringen. So haben die Marcovaldis schon vor Jahren die Stiftung PRO TAMAR gegründet, der Maria Angela dei Marcovaldi als Präsidentin vorsteht. Wo immer sie auftritt und für die Meeresschildkröten wirbt, überzeugt sie ihre Zuhörer. Neben vielen anderen auch Dr. Richard Faust, den Präsidenten der Frankfurter Zoologischen Gesellschaft, die das Projekt ebenfalls unterstützt. Dennoch ist es nicht einfach, Jahr für Jahr eine Dreiviertelmillion Mark zusammenzubringen. Und dieser Betrag wird in der Zukunft nicht einmal reichen. Denn als nächstes Ziel haben die für TAMAR Verantwortlichen geplant, auch die letzten knapp 500 Kilometer der brasilianischen Küste, die von Meeresschildkröten zur Eiablage aufgesucht werden, mit ihrem erprobten Schutz zu versehen. Weiter gilt es, die wichtigsten Nahrungsgründe vor der Küste ebenfalls einzubeziehen. Besonders die noch nicht ausgewachsenen Meeresschildkröten suchen regelmäßig bestimmte Weidegründe vor der Küste auf, wo sie sich an Algen, Seegras und anderen Unterwasserpflanzen stärken. Gerade in solchen Gebieten aber gibt es auch viele Fische und Krebse, denen wiederum die Fischer nachstellen. So geraten in diesen Zonen immer wieder Meeresschildkröten, von denen die meisten vegetarisch, manche aber auch von Fischen und anderen Meerestieren leben, in die Netze und Reusen.

Und noch etwas planen Maria Angela und Guy dei Marcovaldi und mit ihnen die immer größere Schar von Unterstützern. Sie wollen die Bewegung verstärken, die Anfang der achtziger Jahre in vielen Ländern in Gang geraten ist und bereits vieles erreicht hat. In Deutschland hat das Ehepaar Brigitte und Günther Peter den Anstoß zur Aktion »Rettet die Schildkröten« gegeben. Ohne ihren zielstrebigen Einsatz, der von allen namhaften Naturschutzorganisationen bald unterstützt wurde, wären der Schutz der Meeresschildkröten und die Verbannung der aus ihnen hergestellten Produkte von den Angebotslisten und Speisekarten nicht so schnell verwirklicht worden. Erst 1976 übrigens war die Grüne Meeresschildkröte oder Suppenschildkröte als letzte der Meeresschildkröten auf den Anhang I des Washingtoner Artenschutzübereinkommens gekommen und dadurch mit einem internationalen Handelsverbot belegt worden.

Ein wichtiger Bestandteil der Schutzarbeit für die Meeresschildkröten ist die Aufklärung der einheimischen Bevölkerung und der Touristen. An mehreren Orten entlang der Küste gibt es Stationen, in denen einige Tiere für Schauzwecke in Becken gehalten und gepflegt werden. Ihre Gefangenschaft ist zeitlich begrenzt, denn sie werden immer wieder ausgetauscht. Nicht wenige Meeresschildkröten genesen in den Stationen von Verletzungen oder vom »Fangschock«.

Aber auch heute noch können Touristen in manchen Häfen auf Bali und in anderen südostasiatischen Ländern miterleben, wie Fischer die an den durchlöcherten Flossen zusammengebundenen Meeresschildkröten an Land bringen und bei lebendigem Leibe schlachten. Erst wenn es überall dort, wo Meeresschildkröten vorkommen, ähnliche Einrichtungen wie TAMAR gibt, haben die großen, sanften Tiere Ruhe vor den Menschen.

Von der Sanftmut der Meeresschildkröten bekommen wir einen Eindruck, als wir mit den Marcovaldis im Boot gut einen Kilometer von der Küste entfernt sind. Maria und Guy dei Marcovaldi nehmen eine der ruhig am Boden liegenden Meeresschildkröten auf und zeigen sie den Begleitern noch einmal. Die mittelschweren Reptilien rudern zwar mit ihren Beinen in der Luft hin und her, machen aber sonst keinen aufgeregten Eindruck. Die Vorderbeine übrigens bewegen sie viel lebhafter, mit ihnen schwimmen sie auch, während die Hinterfüße überwiegend zum Steuern benutzt werden.

Die Schildkrötenschützer beugen sich über den Bootsrand und lassen die Tiere nacheinander sanft ins Wasser gleiten. Als letzte ist die einzige Lederschildkröte an der Reihe. Guy dei Marcovaldi nimmt sie in seine Hände und wiegt sie einmal hin und her. »Wenn sie ausgewachsen ist, können sie nicht einmal sechs Mann mehr anheben«, sagt er lachend. »Dann wiegt sie vielleicht über 600 Kilogramm, und ihr Panzer mißt bis zu zwei Meter von Rand zu Rand. Hoffentlich erreicht sie einmal dieses Gewicht.« Und mit einem »good luck« legt er sie behutsam ins Wasser. Das Tier schwimmt eine Zeitlang dicht unter der Wasseroberfläche, als müsse es seinen neuen, grenzenlosen Lebensraum erst einmal begreifen. Länger als eine Minute können wir es mit den Augen noch verfolgen, bis es schließlich so tief getaucht ist, daß wir es nicht mehr sehen können. Inzwischen erscheint in nicht allzu weiter Entfernung für einen Moment eine der anderen freigelassenen Schildkröten zum Luftholen, um sogleich wieder zu verschwinden.

Die Männchen werden nie wieder an Land kommen. Sie bleiben ihr Leben lang im Wasser und schwimmen nur zur Paarung in die Nähe der Küsten, wo sie auf die Weibchen, die von der Eiablage ins Meer zurückkommen, warten. Die Weibchen tun gut daran, zur Eiablage so kurz wie möglich am Strand zu bleiben, denn noch immer gibt es viele Plätze, an denen sie gefährdet sind.

»So, jetzt bleibt uns nur die Kleinigkeit, noch 700 000 bis 800 000 Mark zusammenzubetteln, damit wir auch in der nächsten Saison weitermachen können«, sagt Maria Angela dei Marcovaldi, die Präsidentin der Stiftung PRO TAMAR, als wir zum Strand von Praia do Forte zurückfahren. Ohne diesen Optimismus hätte das Unternehmen nicht schon fünfzehn Jahre erfolgreich funktioniert. Und dennoch ist die Arbeit, Geld zu sammeln und politische Lobbyarbeit zu leisten, mindestens genauso hart wie der praktische Schutz an den Stränden von sechs brasilianischen Staaten, eine Arbeit, die ständig von Praia do Forte aus koordiniert und mit frischem Elan versehen werden muß. Davon können auch andere Schützer der Meeresschildkröten ein Lied singen: Ob sie, wie Jacques Fretey vom WWF-Frankreich, die Tiere am Strand von Französisch-Guyana betreuen ober ob sie sich in den Industrieländern dafür einsetzen, daß nicht etwa mit falschen Karten gespielt wird. Früher wurde oft das Fleisch von Meeresschildkröten als Hühnerfleisch verkauft, oder es landete gar als Hunde- oder Katzenfutter in Dosen.

So lange nicht auch im letzten Land der Erde ein strenger Schutz für die Meeresschildkröten gewährleistet ist, so lange ist nicht auszuschließen, daß solche Dinge immer noch passieren. Und so lange ist nicht sicher, daß die Meeresschildkröten eine gesicherte

Zukunft haben. Immerhin leben sie seit mehr als 200 Millionen Jahren auf der Erde, und das sollte eigentlich Grund genug dafür sein, daß sie das Raubtier Mensch um eine mindest genauso lange Zeit überleben. Sollte der Mensch allerdings fortfahren, die Weltmeere weiter so zu verschmutzen, wie er es in den letzten 50 Jahren getan hat, so könnte es durchaus geschehen, daß die Meeresschildkröten ein vorzeitiges Ende finden. Immer mehr von ihnen werden neben der direkten Verfolgung durch den Menschen Opfer von Ölpest, Müll- und Giftrückständen und von der Erschließung und Verbauung der letzten bisher unbesiedelten Küstenstreifen, nicht zuletzt für den Tourismus. Auch in Europa gibt es dafür Beispiele: In der Türkei etwa kämpfen Naturschutzorganisationen wie die Dogal Hayati Koruma Demegi (DHKD), in Griechenland andere Organisationen mit dem WWF dafür, daß die letzten Rückzugsplätze der Grünen Meeresschildkröte (Suppenschildkröte) und der Unechten Karettschildkröte an der Mittelmeerküste nicht durch Hotelbauten und Freizeitanlagen zunichte gemacht werden.

Auf dem Weg vom Nest zum Wasser geht es um Sekunden. Viele Feinde haben es auf die jungen Meeresschildkröten abgesehen.

Unter den Augen des Kondors gedeihen viele Guanakos

Mit seiner Spannweite von über drei Metern segelt der Kondor über Täler und Gipfel der Anden – ein Anblick, dem sich kaum ein Mensch entziehen kann. Obwohl die mächtigen Neuwelt-geier fast nur von Aas leben, werden sie auch heute noch gelegentlich von Schafzüchtern mit Ködern vergiftet.

Otto kann keine Guanakos mehr sehen. »Wenn du eins gesehen hast, hast du alle gesehen!« sagt er am dritten Tag unseres Aufenthaltes im südchilenischen *Torres-del-Paine-Nationalpark.* Doch ich versuche, meinen Reisebegleiter vom Gegenteil zu überzeugen, indem ich ihn immer wieder darauf aufmerksam mache, auf wie abwechslungsreiche Weise die Tiere sich uns zeigen. Mal ist es ein einzelner Hengst, mal sind es zwei oder drei Stuten mit ihren Fohlen oder mit einem Kindergarten von mehr als zehn Fohlen, mal ist es ein Junggesellenclub, und ein anderes Mal sehen wir 20 bis 30 Tiere in einer gemischten Herde. Eines macht die Beobachtungen außerdem aufregend: Die südamerikanischen Wildkamele stehen oder bewegen sich vor recht unterschiedlichen Kulissen. Die einen sehen wir in einem fruchtbaren Tal, die anderen überwinden gerade eine Geröllhalde, die nächsten weiden zwischen Sträuchern oder heben sich als Silhouette auf einem Bergkamm gegen die hoch aufragenden Gipfel der südlichen Ausläufer der Anden am Ende einer 300 Kilometer langen Gletscherfläche ab. So etwa vor dem Paine Grande, dem mit 3050 Metern höchsten Berg im Nationalpark. Der Paine Grande mit seinen vier Spitzen überragt die »Torres del Paine«, die dem 181414 Hektar großen Nationalpark seinen Namen gaben, um 450 Meter. Der höchste Turm des »Dreihorns« mißt 2600 Meter, die beiden anderen folgen im Abstand von jeweils 200 Metern.

Ich kann Otto gut verstehen. Wer einen Naturfotografen begleitet, selbst aber keine fotografischen Absichten hegt, indes viel von einer Landschaft sehen und erwandern möchte, hat es nicht leicht. So haben wir denn auch zu Beginn unserer 400 Kilometer langen Fahrt von Punta Arenas, der Hauptstadt der XII. Region, der »Región de Magallanes«, vereinbart, daß sich die reine Fotojagd in Grenzen halten soll. Nachdem ich mich in den ersten drei Tagen im wesentlichen auf den kleineren Teil der gut 3000 hier lebenden Guanakos konzentriert habe, sollte ich eigentlich genug Bilder von diesen Tieren im Kasten haben, meint mein Gefährte. Zwar weiß ich, daß mir »das« Foto immer noch fehlt, doch der überragende Schnappschuß mag vielleicht auch nicht einmal während einer vierwöchigen Verfolgung der Guanako-Herden glücken. Eins allerdings steht für mich nach den ersten drei Tagen fest: Wenn es ein Gebiet gibt, in dem sich freilebende Guanakos hervorragend beobachten und fotografieren lassen, so ist das der *Torres-del-Paine-Nationalpark* in der Provinz »Última Esperanza«.

Uns ist es freilich nicht so ergangen wie den ersten Siedlern, die nach 1870 mit der Hoffnung, sich eine Existenz aufzubauen und ein Zuhause zu schaffen, hier ankamen. Damals dachte noch niemand an Naturschutz. Die Natur mußte für das Leben und Überleben herhalten, und so machten sich die ersten Siedler daran, der Landschaft ihre Schätze abzutrotzen. Jagd und Viehzucht standen in den ersten Jahrzehnten der Besiedlung Patagoniens und der angrenzenden Gebiete an vorderster Stelle. Um Schafe und Kühe auch außerhalb der natürlichen Grassteppe halten zu können, wurden Wälder abgeholzt und abgebrannt. Parallel zu der Besiedlung durch Bauern und Viehzüchter waren die südlichen Anden ein beliebtes Ziel vieler Expeditionen aus europäischen Ländern.

Vornehmlich deutsche und britische Einwanderer haben in den ersten 20 Jahren dieses Jahrhunderts dafür gesorgt, daß im südlichen Chile viel Natur zerstört wurde. Damals schienen die natürlichen Ressourcen unerschöpflich zu sein. Oberstes Ziel war es, große Herden von Schafen und Rindern auf die Weide zu schicken und durch den Verkauf von Fleisch, Wolle und Leder möglichst viel Geld zu erzielen. In dem Gebiet des heutigen Nationalparks sollen um 1910 etwa 32 000 Schafe und 3000 Rinder gehalten worden sein. Die weitgehende Zerstörung der natürlichen Flora und Fauna war bald unübersehbar. Bereits 1925 gab es erste Bestrebungen, hier für den Tourismus einen »Südnationalpark« einzurichten. Schließlich wurde 1959 mit der Gründung des *Parque Nacional de Tourismo Lago Grey* auf einer Fläche von 4332 Hektar der erste Schritt getan. Es gab noch mehrere Zwischenstationen bis zum heutigen Park, der 1979 per Gesetz seine derzeitige Ausdehnung erhielt. 1978 wurde er von der UNESCO in die Liste der Reservate der Biosphäre aufgenommen und erhielt damit eine hohe internationale Anerkennung. Es gibt Bestrebungen der CONAF (Corporación Nacional Forestal), die als Forstbehörde seit 1975 für den Naturschutz und die Nationalparke in Chile zuständig ist, den Park auf gut 242 000 Hektar zu vergrößern.

Das alles haben wir erfahren und manche weitere Information erhalten, als wir uns, zunächst in Punta Arenas und nach unserer Ankunft in der Verwaltung des Nationalparks am Lago de Torro, mit den Verantwortlichen unterhalten haben.

Nachträglich ist man immer schlauer. In Punta Arenas habe ich mir von Kennern des Nationalparks genau erklären lassen, wo die Guanakos am besten zu beobachten seien. Als wir dann schließlich kurz vor der Einfahrt in den Nationalpark bereits die ersten Tiere keine zehn Schritte von der Schotterpiste entfernt stehen sahen, war mir schnell klar, daß es an vertrauten Guanakos nicht mangeln würde. Im Laufe unseres Aufenthaltes erweist es sich sogar eher als schwierig, die Guanakos in Aktion zu erleben. Meistens lassen sie sich von den Menschen gar nicht stören und heben selbst dann nicht einmal den Kopf, wenn man ihnen ein aufmunterndes Wort zuruft.

Die Guanakos waren mit vier Unterarten in Südamerika einst viel weiter verbreitet als ihre kleineren Verwandten, die Vikunjas. Die beiden zu den Kamelen zählenden Tierarten wurden während der gewaltsamen Besiedlung durch die Europäer in weiten Teilen ihrer Heimat ausgerottet. Besonders die Viehzüchter sahen in ihnen Konkurrenten zu Schafen und Rindern, denn sie leben vorwiegend von Gras und Kräutern; Guanakos äsen allerdings auch Laub. Beide Arten dieser »Schwielensohler« haben auch lange nach der Eroberung Südamerikas stark gelitten. Die Vikunjas waren, nicht zuletzt wegen der feinen Wolle ihres Fells, an den Rand der Ausrottung geraten, bevor die ersten Schutzgesetze eingeführt wurden. Von den Nachstellungen durch die Menschen, denen in manchen Jahren mehr als 80 000 Vikunjas zum Opfer fielen, haben sich die Bestände bis heute noch nicht erholt. Ihre Zahl zur Zeit der Eroberung durch die Spanier wird heute auf etwa zwei Millionen geschätzt. Um 1925 waren davon in Argentinien, Bolivien, Chile und Peru insgesamt keine 10 000 übriggeblieben.

Durch Schutzmaßnahmen gelang es, die Vikunjas wieder zu vermehren. Der heutige Bestand wird auf über 160 000 Tiere geschätzt, rund 100 000 von ihnen leben in Peru. Mit dem Ansteigen der Zahl hat sich zu Beginn der neunziger Jahre die illegale Jagd allerdings auch wieder verstärkt. Die Vikunjas werden sich, ebenso wie die Guanakos, langfristig in größerer Zahl in Südamerika als Wildtiere nur behaupten können, wenn ihre Bestände auch vom Menschen genutzt werden können. Damit würde

sich nur eine Tradition fortsetzen, die bereits auf die Inkas und wahrscheinlich noch weiter zurückgeht. Die Vikunjas, die etwa um ein Drittel kleiner sind als die Guanakos, wurden schon vor Jahrtausenden zur Gewinnung ihrer Wolle zusammengetrieben, geschoren und wieder freigelassen. Sie wurden aber – parallel zur Nutzung der Wildbestände – bereits vor 6000 bis 7000 Jahren auch domestiziert. Ihre Nachfahren sind die Alpakas. Die gezähmten Ableger der Guanakos heißen Lamas. (Es gibt auch die Auffassung, daß das Alpaka eine weitere domestizierte Form des Guanakos ist, doch sprechen neben der vergleichbaren Größe und der Feinheit der Wolle andere Merkmale für die Verwandtschaft zwischen Vikunja und Alpaka. So haben jüngere Knochenfunde in Peru nach Auffassung von Fachleuten der IUCN recht sichere Hinweise auf die Abstammung der Alpakas von den Vikunjas ergeben. Bis heute werden beide Thesen vertreten; auch diejenigen Wissenschaftler, die das Alpaka wie das Lama als Nachfahre des Guanakos ansehen, haben gute Argumente. Für die Annahme, daß Alpaka und Vikunja nicht näher miteinander verwandt sind, spricht ihrer Meinung nach unter anderem, daß sie sich nicht paaren, daß sich aber Alpaka und Lama ohne weiteres erfolgreich paaren.) Von den Haustieren gibt es heute übrigens wesentlich mehr als von den wilden Vorfahren: Der Bestand an Alpakas wird auf gut 3,3 Millionen Tiere, der an Lamas auf über 3,5 Millionen Tiere in Südamerika geschätzt. Während das Alpaka überwiegend wegen seiner Wolle gehalten wird, dient das Lama vorwiegend als Lasttier, aber auch als Lieferant von Fleisch, Wolle und Leder.

Wenngleich das Vikunja immer noch auf der Roten Liste der vom Aussterben bedrohten Arten steht und auf Anhang I des Washingtoner Artenschutzübereinkommens geführt wird, gibt es zwei bemerkenswerte Ausnahmen dazu: Die Vikunjas des Schutzgebietes »Las Vicuñas« in Chile und von »Pampa

Nicht alle drei Fohlen sind Junge der Guanakostute, der sie folgen. In den Rudeln der südamerikanischen Kleinkamele bilden sich »Kindergärten«. Eine Amme führt manchmal mehr als ein halbes Dutzend Guanakofohlen, die zum Säugen jedesmal zu ihrer Mutter zurückkehren.

Mit der Ausbreitung der Hausschafe ging die Zahl der Guanakos in Südamerika stark zurück. In einigen Gebieten wurden sie – ähnlich wie die Vikunjas – völlig ausgerottet. Die Tiere vermehren sich in ihnen zusagenden Lebensräumen, wie dem Torres del Paine Nationalpark, *gut. Sobald sie merken, daß sie nicht verfolgt werden, verlieren sie ihre Scheu. Dieser Hengst allerdings »sichert« aufmerksam.*

Galeras« in Peru dürfen in bestimmtem Umfang und unter Kontrolle einmal jährlich gefangen und geschoren werden. Die dadurch gewonnene Wolle ist vom Handelsverbot ausgenommen.

Ähnliche Pläne gibt es für die Guanakos in einem von der IUCN (in dieser federführend von der SSC, der South American Camelid Specialist Group) und dem WWF erarbeiteten Schutzprogramm, das zunächst bis zum Jahr 1996 dauert. Auch die Guanakos, deren südamerikanischer Bestand heute auf knapp 600 000 veranschlagt wird, werden von den Landbesitzern nur dann toleriert, wenn sie finanziell etwas abwerfen. Neben dem Fleisch und der Wolle ist es besonders das Leder junger Tiere, das in den letzten Jahren auf viel wirtschaftliches Interesse gestoßen ist. Da Guanakos weniger wetterfühlig und in ihren Nahrungsansprüchen bescheidener sind als Schafe, da das Einzeltier auch mehr »Masse« darstellt, sehen manche Viehzüchter in ihnen eine interessante Alternative zur Schafzucht. Ähnlich wie in Afrika, wo »Gamefarming« mit Antilopen eine zunehmende Bedeutung erfährt, könnte in Südamerika das Guanako eine neue Rolle im Rahmen der Landnutzung einnehmen.

Das Guanako hat auch insofern bessere Aussichten auf weitere Wiederverbreitung als das Vikunja, als es nicht wie das Vikunja nur auf die Hochlagen der Anden zwischen 3000 und 4600, in Ausnahmefällen bis zu 5500 Metern, beschränkt ist, sondern von 4200 Metern abwärts bis auf Meereshöhe lebt. In Argentinien und Chile, den Ländern mit dem größten Guanako-Vorkommen (wobei Argentinien mit mehr als einer halben Million Tiere den Löwenanteil hält), erstreckt sich das Verbreitungsgebiet der Guanakos von Norden bis nach Feuerland im äußersten Süden. Ohne Schutz und Wiederansied-

lungsprogramme wäre es aber auch in diesen Ländern heute längst nicht überall dort anzutreffen, wo es mittlerweile wieder die Wildbahn bereichert.

Wie einfach muß es für die Eroberer und Siedler gewesen sein, diese Tiere zu schießen, anfangs vielleicht sogar mit Händen, Schlingen und Lassos zu fangen. Wir sind von der Vertrautheit der Tiere völlig überrascht. Allerdings merken wir bald, daß nicht alle Guanakos gleichermaßen wenig scheu sind. Viele halten durchaus einen respektablen Abstand zu den Menschen. Vielleicht gehören sie zu jenen, die bereits mit einem Narkosegewehr Bekanntschaft gemacht haben. Seit Jahren treiben verschiedene Zoologen im *Torres-del-Paine-Nationalpark* ihre Studien an den Guanakos. Man sieht es immer wieder an jenen Tieren, die bunte Plastikmarken in den Lauschern oder gar einen breiten Halsring mit einem Sender tragen.

Auch im *Torres-del-Paine-Nationalpark* waren die Guanakos so gut wie ausgerottet. 1977 gab es 250 Tiere im Park, 1992 waren es 3150. Nach Angaben der Nationalparkverwaltung kann die Zahl noch um ein gutes Stück weiterwachsen, denn im wesentlichen halten sich die Tiere nur auf rund 4000 Hektar auf, was teilweise bereits zur Überweidung und nachfolgenden Erosionsschäden führt. 100 000 Hektar des Parks etwa sind als Habitat für die Guanakos geeignet.

Die auf Schulterhöhe bis zu 125 Zentimeter und von den Hufen zu den Ohrenspitzen gut zwei Meter messenden Guanakos, die ein Gewicht von 140 Kilogramm erreichen können, beherrschen zwar die Szene im *Torres-del-Paine-Nationalpark*, doch sie sind bei weitem nicht die einzige Sehenswürdigkeit unter den Tieren. Die Tier- und Pflanzenwelt spielt wahrscheinlich ohnehin nicht die erste Rolle für die meisten Besucher dieses zu den südlichsten Schutzgebieten der Erde zählenden Parks. Es ist vielmehr die grandiose Gebirgslandschaft, von der sich die

Guanakos kommen gern an bestimmten Stellen zusammen, wo sie ihren Kot absetzen und sich im Sand wälzen. Solche Staubbäder dienen der Körperpflege und dem Wohlbehagen. Auch zur Paarung begeben sich die Tiere auf den Boden: Die Stute setzt sich hin, der Hengst geht in die Hocke.

Mehrzahl der etwa 25 000 jährlich anreisenden Besucher angezogen fühlt. Unter ihnen sind viele Bergsteiger und noch mehr Bergwanderer.

Die hoch gelegenen Landschaftsbereiche wollen auch wir ergründen, als wir schließlich von den Guanakos erst einmal genug haben und uns für einige Tage mit unseren Rucksäcken in größere Höhen auf den Pfad machen.

Neben den Autostraßen in der Gesamtlänge von 95 Kilometern bietet der Nationalpark zehn ausgewiesene Touren, auf denen der Wanderer zwischen drei und 14 Stunden unterwegs ist, bevor er eine der zehn Hütten erreicht. Seen, feuchte Wiesen, steppenartige Grasflächen, Heide, Moore, Flußtäler, Geröllhalden, wenig Wald, aber viele von Bränden zurückgelassene Baumruinen, Gletscher, Felsen: Der *Torres-del-Paine-Nationalpark* wartet mit einer immensen Vielfalt von Landschaftsypen auf. Die Tierwelt hingegen ist nicht so vielfältig wie in anderen vergleichbaren Nationalparken: Neben der beachtlichen Zahl von 105 bisher erfaßten Vogelarten gibt es 25 Säugetierarten, sechs Reptilienarten und drei Amphibienarten. Das mag auf den ersten Blick nicht üppig erscheinen. Doch gelingt es dem Wanderer, sofern er etwas Zeit aufwendet, viele dieser Arten zu beobachten.

Graukopfgänse bestechen durch ihr schönes rostrotes Brust- und Rückengefieder. Die Flanken sind ähnlich gezeichnet wie bei den Magellangänsen.

Während sich die Guanakos und zahlreiche der in weiten Teilen Südamerikas angesiedelten europäischen Hasen gar nicht übersehen lassen, gehören schon Glück und Ausdauer dazu, einen Huemul (Südlicher Andenhirsch), neben dem Kondor das Wappentier Chiles, oder einen Puma (Berglöwe) zu sehen. Der Huemul ist, wie das europäische Reh oder der amerikanische Weißwedelhirsch, ein Angehöriger der Trughirsche. Er ist vor allem durch die Zerstörung der Bergwälder und infolge intensiver jagdlicher Verfolgung zu einem seltenen Tier geworden, obwohl er seit Jahren unter strengem Naturschutz steht. Auch verschiedene Wiederansiedlungsprogramme haben es bisher nicht vermocht, den Südlichen Huemul, der einen nördlichen Verwandten hat, vor der Gefahr des Aussterbens zu bewahren.

Auf unseren manchmal recht strapaziösen Wanderungen sehen wir nur einmal einen Huemul. Das männliche Tier mit dem kurzen Geweih läßt sich kurz zwischen einigen der für den *Torres-del-Paine-Nationalpark* charakteristischen Südbuchen (es gibt hier drei Arten von *Nothofagus*, die sowohl laubabwerfend als auch immergrün sein können) nahe der Baumgrenze beobachten. Ganz im Gegensatz zu den tiefer weidenden Guanakos hält er nichts von einer Begegnung mit Menschen, obwohl er als wenig scheu beschrieben wird. Nur einige Sekunden nachdem er uns erblickt hat, ist der Hirsch wie ein Gespenst verschwunden. Trotz intensiver Suche mit dem Fernglas bleibt er unsichtbar. Wahrscheinlich wartet er hinter einem der auf dieser Höhe nur noch in Krüppelform wachsenden Bäume, bis die Luft wieder rein ist. Daß er hier vor den Menschen weitgehend sicher ist, kann er nicht wissen. Dennoch hat seine Scheu sicherlich einen guten Grund.

Des Huemuls ärgster Feind nämlich ist der Puma, der hier in nicht zu geringer Zahl vorkommen soll. Die vielen aus Europa stammenden Feldhasen, von denen es vor allem im argentinischen Teil Patagoniens ganze Heerscharen gibt, liefern einen guten Teil seiner Nahrung. Mitunter werden aber auch zwei im Nationalpark lebende Feinde der Hasen ein Opfer des Pumas: der Andenfuchs (*Dusicyon culpaeus*) und der kleinere, zu den Pampasfüchsen zählende Patagonienfuchs (*Dusicyon griseus*). Unter dem Gattungsbegriff »Dusicyon« finden sich übrigens in Südamerika verschiedene Arten, die zum Teil wohl nur Unterarten sind. Der Patagonienfuchs ist überwiegend grau gefärbt und daher leicht zu übersehen. Der Andenfuchs, gelegentlich auch Andenwolf genannt, ähnelt dem Rotfuchs (*Vulpes vulpes*), kann aber etwas größer und schwerer werden als dieser. Sein Fell ist auf dem Rücken grau und zeigt in den übrigen Partien viele rotbraune Töne.

Unter den Kleinvögeln gibt es manche Arten, die es uns durch ihre Ähnlichkeit mit europäischen Verwandten leicht machen, ihre Familienzugehörigkeit zu erkennen. Da sind verschiedene Spechte, unter ihnen der rotköpfige Magellanspecht, Meisen, Finken, Drosseln, ein Zaunkönig, Stelzen und andere mehr. Der Darwin-Nandu, auch Darwin-Strauß genannt, eine Unterart des größeren Nandu, nimmt als »Exot« unsere Aufmerksamkeit ebenso in Anspruch wie ein Sittich mit wissenschaftlichem Namen *Enicogna-*

thus ferrugineus und der Cayenne- oder auch Chile-Kiebitz (*Vanellus chilensis*). In den tieferen und flacheren Bereichen sehen wir wiederholt Gruppen von zehn bis 20 Weißhalsibissen (*Theristicus caudatus*), die allerdings recht scheu sind. Wesentlich zutraulicher indes sind bis auf drei Taucher- und fünf Entenarten, die wir sehen, einige der ans Wasser gebundenen Vögel. Der Kleinen Magellangans (*Chloephaga picta picta*) können wir uns häufig bis auf gut zehn Meter nähern. Nur die Paare, die Junge führen, sind auf etwas mehr Abstand bedacht. In den manchmal fünfzig und mehr Vögel zählenden Schwärmen der Magellangänse befinden sich immer wieder Graukopfgänse (*Chloephaga poliocephala*). Beide Arten zählen zu den »Halbgänsen« (Tadornini). Sie zeichnen sich durch ein wunderschönes Gefieder aus und verführen mich immer wieder, meine Kamera mit Teleobjektiv auf sie zu richten.

Ähnlich ergeht es mir mit den beiden Schwanenarten: Den Schwarzhalsschwan (*Cygnus melanocoryphus*) haben wir bereits in großer Zahl in Puerto Natales zwischen Punta Arenas und dem Nationalpark gesehen. Neu ist jedoch der eher einer Gans als einem Schwan ähnelnde Koskorobaschwan (*Coscoroba coscoroba*). Ich verbringe manche Stunde mit der Beobachtung eines recht scheuen Paares mit drei etwa zwei Wochen alten Jungen am

Ob am Boden oder in der Luft: Magellangänse (oben: links ein Ganter, rechts eine Gans) sind schön. Oft sieht man sie gemeinsam mit Graukopfgänsen (unten).

Der Koskorobaschwan wacht über seine Jungen, die im flachen Gewässer nach Pflanzennahrung suchen (oben). Nichtbrütende Schwarzhalsschwäne verbringen ihre Zeit gern in großer Schar (unten).

Lago Pehoe. Dieser kleinste aller Schwäne hat bis auf die schwarzen Spitzen der Handschwingen ein reinweißes Gefieder und fällt besonders durch seinen leuchtend roten Schnabel auf, der platt und leicht löffelartig geformt ist. Zur Brutzeit beanspruchen die einzelnen Paare sehr große Reviere. Daran mag es liegen, daß wir auf den zahlreichen Seen des Nationalparks nur ein einziges Paar entdecken können. Auf einer Höhe von rund 1500 Metern treffen wir auf eine Sturzbachente (*Merganetta armata*) mit zwei Jungen, die sich im Wasser eines stark fließenden Gebirgsbaches augenscheinlich sehr wohl fühlen.

Mein besonderes Interesse gilt dem größten fliegenden Vogel dieser Region. Schon am ersten Tag unseres Aufenthaltes sehen wir den »König der Anden«. In großer Höhe kreist ein Vogel mit breiten Schwingen. Obwohl ich zuvor in freier Wildbahn noch nie einen gesehen habe, ist das Ansprechen für mich nicht schwer. Es ist ein Kondor, der getreu dem Lied »El cóndor pasa« viele hundert Meter über uns seine weiten Kreise zieht. Immer wieder sehen wir bei unseren Ausflügen zwei, drei, mitunter fünf bis sieben der majestätischen Vögel, die sich die Thermik für ihre Such- und Orientierungsflüge zunutze machen. Sie halten Abstand zur Erde, und so begnüge ich mich tagelang mit ihrem Anblick aus der Ferne. Doch am vorletzten Tag im *Torres-del-Paine-Nationalpark* bescheren mir die Kondore ein Erlebnis, das zu meinen eindrucksvollsten in der freien Wildbahn überhaupt gehört.

Wir haben uns einen Weg vom Haupteingang entlang der Parkgrenze nach Norden zum Posten »Amarga« bis zum Schluß aufgespart. Da der Pfad streckenweise in unmittelbarer Nähe des Weidezauns verläuft, der in erster Linie das Weidevieh auf dem angrenzenden Farmland davon abhalten soll, in den Park einzudringen, erschien uns die Strecke nicht so reizvoll. Doch schon nach einer halben Stunde werden wir eines Besseren belehrt. Wir sehen kurz hintereinander die Überreste von drei Guanakos. Sie alle sind in dem Zaun hängengeblieben und anschließend Beutegreifern, insbesondere Füchsen oder Greifvögeln, zum Opfer gefallen. Wie gefährlich der Zaun für die Guanakos ist, erleben wir bald darauf »live«: Ein Guanakofohlen ist von seiner Mutter getrennt. Immer wieder versucht es, durch den Zaun zu schlüpfen, um zur Mutter zu gelangen, die außerhalb des Parks aufgeregt am Zaun hin- und herwechselt. Mehrfach sehen wir, wie ausgewachsene Guanakos mit elegantem Sprung über den Zaun hinwegsetzen, doch das Jungtier ist dazu noch nicht in der Lage. So können wir nur hoffen, daß die Mutter irgendwann einmal begreift, daß sie wieder in den Park hineinspringen muß, um zu ihrem Fohlen zu kommen. Locken aber die anderen Mitglieder der Herde die Stute allzu sehr, außerhalb des Parks zu bleiben, so wird das Jungtier irgendwann einmal bei einem neuerlichen Versuch, den Zaun zu durchdringen, sich darin verfangen und elend zugrunde gehen. Als wir später in der Verwaltung von unseren Beobachtungen erzählen, sagt man uns, daß man um das Problem wisse. Aber man habe nicht genügend Leute, um den Zaun täglich kontrollieren zu können. Jedes Jahr gingen einige Dutzend Tiere an dem Zaun zugrunde; in manchen Jahren könnten es mehr als 100 sein.

Vielleicht ist diese Guanakofalle der Grund dafür, daß sich, nachdem wir eine Stunde gelaufen sind, über uns zunächst ein halbes

Der »Darwin-Strauß«, eine kleinere Unterart des Nandu, bevorzugt die weiten Grasflächen Patagoniens, ist aber auch in den Tälern der Andenausläufer zu Hause (unten). Dort, wo die Gletscher in die Bergseen unterhalb der Torres del Paine »kalben«, sind nur noch wenige Tierarten zu beobachten. Die Landschaft ist um so eindrucksvoller (Seiten 246/247).

Ein Patagonienfuchs hat sich einen Platz zur »Siesta« gewählt, an dem ihn der scharfe patagonische Wind nicht erreichen kann. Mit seinem grau gefärbten Rücken ist der kleine Beutegreifer gut getarnt. Er muß sich vor dem Puma oder Berglöwen in acht nehmen (oben). Die eindrucksvolle Berglandschaft rund um die »Türme von Paine« (Seite 249 oben) mit ihrer besonderen Vegetation (Seite 249 unten: Blätter einer Südbuche mit einer Mistel) lädt zu vielen Wanderungen und Beobachtungen ein.

Dutzend Kondore kreisend versammelt. Im Lauf einer weiteren halben Stunde kommen immer mehr hinzu. Schließlich sind es über 30 der großen Vögel, die den hier fast immer starken Wind für geruhsame Flugübungen nutzen. Wir bemerken, daß die Kondore stets in einer bestimmten kreisförmigen Richtung segeln. Sie tauchen hinter einem Bergrücken auf, gleiten an der windstillen Seite des Hanges leicht abwärts, um sich dann in einer Senke vom dort blasenden Wind wieder aufwärts tragen zu lassen. Sie segeln mindestens zwei Kilometer weit und entschwinden dann unseren Blicken hinter einem Höhenzug. Anfangs erkennen wir nicht, daß die Kondore in einem großen Rundflug immer wieder dieselbe Strecke wählen. Dort, wo sie für uns hinter dem Berghang auftauchen, müssen besonders günstige Winde herrschen. Ich beschließe, dorthin aufzusteigen, um außerhalb des Parks zu ergründen, woher die Kondore kommen. Otto, mein Begleiter, entscheidet sich dafür, unser einmal angepeiltes Ziel weiter anzusteuern, und so trennen wir uns.

Wie so oft im Gebirge habe ich mich gewaltig verschätzt. Nachdem ich schließlich den steilen Hang in einem gut viertelstündigen Anstieg bewältigt habe, stelle ich fest, daß sich dahinter eine leichte Senke und anschließend ein weiterer Höhenzug erstrecken. Die Kondore setzen ihre Rundflüge indessen ununterbrochen fort. Sie tauchen jetzt für mich fast in der gleichen Entfernung auf wie vorher. Also klettere ich weiter und erlebe bald darauf die gleiche Situation. Ich muß noch einmal eine Senke durchwandern und dann eine weitere Höhe nehmen. Mit großer Zufriedenheit registriere ich unterwegs, daß die Kondore sich durch mich überhaupt nicht stören lassen. Ich meine sogar, sie würden etwas näher an mich heranfliegen und mich betrachten. Doch das kann pure Einbildung sein. Schließlich bin ich auf dem obersten Bergrücken angelangt und kann von da aus in ein weites Tal schauen.

Vor mir, leicht unterhalb, gibt es noch einen weiteren Buckel. Nun kann ich sehr gut sehen, wie die Kondore ihre Manöver ausführen. Dachte ich anfangs noch, irgendwo hinter dem Bergrücken liege vielleicht ein Tierkadaver, den die Kondore umkreisen, so erkenne ich jetzt, daß die Vögel anscheinend aus lauter Freude Rundflüge veranstalten. Ich bin mit starkem Wind im Rücken aufgestiegen und lege mich nun hinter einen großen Stein. Der Sturm (von Wind kann man eigentlich gar nicht mehr reden) hat mittlerweile die Wolkendecke, die an vielen Tagen im *Torres-del-Paine-Nationalpark* das Licht getrübt hat, aufgerissen. Einen schöneren Platz kann ich mir gar nicht vorstellen. Er ist auf wenigen Quadratmetern völlig windstill und warm.

Die »Neuweltgeier«, mit einer Spannweite von bis zu drei Metern zu den größten Vögeln der Erde zählend, fühlen sich durch meine Anwesenheit überhaupt nicht gestört. Jetzt bestätigen sie mir, was ich zuvor nur vermutet habe. Sie schauen zu mir herunter, während sie gegen den Wind über mich hinwegstreichen. Von Mal zu Mal drücken sie ihren Körper niedriger. Sind sie anfangs noch vielleicht fünfzig Meter über mir, so stellen nacheinander immer mehr Vögel ihre mächtigen Schwingen so, daß ihr Körper nicht so schnell nach oben getragen wird.

Wohin ich schaue: nur Kondore. Es klingt unglaublich, aber ich zähle insgesamt 53 Vögel, die ich gleichzeitig in der Luft sehe. In einer nicht enden wollenden Kette segeln sie unterschiedlich hoch in einer weiten Elipse, deren Durchmesser mehrere Kilometer messen muß. Auf diese Weise steigt ein Vogel nach dem anderen hinter dem vor mir liegenden Bergbuckel auf und schwebt in meine Richtung. In der großen Gruppe sind viele jüngere Vögel, deren Gefieder noch braun ist. Aber es befinden sich auch mindestens 15 Altvögel darunter. Ihr Gefieder ist schwarz. Wenn sie sich im Wind etwas schräg stellen, leuchten die hellen Oberpartien der Schwingen auf.
Da sie mit eingezogenem Hals fliegen, setzt ihre weiße Halskrause unmittelbar hinter dem unbefiederten Kopf an. Bei den Männchen ist der Hautkamm auf dem Kopf gut zu erkennen. Jetzt, im Flug, hat die Kopfhaut eine durchgehend dunkle Tönung; am Boden, wenn der Vogel seinen orangefarbenen bis roten Hals vorstreckt, werden die kräftigen Orangetöne der Hautpartien am hinteren Teil des Kopfes sichtbar.
Wüßte ich nicht, daß die Kondore überwiegend Aasfresser sind (obwohl ihnen häufig unberechtigt vorgeworfen wird, sie würden gesunde Schafe töten, was zeitweise zu erbarmungsloser Verfolgung geführt hat und heute noch manchen Vogel sein sonst mehr als 30 Jahre langes Leben vorzeitig kostet), würde ich es langsam mit der Angst zu tun bekommen. Nach etwa einer Stunde, die ich hinter dem großen Stein verbracht habe, kommen einige der Altvögel mir so nahe, daß ich das Blitzen in ihrem Auge gut erkennen kann. Längst habe ich das 400-Millimeter-Objektiv mit der 180 Millimeter langen Linse vertauscht. Die Kondore stören sich nicht daran, daß ich unentwegt mit der Kamera auf sie ziele. Ob es Neugierde ist? Oder denken sie vielleicht, daß ich – als erschöpfter Wanderer – irgendwann einmal ein geeignetes Opfer sein werde? Wohl kaum!

Ich fühle mich wie im Paradies. Wie gut verstehe ich jetzt, daß die Urbewohner der Anden dem Kondor göttliche Kräfte zugeschrieben haben, daß diese Vögel eine große Rolle in ihrer Religion und Ahnenverehrung gespielt haben, aber auch Opfer grausamer Rituale wurden und mancherorts bis heute geblieben sind. Zwei Altvögel haben überhaupt keine Scheu. Sie stehen manchmal sekundenlang direkt über mir, knapp zehn Meter entfernt. Ihre weiße Halskrause leuchtet als Zeichen ihres geschlechtsreifen Alters wunderbar zu mir herab. Ich erkenne deutlich, wie die Vögel nach mir schauen. Sie drehen den Kopf hin und her, und es fehlt nur noch, daß sie irgendeinen Laut von sich geben oder sich vielleicht in meiner Nähe hinsetzen. Doch so weit kommt es nicht.
Den Gefallen, in geringer Entfernung zu landen, tun mir indes zwei Karakaras (*Caracara plancus*), hier »Carancho« genannt. Sie erscheinen plötzlich ebenfalls an dem Berg-

hang, setzen sich nur gut 20 Meter weit weg auf zwei Steine und versuchen, sich gegen den Wind auf den Ständern zu halten, indem sie sich ihm mit der Brust entgegenstellen. Ich liege so ungünstig auf dem Rücken, daß ich nicht ohne eine größere Bewegung meine Kamera auf sie richten kann, und so verzichte ich auf einen Fotoversuch. Auf diese Weise kann ich die »Geierfalken« minutenlang beobachten, bevor sie abfliegen, als ein Kondor ziemlich tief über sie hinweggleitet. Auch ein Wanderfalke (*Falco peregrinus*) macht mir seine Aufwartung, indem er an dem Hang den Aufwind prüft. Dieser Platz ist wie geschaffen für Greifvogelbeobachtungen.

Nach mehr als zwei Stunden scheinen die Kondore, die Dutzende Male die große Runde geflogen sind, das Interesse zu verlieren. Sie haben wohl genug von ihren nachmittäglichen Flugübungen absolviert. Immer seltener tauchen sie vor mir auf, und ich sehe, wie einer nach dem anderen in verschiedene Richtungen absegelt. Es muß ein außergewöhnliches Zusammentreffen gewesen sein. Fast drei Stunden habe ich hier allein mit den Kondoren verbracht. Dabei bin ich von einer Stimmung erfaßt worden, die nur schwer zu beschreiben ist.

Beseelt von dem Erlebten mache ich mich an den Abstieg, klettere über den Zaun zurück in den Nationalpark und treffe zwei Stunden später am Ausgangspunkt unseres Marsches einen ziemlich beunruhigten Freund, der bereits geglaubt hat, ich sei ein Opfer der Kondore geworden. Als wir am letzten Tag noch einmal dieselbe Strecke gehen, sehen wir nicht einen einzigen Kondor. So ist es in der Natur. Ob man am richtigen Ort zur richtigen Zeit ist, entscheidet nicht selten der Zufall. Solche Zufälle wollen nur oft genug herausgefordert werden. Die Kondore von den Torres del Paine werden mir auch in dieser Beziehung unvergessen bleiben.

Alle 53 Kondore zusammen auf ein Bild zu bringen war unmöglich, aber 18 sind es immerhin geworden (Seite 250 oben). Wo manches Guanako im entlang der Nationalparkgrenze gezogenen Weidezaun hängenbleibt, fällt für die großen Geiervögel reichlich Beute an. Regelmäßig patrouillieren die Segelflieger mit der weißen Halskrause die Zäune ab (oben: zwei Altvögel).

Ein Schuldirektor sorgt für Magellans Pinguine

Draußen tobt ein Sturm, daß wir uns kaum auf den Beinen halten können. Der Wohncontainer, in dem wir mit Horst George an einem der drei Holztische Platz genommen haben, ächzt und bebt ein wenig, doch in dem kleinen rechteckigen Aufenthaltsraum sind wir vor den südpatagonischen Winden sicher. Seit 1991 steht hier, rund 50 Kilometer von der südchilenischen Stadt Punta Arenas entfernt, an der Küste der Otway-Bucht die kleine, bescheidene Station. Sie ist nicht das Zentrum, aber der Schutzschild der »Pinguinera«. Noch ganz erfüllt von den Beobachtungen, die wir während unseres dreistündigen Aufenthalts in der Brutkolonie der Magellan-Pinguine machen konnten, wärmen wir uns in der provisorischen Cafeteria mit einem heißen Tee auf. Das Wasser dazu wird mit Hilfe einer vom WWF-Deutschland finanzierten Solaranlage zum Kochen gebracht.

Wir verbringen bereits den dritten Tag bei den durch eine markante schwarzweiße Zeichnung auffallenden Vögeln, die innerhalb der 17 Arten umfassenden Familie der Pinguine (die gleichzeitig eine eigene zoologische Ordnung darstellen) mit ihrer Körpergröße von 55 Zentimetern nicht zu den größten, aber neben den mächtigen Kaiserpinguinen und den bunten Königspinguinen zu den bekanntesten zählen. Im Aussehen ähneln sie den Humboldtpinguinen, die an der südlichen Pazifikküste Chiles leben, und den Brillenpinguinen, die an den südafrikanischen Küsten des Atlantischen und des Indischen Ozeans zu Hause sind. Vor der Küste Kapstadts sind mehr als 10 000 Brillenpinguine im Juni 1994 Opfer einer Ölkatastrophe geworden. Auf diese Weise haben viele Menschen überhaupt zum ersten Mal von den »Jackass-Pinguinen«, wie sie auf englisch heißen, gehört.

Daß auch die Magellan-Pinguine hier an der Otway-Bucht nicht ohne das Risiko einer Ölverschmutzung ihres Gefieders leben, sehen wir an einigen der Vögel, wenn sie nach 24stündigem Aufenthalt aus dem Meer zurückkehren und zu ihrer Nisthöhle watscheln, um den Partner beim Brüten und – nach dem Füttern – beim Bewachen der Jungen abzulösen. Wie einige andere Pinguinarten brüten die »Magellanies« unterirdisch. Um sich vor unerwünschten Blicken und vor Nachstellungen zu schützen, graben die schmucken Vögel ein bis zwei Meter lange Gänge und daran anschließende Bruthöhlen. Zum anderen gehen sie aber in den Untergrund, um sich und die Jungen vor zu starker Sonnenbestrahlung zu schützen. Forscher nehmen an, daß dies mit den auf der südlichen Halbkugel seit jeher höheren Ozonwerten zusammenhängen könnte. In Patagonien bietet eine Höhle auch sicheren Schutz vor den starken Winden und den oftmals niedrigen Temperaturen, die hier herrschen. Magellan-Pinguine besitzen im Gegensatz zu anderen ihrer Familie keine dicke Fettschicht unter der Haut, und auch das Federkleid ist nicht so ausgestattet, daß es große Kälte abhalten kann. Im Wasser sorgen die Bewegung und ein hoher Nahrungsumsatz dafür, daß der Blutkreislauf genügend Heizkraft entwickelt.

Jetzt, in der zweiten Januarhälfte, sind nach knapp sechswöchiger Brutdauer auch die Jungen derjenigen Paare geschlüpft, die nicht gleich zu Beginn der Saison, Anfang November, mit der Brut begonnen haben. Vor einigen Höhlen sitzen bereits zwei dicke graue Pinguinküken und wagen einen Blick über den Höhleneingang hinaus. Die meisten der mit einem wollartigen Daunenkleid überzogenen Jungpinguine aber liegen noch auf dem Bauch in den Bruthöhlen. Zu einigen führt ein nur kurzer Gang, so daß man die Insassen im Halbdunkel erkennen kann. Die Eingangstunnel zu anderen Nestern sind indes so lang, daß ihr Ende nicht zu sehen ist. Pinguinforscher haben Magellan-Bruthöhlen vorgefunden, zu denen die Vögel unter der Erde eine Entfernung von bis zu sechs Metern zurücklegen mußten.

Welche abschreckende Wirkung die schwarzweiße Zeichnung ihres Kopfes hat, beweisen uns mehrfach die »wachhabenden« Pinguine. Sowie der neugierige Besucher, der die Erlaubnis hat, sich ein wenig außerhalb des vorgeschriebenen Weges zu bewegen, dem Höhleneingang zu nahe kommt, pendelt im diffusen Licht ein schwarzweißer Gegenstand hin und her. Knurrende Rufe unterstützen diese respekteinflößende Gestik. Fast hat man den Eindruck, als sei dort unten eine Schlange, die im nächsten Augenblick ihren Kopf hervorschnellen läßt. Vielen Magellan-Pinguinen haben derartige Drohgebärden nichts genützt: Hatten Menschen erst einmal herausgefunden, daß die Tiere den Drohungen keine Taten folgen lassen, so wurden sie schnell mit Haken oder mit der bloßen Hand aus ihren Nestern geholt und getötet.

Ein großes Erlebnis bahnt sich an jedem Spätnachmittag in der Otway-Bucht an. Dann beginnt der Schichtwechsel. Solange die Pinguine ihre zwei bis (selten) drei Eier bebrüten, warten sie, bis ihr Partner am Eingang der Nisthöhle erscheint. Erst dann verlassen sie diese, um zum Meer zu laufen und sich während der nächsten 24 Stunden dort zu erholen, sich selbst mit Krill und Fischen zu stärken und mit einem vorverdauten

Die »Pinguinera« an der Otway-Bucht bei Punta Arenas im Süden Chiles ist alljährlich von November bis März nicht nur das Ziel von gut 6000 Magellanpinguinen, sondern auch von mehr als 20 000 Menschen. Beide Zahlen steigen von Jahr zu Jahr. Horst George, Initiator des Schutzprogramms, erklärt Besuchern das Gebiet (unten). Abendlicher Aufbruch ins Meer (Seiten 254/255).

Nahrungsbrei für die Jungen am späten Nachmittag des folgenden Tages wieder an Land zu gehen. Ist der Nachwuchs aber schon einige Wochen alt, wie jetzt gegen Ende Januar, so warten nicht wenige Magellan-Pinguine bereits vor der Höhle auf die Ankunft ihres Ehepartners. Dabei bilden die Besitzer nahe beieinander gelegener Bruthöhlen regelrechte Warteschlangen. Diese wandern manchmal schon zur 50 bis 300 Meter entfernten Küste, wo sie dann noch einmal für einige Zeit in immer größerer Zahl Warteposition beziehen.

Bei Sonnenuntergang setzt der große Rückstrom der flugunfähigen Schwimmvögel ein. Immer mehr Köpfe tauchen in den Brandungswellen auf, doch es dauert einige Zeit, bis die ersten Rückkehrer an Land gehen. Ist aber die erste Gruppe auf festem Boden, so läßt sich auf dem kurzen Strandabschnitt, auf dem sich das Kommen und Gehen abspielt, schon bald nicht mehr unterscheiden zwischen den aufbrechenden und den heimkehrenden Pinguinen. Denn auch diejenigen, die in See stechen und dazu vorher am Flutsaum häufig noch ihr Gefieder reinigen, drehen nach einigen Metern Schwimmstrecke erst einmal wieder um, als trauten sie sich nicht, vom Land Abschied zu nehmen. Dabei ist das Meer, in dem sie monatelang ununterbrochen verbringen, nachdem die Jungen spätestens im März im Alter von rund drei Monaten endgültig »schwimmflügge« geworden sind, ihr bevorzugter Lebensraum.

Wir können uns nicht satt sehen an den kleinen Frackträgern, wie sie sich zwischen den großen Felsen und auf dem Steingeröll des Strandes formieren, wie die Anführer jeder Gruppe zunächst einmal vorsichtig ins Wasser gehen und wie schließlich die Hinteren nachdrängen, bis die ganze Truppe im Was-

Magellanpinguine brüten in Erdhöhlen. Hier hat sich anscheinend einer im Eingang geirrt, denn er wird vom eigentlichen Höhlenbesitzer auf Trab gebracht.

ser untertaucht. Es ist erstaunlich, wie wenig dann noch von mehreren hundert Pinguinen zu sehen ist: bis auf einige wenige Köpfe, die in Küstennähe noch einmal kurz auftauchen, nämlich gar nichts. Ihre Flügel, die sie wie Schwimmflossen benutzen, tragen sie schnell in größere Tiefen, dorthin, wo sie ihre Beute wie Tintenfisch, Krill und andere Leckerbissen vermuten. Da die Tiere in Gruppen ins Wasser gehen und auch in Gruppen wieder zurückkehren, ist zu vermuten, daß sie in Gemeinschaft jagen. Das bietet sich schon deshalb an, weil der Großteil der Beute ebenfalls schwarmweise lebt.

Die Erlebnisse bei den Magellan-Pinguinen an der Otway-Bucht sollen der Auftakt zu Erlebnissen mit anderen Pinguinarten sein, über die im Kapitel »Robben und Rockhopper werden nicht mehr satt« berichtet wird. Diese nachfolgende Reise hat Horst George organisiert, doch bevor er mit uns an Bord des Hochseeschleppers »Apollo I« geht, ist er noch vollkommen auf seine »Pinguinera« hier an der Otway-Bucht konzentriert.

Daß er einmal an diesem verlassenen Ort zwischen November und März einen Großteil seiner Freizeit zubringen und sich im übrigen Jahr intensiv von seinem heimischen Schreibtisch aus für den Schutz der Magellan-Pinguine einsetzen würde, hatte Horst George sich nicht träumen lassen, als er 1989 nach Punta Arenas kam. Schon Jahre zuvor hatte er sich vom Niedersächsischen Kultusministerium für eine Lehrtätigkeit im Norden Chiles beurlauben lassen. Als der Termin zur Rückkehr nach Stade nahte, reizte es den heute 55jährigen Pädagogen, ein Angebot aus der südlichsten Stadt des langgestreckten Landes anzunehmen, und er bat in Hannover um Verlängerung seiner »Abordnung«. Als Direktor der deutschen Schule, seit 1992 auch als Honorarkonsul der Bundesrepublik Deutschland, widmet er sich in der Hafenstadt an der Magellanstraße vielen Aufgaben. Doch zu seiner wahren Berufung wurde das zunächst eher beiläufige Engagement für den Schutz der Pinguine und den damit verbundenen Aufbau einer Naturschutzstiftung. Sie ist nach zweijährigem mühevollen Ringen mit den Behörden seit 1993 als »Fundacion Otway« offiziell anerkannt, war durch ihre Tätigkeit aber zuvor weit über den Süden Chiles hinaus bekannt geworden.

Bereits 1991 wurden die guten Taten von Horst George, seinen Schülern und deren Eltern in Frankfurt am Main belohnt: Die »Pinguin-Schule« von Punta Arenas und ihr Direktor erhielten in der Paulskirche den

Sobald die Zeit für die Wachablösung gekommen ist, verlassen die diensthabenden Vögel mit Schwung ihr unterirdisches Nest, in dem bis zum März die Jungen hocken.

renommierten Bruno-H.-Schubert-Preis für Umwelt- und Naturschutz. Diese Auszeichnung machte das Projekt in Deutschland schlagartig bekannt, und spontan entschloß sich der Tierfilmer Heinz Sielmann zu einer Expedition an die Otway-Bucht, um den beispielhaften Einsatz von Horst George und seiner Mannschaft den deutschen Fernsehzuschauern nahezubringen.

Im Jahre 1989, als Horst George erstmals von dem Schicksal der Magellan-Pinguine hörte, wollte er seinen Ohren nicht trauen. Fischer würden die flugunfähigen Vögel aus ihren in die Erde gegrabenen Bruthöhlen herausholen, töten und ihr Fleisch als Fischköder benutzen. Besucher des traditionellen Brutplatzes würden die Tiere nachhaltig beunruhigen und ihre unterirdischen Nester eintreten. Was Horst George dann bei einem sonntäglichen Besuch an der Otway-Bucht sah, übertraf seine schlimmsten Erwartungen. Es brauchte keine lange Zeit, bis sein Entschluß feststand: Hier mußte sofort Abhilfe geschaffen werden.

Zunächst ließ er bei den Eltern der Deutschen Schule in Punta Arenas fragen, ob sie bereit seien, mit ihren Kindern beim Schutz der Pinguine mitzuhelfen. Dazu muß man wissen, daß der Name »Deutsche Schule« etwas irreführend ist. Alle Schüler sind chilenischer Nationalität, und der Unterricht wird auf spanisch erteilt. Deutsch ist lediglich eine der gelehrten Fremdsprachen. Aus der anfangs größeren Zahl von Eltern und Schülern, die ihre Unterstützung zugesagt hatten, hat sich im Lauf der Zeit eine kleinere, aber um so schlagkräftigere Arbeitsgruppe für die Pinguine gebildet. Zunächst begann sie unter der administrativen und strategischen Führung von Horst George mit einem Schutzdienst an Wochenenden. Eine grobe Bestandsaufnahme hatte ergeben, daß von den einstmals mehr als 10 000 Brutpaaren nur noch knapp 500 übriggeblieben waren. Horst George erkannte bald, daß es mit einem Wochenenddienst nicht getan war. Hier mußte zur Brutzeit eine durchgehende Überwachung her. Das bedeutete die Einrichtung einer zwar bescheidenen, aber wetterfesten Behausung.

Monatelang war die Pinguin-Gruppe unter der Leitung von Horst George aktiv. Ein Bauunternehmer stiftete den ersten Container und schaffte ihn über die damals zum Teil äußerst schwierig zu befahrende Piste an den Rand der »Pinguinera«. Horst George und seine Mannschaft verhandelten mit den Besitzern des Landes, auf dem die Pinguine

brüteten. Sie gestatteten, daß ein Teil der Brutplätze mit einem einfachen Zaun umgeben werden durfte. Verhandlungen mit Behörden, Fischern und Interessengruppen begannen und zogen sich endlos hin.
Niemand verstand anfangs, warum sich jemand derart für die Pinguine einsetzte, die an den Küsten seit jeher erschlagen, als Fischköder benutzt oder, ausgestopft, als Souvenirs verkauft wurden. Es blieb nicht aus, daß »der verrückte Deutsche« Drohbriefe erhielt. Aber Horst George ließ nicht locker. Hilfe aus Frankfurt hat ihn seit 1991 unterstützt: Die Zoologische Gesellschaft Frankfurt, die Bruno-H.-Schubert-Stiftung und die Umweltstiftung WWF-Deutschland haben das Projekt gefördert. Mehr Wohncontainer, längere und bessere Zäune, Aussichtsplattformen, Bohlenwege und Informationen für die von Jahr zu Jahr immer zahlreicheren Besucher der »Pinguinera«, eine gute Beschilderung, die Unterbringung und Verpflegung von freiwilligen Helfern in der Brutsaison und vieles mehr erfordern Mittel, die über

Magellanpinguine lieben die Geselligkeit. Bevor die Vögel sich am späten Nachmittag gemeinsam zum einige hundert Meter entfernten Flutsaum des Meeres begeben, sammeln sie sich vor den Nestern.

Solange die in der Regel zwei Jungen noch in der Bruthöhle sind, hält ein Altvogel Wache bei ihnen. Wer dem Nesteingang zu nahe kommt, wird mit optischen und akustischen Warnsignalen empfangen. Der Pinguin pendelt mit seinem Kopf hin und her, knurrende Rufe unterstützen das Abwehrmanöver (oben). Hocken die Jungen erst einmal tagsüber vor ihrem Nest, dauert es nicht mehr lange, bis sie ihren Eltern ins Meer folgen – in dem sie später weite Reisen unternehmen (Seite 261).

die Kräfte und finanziellen Möglichkeiten der engagierten Pinguin-Schützer aus Punta Arenas gehen. Die Bundeswehr stiftete ausrangiertes, aber noch brauchbares Gerät.

Die Erfolge können sich sehen lassen: Die bessere Sicherheit an den Brutplätzen scheint sich unter den Magellan-Pinguinen herumgesprochen zu haben. Nach rund 1000 Altvögeln im Jahr 1989 wurden 1992 bereits wieder 3000 gezählt. Zu Beginn des Jahres 1994 wurden 6000 Altpinguine ermittelt. Rechnet man, bei vorsichtiger Schätzung, 1000 schwimmfähig gewordene Junge hinzu, so verließen nach Ende der Brutsaison im März 1994 mindestens 7000 Magellan-Pinguine die Kolonie. Bis zum Beginn der neuen Brutzeit treiben sie sich in den Meeren nördlich der Antarktis umher. Im Oktober spätestens treffen die ersten brutfähigen Vögel wieder in der Otway-Bucht ein. Mit den Pinguinen kommen die Besucher, unter ihnen viele ausländische Touristen. Passagiere der Kreuzfahrtschiffe, die von Punta Arenas aus in antarktische Gewässer starten, besichtigen die Kolonie ebenso wie viele der Besucher Patagoniens und Feuerlands. In der Brutsaison 1993/1994 waren es 12 000 – eintrittzahlende – Erwachsene und mindestens 5000 nichtzahlende Kinder. Von den Eintrittsgeldern wird unter anderem die ganzjährige Besetzung der Station bezahlt, die auch vielen anderen in diesem Gebiet lebenden Tieren von Nutzen ist. Die gut 100 000 Bewohner zählende Stadt Punta Arenas profitiert nicht unerheblich von der Attraktion.

Als große Hilfe waren in der Saison 1993/1994 erstmals 18 freiwillige Helfer im Einsatz, darunter eine ganze Reihe aus Deutschland angereister Pinguin-Freundinnen und -Freunde. Sie wohnten in der kleinen »Container-Burg« und sorgten von hier aus für Aufklärung der Besucher und für den Schutz der Pinguine. Jedes Jahr werden Freiwillige gesucht, die für mindestens acht Wochen Posten bei den Pinguinen an der Otway-Bucht beziehen. Unterkunft und Verpflegung sind frei.

Die Fundacion Otway, deren 1. Vorsitzender Horst George ist, hat ihre Aktivitäten inzwischen ausgeweitet. Auf der Vogelinsel Magdalena unterhält sie ebenfalls einen Vogelwärter, der seinen Kollegen von der staatlichen Forst- und Naturschutzbehörde (CONAF) unterstützt. Auch dort waren die Magellan-Pinguine durch die Besatzungen anlegender Schiffe immer wieder dezimiert und gestört worden. Das hat seitdem ein Ende. Ein großer Erfolg für die Fundacion Otway und Horst George war es, daß die regionale Regierung 1993 das Fangen und den Export lebender Pinguine verbot. Dabei hat der WWF durch Briefe an die verantwortlichen Stellen mitgeholfen. Durch das Verbot sind auch die Chancen gestiegen, daß sich in absehbarer Zeit auf Feuerland eine Kolonie von Königspinguinen gründet. Von Jahr zu Jahr sind mehr der schönen Vögel in Chile an Land gegangen, wurden aber großenteils gefangen und zu einem guten Teil nach Japan verkauft. Horst George ist sich ziemlich sicher, daß er schon bald eine weitere Schutzstation, und zwar für brütende Königspinguine, auf Feuerland einrichten muß und auch einrichten kann.

Robben und Rockhopper werden nicht mehr satt

Statt Albatrossen und Riesensturmvögeln, Delphinen und Walen, die uns neben anderen Meeresbewohnern als ständige Begleiter der Apollo I von Kapitän Carlos Aguilera angekündigt sind, sehen wir gut zwei Stunden nach dem Ablegen in Punta Arenas zunächst vor allem Ölbohrinseln. Die Magellanstraße scheint voll von diesen stählernen Ungetümen zu sein. Vielleicht kommen bald andere Einrichtungen hinzu: Wir erfahren an Bord über Pläne von japanischen und kanadischen Firmen, den Grund der Magellanstraße mit riesigen »Staubsaugern« nach Gold abzusuchen. Die Folgen für die Unterwasserfauna wären unabsehbar.

Der Kapitän und seine Mannschaft kennen jede der Bohrinseln, denn normalerweise versorgen sie mit der Apollo I diese Plattformen und die dort arbeitenden Menschen mit allem, was für die Erdölförderung und das tägliche Leben auf den künstlichen Inseln notwendig ist. Doch diesmal hat das mit zwei starken Maschinen ausgerüstete Schiff Container, Öl und andere Fracht für Stanley, die Hauptstadt der rund 600 Kilometer östlich der argentinischen Küste im Südatlantik gelegenen Falkland-Inseln, geladen. (Von Cap San Diego auf Feuerland, dem nächstgelegenen Ort auf dem Festland, ist die Entfernung 100 Kilometer geringer). An Bord sind fünf deutsche Passagiere, die einige der 778 Inseln und Inselchen besuchen wollen, um auf ihnen die außergewöhnliche Tierwelt zu beobachten, zu filmen und zu fotografieren: Heinz Sielmann mit dem Kameramann Dieter Höse und dem für den Ton zuständigen Gert Kappes, Horst George, der »Arrangeur« des Ganzen, über den im vorhergehenden Kapitel ausführlich zu lesen ist, und ich. Uns allen ist die Inselgruppe bisher aus eigener Anschauung unbekannt – selbst Heinz Sielmann hat sie auf seinen vielen »Expeditionen ins Tierreich« fürs Fernsehen bisher ausgelassen.

Auch mir waren die Falkland-Inseln erst 1982 ins Bewußtsein gerückt, als Argentinien und Großbritannien in einem kurzen, aber heftigen Krieg darum stritten. Damals ging es um Territorialansprüche, und England setzt seitdem seine seit 1833 bestehende Herrschaft fort. Argentinien dagegen besteht weiterhin auf Rechten, die es als Nachfolger der La-Plata-Konförderation aus deren Besitz der »Islas Malvinas« zwischen 1826 und 1833 herleitet.

Beim Falkland-Krieg ging es nicht nur um einen strategischen Stützpunkt 1500 Kilometer nördlich der Antarktis, den Schutz von knapp 2000 britischen Staatsbürgern und den Stolz der einstigen britischen Seemacht, der durch die argentinische Besetzung empfindlich getroffen war, sondern es ging auch um handfeste wirtschaftliche Interessen. Die Falkland-Inseln nämlich sind von den fischreichsten Gewässern der Erde umgeben. Eine von Feuerland kommende, nach Norden gerichtete Meeresströmung teilt sich südlich der Inselgruppe und schafft mit ihrem kühlen Wasser ideale Bedingungen für ein vielfältiges marines Leben: Fische, Krebse und Schalenweichtiere in ungeheurer Fülle wandern im Falklandstrom und halten sich im Umkreis des Archipels monatelang, wenn nicht das ganze Jahr hindurch auf. Viele kommen zur Paarung und zum Laichen hierher. Die einen folgen den anderen, eine lange Kette von Erbeutern und Erbeuteten unter und über Wasser.

Schwarzbrauenalbatrosse und Riesensturmvögel (Seite 263 oben und unten) gehören zu den größten fliegenden Begleitern von Schiffen im südlichen Atlantik. Viele der Vögel verbringen Monate auf und über dem Meer, ohne sich ein einziges Mal an Land zu begeben. Das geschieht meistens zur Brutzeit.

Die wenigen noch völlig mit hohem Tussockgras bewachsenen Inseln des Falkland-Archipels wirken von weitem düster (oben), nicht so New Island mit seinen wenigen Häusern (unten).

Auch wir haben Kurs auf die Falkland-Inseln genommen, um Beute zu machen, wenn auch nur von fotografischer Art. Nach der ersten Nacht, die wir glücklicherweise ohne Seegang in unseren Kojen verbringen (einen den Magen umdrehenden Teil der Seereise haben wir noch vor uns), machen uns die ersten Hochseeflieger ihre Aufwartung. Stundenlang stehen wir an Deck und verfolgen den Flug von »Mollymauks«, Schwarzbrauenalbatrossen *(Diomedea melanophris)* und von Südlichen Riesensturmvögeln *(Macronectes giganteus)*. Die Vögel mit einer Flügelspanne bis zu zweieinhalb Metern folgen, meist einzeln, für einige Zeit dem Schiff, überholen es seitlich oder überfliegen es, um sich dann oft in einer großen Runde wieder über das Kielwasser zu begeben. Diese Flugspiele wiederholen sich mitunter eine halbe Stunde lang, wobei die Vögel ihr ganzes fliegerisches Können zeigen. Gern lassen sie sich vom Westwind im Rücken tief aufs Wasser drücken. Immer wieder scheint es, als würden sie mit ihren Flügeln oder ihrem Körper die Meeresoberfläche berühren. Nur wenige Millimeter trennen die Spitze einer Handschwinge vom Wasser. Wie die großen Vögel die Wellentäler nutzen und mit den Wogen auf- und absteigen, ist perfekte Luftakrobatik. Wir können uns an dem Schauspiel nicht sattsehen. Groß ist unsere Freude, als zweimal ein Wanderalbatros *(Diomedea exulans)* für kurze Zeit neben der Apollo I fliegt. Der Größenunterschied zu dem schon recht stattlichen Schwarzbrauenalbatros ist auf den ersten Blick deutlich: Der Wanderalbatros hat, wie der vornehmlich auf und bei Neuseeland brütende Königsalbatros *(Diomedea epomophora)*, eine Spannweite bis zu dreieinhalb Metern. Die beiden Arten sind

damit unter den fliegenden Vögeln diejenigen mit der größten Flügelspanne.
Zu den großen gesellen sich, je weiter wir bei unserer 48stündigen Schiffsreise auf die offene See geraten, kleinere Meeresvögel. Selbst mit Hilfe eines Bestimmungsbuches gelingt es uns nur selten, die einzelnen Arten richtig »anzusprechen«. Ob es sich um eine der verschiedenen Arten von Sturmschwalben, um einen Angehörigen der großen Familie der Sturmvögel handelt oder einen aus der Familie der Tauchsturmvögel – wir geben es bald auf, sie im einzelnen unterscheiden zu wollen. Immerhin veranlassen mich die vielen Vogelarten, die manchmal regelrecht auf dem Wasser zu tanzen scheinen, mich in der mitgeführten Literatur genauer über die verwandtschaftlichen Verbindungen innerhalb der Ordnung der »Röhrennasen« *(Procellariiformes)* zu informieren. Zu ihnen zählen vier Familien: Die Albatrosse *(Diomedeidae)* mit 13 Arten, die Sturmvögel *(Procellariidae)* mit 55 Arten, die Sturmschwalben *(Hydrobatidae)* mit 19 Arten und die Tauchsturmvögel *(Pelecanoididae)* mit fünf Arten. Wer im Ausland unterwegs ist, hat mit den fremdländischen Bezeichnungen zu kämpfen. Nicht immer ist der wissenschaftliche Name bekannt oder gerade im Gedächtnis, und das entsprechende Bestimmungsbuch ist auch nicht zur Hand.
Die Röhrennasen, so genannt wegen ihrer Nasenlöcher in hornigen Röhren auf oder an den Schnäbeln, durch die sie Salzwasser ausscheiden können, machen es dem Beobachter nicht gerade leicht, ihre in 22 Gattungen unterteilten 92 Arten zu unterscheiden. Hat man sich gerade die Familien eingeprägt, so gilt es, die Unterfamilien näher kennenzulernen: In der Familie der Sturmvögel sind es die Möwensturmvögel *(Fulmarinae)*, die Walvögel *(Pachyptilinae)*, die Hakensturmtaucher *(Pterodrominae)* und die Sturmtaucher *(Procellariinae)*. Unter den Sturmschwalben gibt es einige Arten, die nicht schwerer als zwanzig Gramm werden, im Vergleich zu den acht Kilogramm, die der ihnen verwandte Wanderalbatros erreichen kann, geradezu ein Federgewicht.
Jetzt, zu Beginn des letzten Januardrittels, ist für die an der Küste und auf den Inseln des Südatlantiks beheimateten Röhrennasen der Höhepunkt der Brutzeit erreicht. Um diese Zeit sitzen überall Junge in den Nestern. Viele der Vögel, die wir hier Hunderte von Kilometern vom nächsten Land entfernt sehen, suchen nach Nahrung für ihren Nachwuchs. Darunter sind etliche, die nur nachts zu ihren Brutkolonien fliegen, um dort ihre Jungen in den unterirdischen Nisthöhlen mit Nahrung zu versorgen oder ihren Partner abzulösen. Wir werden viele auf den Falkland-Inseln wiedersehen, etliche

Die Küsten der Falkland-Inseln sind von den natürlichen Elementen vielfältig gestaltet. Flache Sandstrände, Dünen und steile Felsklippen wechseln sich mit Grashängen und von angespültem Seetang bedeckten Flächen ab.

aber nur als Leichen oder das, was von ihnen übriggeblieben ist. Doch dazu später mehr. Sowohl Sturmschwalben, die in kleinen Verbänden wie Fledermäuse über den Wellen hin und her gaukeln, von Zeit zu Zeit mit dem Schnabel etwas von der Wasserfläche aufnehmen und sich zwischendurch für einige Minuten schwimmend ausruhen, als auch Sturmvögel und Albatrosse sind wohl der Meinung, daß es in der Nähe des Schiffes Aussicht auf Verpflegung gibt. Von der Mannschaft erfahren wir, daß die großen Fischfangschiffe oft von vielen hundert kleinen und großen Angehörigen der Röhrennasen verfolgt werden, in Küstennähe durch Möwen und Seeschwalben zahlenmäßig verstärkt. Die meisten der uns folgenden Vögel merken nach einiger Zeit, daß von der Apollo I nichts über Bord geht, und drehen ab. So stellen sich uns immer wieder neue fliegende Begleiter vor. Es vergehen aber auch zehn oder zwanzig Minuten, in denen kein einziger Vogel zu sehen ist. Wie aus dem Nichts sind dann plötzlich wieder einige da, die meisten weiß und grau gefiedert, so daß sie auf dem graublauen Wasser oft gar nicht leicht zu erkennen sind.

Einmal stürzen wir Hals über Kopf ins Ruderhaus, als der Kapitän uns über Lautsprecher zuruft, daß er Wale ausgemacht habe. Viel ist von ihnen nicht zu erkennen, aber immerhin sehen wir dreimal eine Wasserfontäne, die von den großen Meeressäugern durch das Atemloch ausgestoßen wird. Am zweiten Tag unserer Reise, als wir schon »unter Land« auf (Port) Stanley zusteuern, begleiten uns für etwa drei Minuten fünf Delphine mit ihren eleganten Bogensprüngen. Die Nähe von Falkland macht sich auch auf andere Weise bemerkbar: Es tauchen mehr Möwen auf, Kormorane lassen sich blicken, und im Wasser entdecken wir die ersten Pinguine, als sie zum Luftholen kurz auftauchen. Es sind die uns

Die flugunfähige Falkland-Dampfschiffente kann ihre Jungen in diesem Alter ohne Furcht vor einem Angriff von Raubmöwen ausführen.

schon bekannten Magellanpinguine, doch wir erwarten hier – und das ist ein wesentlicher Grund für unsere Reise zu dieser entfernten Inselgruppe – noch weitere Arten. Wir hoffen, Eselspinguinen, Felsenpinguinen und Königspinguinen möglichst nahe zu kommen.

Vor der Einfahrt zum Hafen von Stanley sehen wir eine der besonderen Vogelarten, die es nur auf den und um die Falkland-Inseln gibt: Dicht hintereinander schwimmen zwei Paare der »Falkland Flightless Steamer Duck« *(Tachyeres brachydactyla* bzw. *brachypterus)*, der zu den Halbgänsen zählenden Falkland-Dampfschiffente. Im Gegensatz zu ihrer Verwandten, der auch auf den Falkland-Inseln vorkommenden Langflügel-Dampfschiffente *(Tachyeres patachonicus)*, kann die Falkland-Dampfschiffente nicht fliegen. Die hier »Logger« genannte, mit bis zu knapp 80 Zentimetern Körperlänge sehr große »Halbgansente« hat ihren eigentümlichen Namen von der Art ihrer Fortbewegung. Wir erhalten den besten Anschauungsunterricht gleich vom ersten Paar, das wir sehen. Als ihnen die Apollo I zu nahe kommt und die Vögel mit Schwimmen allein nicht genügend Abstand halten können, nehmen sie ihre Stummelflügel zu Hilfe. Doch um damit in die Luft zu gehen, sind diese Flügel zu kurz. Laufend und flügelschlagend erreichen die Vögel auf der Wasseroberfläche eine beachtliche Geschwindigkeit; dabei sehen sie aus wie ein Raddampfer, der sich durch das Wasser schaufelt. Später merken wir, daß die Enten im Hafen recht vertraut sind. Zwei Enten mit Jungen lassen uns wiederholt ganz nahe kommen. Allerdings entfernen sich die schweren Vögel bei einem Landgang nie weiter als einen oder zwei Meter von der Wasserlinie. Bei Gefahr könnten sie sich sonst nicht retten, im Wasser aber tauchen sie sofort für längere Zeit unter.

Im Wasser, zwischen Felsen und Seetang, sieht ein Südlicher See-Elefantenbulle ganz anders aus als sandbestäubt und mit trockenem Fell am Strand. Nach der Paarungszeit, wenn die Weibchen schon wieder im Meer unterwegs sind, erholen sich die Bullen noch einige Zeit; friedlich liegen sie nebeneinander (Seiten 268/269).

Während der Paarungszeit, die sich unmittelbar an die Geburt der Jungen anschließt, versuchen die See-Elefantenbullen, einen möglichst großen Harem von Kühen um sich zu scharen. Dabei kommt es mitunter zu Auseinandersetzungen, die blutige Wunden hinterlassen. Aber See-Elefanten sind hart im Nehmen. Mit aufgerichteten Vorderkörpern teilen sie so lange Schläge und Bisse aus, bis einer aufgibt. Der Kampf wird von lautem, heiserem Geschrei begleitet.

Die ersten Möwen, die uns vor der Kulisse Stanleys mit seinen in leuchtenden Farben angestrichenen, flachen Häusern begrüßen, kommen uns bekannt vor. Sie ähneln den Silber- und Heringsmöwen. Wie diese in Europa sehen wir die Dominikanermöwen *(Larus dominicanus)* später wiederholt auf Müllcontainern im Hafen und an den Straßen Stanleys, wo sie – wie es die meisten Angehörigen der großen Möwensippe weltweit tun – nach freßbaren Abfällen Ausschau halten. In der Nähe der Inseln sichern sie sich auf dem Meer ihren Anteil dessen, was über Bord der Schiffe geht.

Wir legen im kleinen Hafen von Stanley an, als gerade die Mittagspause anbricht. Es scheint, als würde sich mindestens die Hälfte der rund 1400 Einwohner vor dem »lunch« erst einmal in ihre größtenteils aus Landrover bestehende Autoflotte setzen, um einige hundert Meter vom Büro oder Laden nach Hause zu fahren. Nach der Rush-hour, gegen zwölf Uhr, erscheint die Hauptstadt von der Größe eines ausgewachsenen mitteleuropäischen Dorfes nahezu wie ausgestorben. So können wir, während die Apollo I im Hafen bis zum Ende der Mittagspause auf das Entladen wartet, in Ruhe die Sehenswürdigkeiten anschauen.

Nach der längeren eingeschränkten Bewegungsmöglichkeit an Bord tut es gut, zwischen dem Denkmal, das an den 74-tägigen Falkland-Krieg erinnert, der Siegessäule, die uns darauf aufmerksam macht, daß am 8. Dezember 1914 die britische Marine der deutschen Kriegsflotte bei den Falkland-Inseln eine schwere Niederlage zugefügt hat, dem 1933 anläßlich des hundertjährigen Geburtstages britischer Zugehörigkeit aus vier riesigen Kieferknochen eines Blauwales errichteten »Triumphbogen«, der Christchurch Cathedral von 1892 mit ihrem eindrucksvollen Innenraum und den in etlichen Vorgärten in reicher Zahl aufgestellten Gartenzwergen hin und her zu wandern. Von der Ross Road, die entlang der Küste verläuft, sehen wir einige Schiffswracks. Später läuft ein Kreuzfahrtschiff ein und ankert in der Bucht. Die mit gleichfarbigen Anoraks ausgestatteten Passagiere bevölkern für einige Stunden Stanley, bevor sie in der Nacht über Südgeorgien in die Antarktis weiterfahren. Nachdem in den ersten Jahren nach dem Krieg der Tourismus zu den Falkland-Inseln weitgehend zum Erliegen gekommen war, ist er seit Beginn der neunziger Jahre deutlich im Aufwind. Einige der Nebeninseln haben sich zu attraktiven Zielen für Naturinteressierte entwickelt. Aus Europa befördert die britische Luftwaffe auch zivile Reisende zu den Falkland-Inseln, eine Zwischenlandung auf der zwischen Afrika und Südamerika gelegenen Insel Ascensión inbegriffen. Die Verkehrsverbindungen zwischen dem nächstgelegenen Argentinien und der Inselgruppe, die bis 1982 hervorragend waren, sind nach wie vor gestört.

Am Abend sind die Pubs von Stanley schnell abgeklappert; bei einigen Runden »darts«, dem Nationalspiel der Falkländer, das sie als echte Briten ausweist, stellen wir fest, daß es schon einiger Übung bedarf, um die kleinen Wurfpfeile ins Zentrum der runden Scheibe zu plazieren. Nach einigen verlorenen »stout« oder Guinness haben wir genug und

auch das Gefühl, der Zivilisation erst einmal wieder den Rücken kehren zu können.
Da sich das Entladen der Apollo I noch über den folgenden Tag hinzieht, besteigen wir am Morgen ein kleines Motorschiff, das uns durch den Berkeley Sound (Sund) zum Volunteer Point im Nordosten von East Falkland, der mit 6760 Quadratkilometern um ein Fünftel größeren der beiden Hauptinseln, bringen soll. Ost- und Westfalkland, durch den durchschnittlich 20 Kilometer breiten Falkland Sound voneinander getrennt, sind von vielen Inseln umgeben. Die Angaben über ihre Zahl schwanken zwischen gut 200 und 778, je nachdem, bis zu welcher Größe die teilweise winzigen Eilande als echte Inseln gelten. Doch gerade die kleinen sind für Naturkundler von besonderer Bedeutung. Auf vielen von ihnen hat sich eine ursprüngliche Flora erhalten, die auf den größeren Inseln durch den Menschen großflächig zerstört oder zumindest stark beeinträchtigt ist. Der Abbau von Torf und eine intensive Schafhaltung sind die wichtigsten Ursachen dafür.
Bis heute dient der in einer Stärke von bis zu fünf Metern (auf der Insel Beauchêne südlich von Falkland beträgt sie stellenweise gut 13 Meter) vorkommende Torf als wichtiges Brennmaterial. Die mächtigen Torfschichten stammen von Gräsern und Sträuchern. Sie sind für viele Vogelarten lebenswichtig.
Ebenso starke Spuren wie die Gewinnung von Torf, sowohl mit dem Spaten als auch zunehmend mit Maschinen, haben die Schafe in jahrzehntelanger intensiver Beweidung in der Landschaft hinterlassen. Ein Bestand von 600 000 bis 700 000 Tieren fügt der Pflanzendecke das ganze Jahr hindurch nachhaltige Schäden zu und hat sie verändert, wobei die Farmer durch die Einsaat von nicht heimischen Grasarten kräftig mitgeholfen haben. Wegen des relativ gleichbleibend kühlen Wetters mit einer Durchschnittstemperatur von 1,9 Grad Celsius im Juli und 9,5 Grad im Januar, wenn auf den Falkland-Inseln Sommer ist, und bei einer Jahresniederschlagsmenge von 650 bis 700 Millimeter bleiben die Schafe das ganze Jahr hindurch draußen. Auch der fast ständig

Johnny Rook, der Südliche Karakara, hat auf einer von Tussockgras bewachsenen Torfabbruchkante Posten bezogen. Der kleinere Verwandte des Carancho wurde früher stark verfolgt, weil der Geierfalke, wie alle anderen Greifvögel fast überall auf der Erde, auch auf den »Malvinen« als Raubvogel verfolgt wurde. Dadurch ist er zeitweise so selten geworden, daß er nun geschützt wird. Die vielen Seevögel bieten ihm genug Nahrung.

Während die Schopfente ihren wenige Tage alten Küken das Trinken aus einer Süßwasserpfütze beibringt, wacht der Erpel über seine Familie. In diesem Alter ist der Entennachwuchs noch sehr gefährdet (unten). Zwar ist einer der alten Riesensturmvögel immer in der Nähe (Seite 273 oben), doch die heranwachsenden Jungen müssen die meiste Zeit allein in den Nistmulden am Strand verbringen (Seite 273 unten). Sobald sie flügge sind, begeben sie sich auf weite Wanderflüge.

wehende kräftige Wind macht ihnen nichts aus. Kein Wunder, daß sich auf den Falkland-Inseln vieles um die Schafhaltung dreht. Schließlich kommen auf jeden Bewohner des Archipels mindestens 300 Tiere; rechnet man die etwa 2000, ebenfalls in Abständen ausgetauschten britischen Soldaten zu den Bewohnern, so sind es halb so viele.

Auf unserer Fahrt entlang der Küste sehen wir, auf wie verschiedene Weise das Meer die Ränder der Inseln geformt hat. Mal laufen die Wellen auf einem breiten Sandstrand aus, mal klatschen sie gegen einige Dutzend Meter aufsteigende Felswände, mal reichen Sanddünen bis an den Flutsaum, oder das Gras wächst bis zur Abbruchkante des Landes. Die Charakterpflanze der Inseln, das bis über drei Meter hohe Tussockgras *(Parodiochloa flabellata,* auch *Poa flabellata)* ist nahezu nur noch auf geschützten und unbewirtschafteten Flächen vorhanden. Seit der ersten Besiedlung Ostfalklands im Jahr 1764 durch die Franzosen (die Engländer ließen sich ein Jahr später auf Westfalkland nieder, verließen später aber zwischenzeitlich die Inselgruppe, die 1592 von dem englischen Seefahrer John Davis entdeckt worden war) sind viele der 163 einheimischen Pflanzenarten selten geworden, einige wurden vielleicht sogar vor ihrer wissenschaftlichen Erfassung ausgerottet. Mehr als 90 Pflanzenarten wurden von den Menschen aus anderen Ländern mitgebracht. Vor dem Beginn der bis heute anhaltenden Florenverfälschung gab es auf den Falkland-Inseln, zumindest nach der letzten Vereisung, keine Bäume. Heute sieht man welche, vor allem in der Nähe von Häusern.

Die Landung am Volunteer Point gestaltet sich nicht ganz einfach. Wegen der starken Brandung müssen wir zu zweit in ein Zodiak-Schlauchboot umsteigen. Damit uns die letzten Brecher nicht an Land werfen, steigen wir vorher aus. Bis zu den Hüften im Wasser, die Kameraausrüstung in die Höhe haltend, waten wir zum Strand, nicht ohne vorher noch eine Salzwasserdusche erhalten zu haben.

Für unsere Unternehmungen haben wir vereinbart, getrennt ans Werk zu gehen. Heinz Sielmann und sein Filmteam schlagen ihren Weg ein, Horst George und ich den unsrigen. Doch die ersten Eindrücke nehmen wir noch gemeinsam auf. Schon vom Schiff aus sind uns die vielen hellen und dunklen Vogelgestalten auf dem Strand und der daran anschließenden erhöhten Landkante aufgefallen. Mit dem Fernglas haben wir Pinguine und Gänse erkennen können. Jetzt kommen wir ihnen zu Fuß sehr nahe.

Magellanpinguine haben hier in einer Brutkolonie, die sich – wie wir später feststellen – über mindestens zwei Kilometer erstreckt, ihre Höhlen in den weichen Torfboden gegraben. Jetzt stehen die Magellanis wie zu unserer Begrüßung einzeln vor ihren unterirdischen Nestern oder in Gruppen auf dem Strand. Sie scheinen nichts zu tun zu haben und nehmen kaum Notiz von uns.

Ebenso verhalten sich die Magellangänse, die auf Falkland in der »Nominatform« *Chloephaga picta* größer sind als auf dem südamerikanischen Festland, wo die Unterart *Chloephaga picta picta* zu Hause ist. Die mit einer Körperlänge von bis zu 76 Zentimetern etwa um ein Drittel größere »Upland Goose«

Falklands hat im Lauf der Geschichte Generationen von Menschen mit frischem Fleisch versorgt. Da sie so vertraut sind, konnten sie von den Besatzungen der Schiffe, den Siedlern und Walschlächtern gegriffen oder mit Steinwürfen getötet werden. Aber auch als vermeintliche Konkurrenten der Schafe wurden die grasfressenden Halbgänse lange Zeit dezimiert. Zu Beginn des Jahrhunderts bezahlten die Regierungsbehörden für jeden abgelieferten Schnabel einer Magellangans eine Prämie. Allein zwischen 1905 und 1912 wurden mehr als eine halbe Million Gänseschnäbel »gekauft« – für zehn gab es einen Schilling. Doch auch nach dem Fortfall der Prämien im Jahr 1924 wurden die Gänse weiter bejagt. Mitte der achtziger Jahre kamen jährlich rund 25 000 zur Strecke. Untersuchungen haben ergeben, daß die Gänse, indem sie mit ihrem Kot düngen, mindestens genausoviel Nutzen bringen, wie sie durch das Abfressen von Gras die Schafhalter »schä-

digen«. Auf einige hunderttausend wird der Bestand der Magellangänse heute auf Falkland geschätzt. Er leidet nicht darunter, daß weiterhin jedes Jahr einige tausend geschossen werden, um Abwechslung in den zu einem Gutteil von Hammelfleisch bestimmten Speiseplan der Inselbewohner zu bringen. Das geschah früher in großem Umfang und geschieht heute noch, wenngleich weniger intensiv, mit Hilfe der fünf bis acht Eier, die die Gänse zwischen August und November in ihr Bodennest legen. Bis in die heutige Zeit werden übrigens auch andere Vogelarten ihrer Gelege beraubt: Pinguine, Albatrosse, Raubmöwen und Möwen liefern neben Graukopfgänsen, Rotkopfgänsen, Tanggänsen und einigen Entenarten die größten Eier.
Die Magellangänse, die uns auf dem Volunteer Point neugierig betrachten, geben sich zutraulich wie ihre Vorfahren. Trotz der früher so starken Verfolgung hat sich ihr Verhalten anscheinend wenig geändert. Wir können uns den auf schneeweißem Gefiedergrund auf dem vorderen Teil des Rückens und an den Flanken schwarz gebänderten Gantern und den mit brauner Kopf-, Hals- und Brustfärbung versehenen Gänsen bis auf wenige Meter nähern. Auch dann fliegen die schönen Vögel, an deren Gefiederzeichnung wir uns kaum sattsehen können, nicht etwa auf, sondern entfernen sich zu Fuß. Mancher Ganter stellt sich mit seiner weißen Brust, dem weißen Hals und Kopf so hin, als wolle er uns besonders imponieren.
Doch wir sind nicht hierhergekommen, um die Magellangänse zu studieren. Uns locken die Königspinguine, die hier in einer Kolonie von etwa 100 Paaren brüten. Es gibt noch drei oder vier andere Stellen auf den Falkland-Inseln, an denen sich die mit einer Körpergröße von knapp einem Meter zweitgrößten Vertreter ihrer 17 Arten umfassenden Familie in kleinen Brutkolonien niedergelassen haben. Es ist ihr nördlichster Brutplatz, und die Zahl derer, die hier für Nachwuchs sorgen, ist zumindest in den letzten Jahrhunderten nie sehr groß gewesen. Um 1870 sollen die »Kings« als Brutvögel von den Falkland-Inseln nahezu verschwunden gewesen sein. Dank besserer Schutzmaßnahmen haben sie sich in den letzten 20 Jahren gerade auf Ostfalkland zwar langsam, aber beständig vermehrt, so daß es Anfang 1994 insgesamt knapp 250 Paare sind. Zehn Jahre zuvor waren es noch nicht einmal 50. Wo die Königspinguine brüten, sind oft die Eselspinguine (*Pygoscelis papua*) nicht weit. Sie sind eine weitere der vier Pinguinarten, die auf den Falkland-Inseln nisten. Mindestens fünf andere Arten, unter ihnen der bis zu etwa 120 Zentimeter lange Kaiserpinguin *(Aptenodytes forsteri)* kommen als gelegentliche oder regelmäßige Besucher hierher.
Die beiden Bootsmänner haben uns gesagt, in welche Richtung wir laufen müssen, um die Königspinguine und Eselspinguine zu finden. Das Land vor uns ist ziemlich flach; der mit 705 Metern höchste Berg der Falkland-Inseln, Mount Usbourne (Usborne), liegt auf der anderen Seite von Ostfalkland. Obwohl wir einen weiten Rundblick haben, können wir die buntesten aller Pinguine nicht entdecken. Sie müßten doch aus größerer Entfernung zu erkennen sein, denn von Bildern wissen wir, daß sie während der Brut eng beieinander stehen. Statt der ersehnten Pinguine sehen wir auch hier verstreut grasende Schafe. Ein weißes Haus steht verlassen da. Dort, so erfahren wir später, wohnt gelegentlich ein Vogelkundler und -wärter. Doch jetzt ist weit und breit keine Menschenseele zu sehen. Während Horst George und ich in nordwestlicher Richtung wandern, merken wir, daß sich weite Senken durch das Land ziehen, die in der Mittagssonne auf den ersten Blick gar nicht zu erkennen sind. Und da das Gelände langsam ansteigt, können wir jedesmal gespannt sein, was sich hinter dem nächsten sanften Hügel zeigen wird. So dauert es eine ganze Zeit, bis wir in der Ferne zwei ellipsenförmige, schwarzweiß gemusterte Flächen entdecken,

die sich mit Hilfe des Fernglases als dicht beieinander stehende Pinguine entpuppen. Nachdem wir weit mehr als zwei Kilometer zurückgelegt haben, stehen wir endlich 50 Meter vor dem ersten Brutplatz. Hier haben sich etwa 200 Paare Eselspinguine zusammengetan, um auf wenigen Quadratmetern ihre jeweils zwei weißen Eier zu bebrüten und die Jungen aufzuziehen. Da die ersten Vögel mit dem Legen bereits Ende September beginnen, andere das aber erst im November tun, gibt es jetzt bei den Jungen enorme Größenunterschiede. Einige der bis etwa 75 Zentimeter großen Vögel stehen oder liegen noch auf ihrem Gelege und wärmen es. Jetzt verstehen wir, warum die »Gentoo Penguins« (so der englische Name) Eselspinguine heißen: Ihre Rufe klingen wie die Schreie von Eseln.

Mit ausgesprochenem Gleichmut nehmen die Tiere es hin, daß sich am Rand der Kolonie mehrere Skuas *(Catharacta antarctica)* herumtreiben und auf Beute lauern. Eine der Großen Raubmöwen, die es – in verschiedenen Arten und/oder Unterarten – sowohl rund um die Arktis als auch um die Antarktis gibt, hat einen jungen Pinguin erbeutet und zerrt ihn vom Rand der Kolonie fort. Außer einigen Drohgebärden und etwas erregteren Rufen unternehmen die Eselspinguine nichts.

Knapp einen Kilometer weiter haben die Königspinguine ihren Dauerstehkonvent eingerichtet. Auch hier sind alle Stadien des Brutgeschehens zu beobachten: Einige der Vögel, die mit etwas vermehrten Grunzlauten auf unsere Anwesenheit reagieren, stehen mit ihrem einzigen großen Ei, das sie auf den Füßen in der Brutfalte ihres Unterkörpers halten, nahezu unbeweglich dicht beieinander. Andere füttern bereits ihr Junges, das nach einer Brutzeit von acht Wochen geschlüpft ist und fast ein Jahr lang, bis zur Selbständigkeit, von den Eltern abwechselnd

Eine der Bärenrobben (Südliche Seebären) ist noch einmal davongekommen: An ihrem Hals sind die Abdrücke des Fischnetzes deutlich zu erkennen. Viele Robben, Delphine, Meeresschildkröten und Vögel verfangen sich in den mehr als 50 Kilometer langen Treibnetzen vornehmlich ostasiatischer Fischfangflotten und ertrinken jämmerlich. Manchmal gelingt es einzelnen Tieren, sich zu befreien.

Die Skua ist wie andere Raubmöwen für ihre rasanten Angriffsflüge bekannt (rechts). Ob junger Eselspinguin (unten) oder Sturmvögel (ganz unten: die Reste mehrerer Vögel vor ihren Nisthöhlen) – vor den Skuas müssen sich alle kleineren Vögel in acht nehmen.

betreut wird. Bis zur Nahrungsquelle, dem Meer, müssen die Pinguine von hier aus etwa einen halben Kilometer mit ihrer für den Menschen komisch anmutenden Gangart laufen. Wir sehen aber auch Jungvögel, die aus der letzten Brutperiode stammen: Fast so groß wie die Altvögel, nur wesentlich dicker, tragen sie ein dunkelbraunes, daunenartiges Kleid. Bei einigen der »Dreiviertelstarken« drücken die ersten Federn schon plackenartig die Jugendwolle fort. Dadurch sehen die Vögel aus, als hätten sie die Räude.

Der Brutplatz, auf dem kein Grashalm mehr wächst, ist übersät von unendlich vielen kleinen Federn. Glücklicherweise ist es recht windstill, sonst würden wir hier wie in einem Schneetreiben stehen. Die meisten Pinguine mausern während der Brut und Jungenaufzucht. Daher leuchten jetzt bei vielen die Köpfe und Hälse besonders kräftig in frischen orangefarbenen und gelben Tönen, zu denen das Schwarz des Kopfes und der Kehle, das Weiß von Brust und Bauch und der silbergraue Rücken in einem herrlichen Kontrast stehen.

Drei Stunden dauert unser erster Besuch bei der königlichen Großfamilie. Gegen Ende unserer Reise werden wir noch einmal herkommen, dann aber in einer halsbrecherischen mehrstündigen Fahrt im Landrover. Jetzt geht es im Boot zurück nach Stanley. Es begleiten uns wieder einige schwarzweiße Commerson-Delphine, etwa eine Minute lang, dann entschwinden sie pfeilschnell mit mehreren Sprüngen. Obwohl unser Boot von zwei starken Motoren angetrieben wird, haben wir bald darauf Mühe, einem japanischen Fischereischiff zu folgen, das mit beachtlicher Geschwindigkeit durch die See pflügt. Unser Kapitän erkennt an der technischen Ausrüstung, daß es sich um einen Tintenfischfänger handelt. Allerdings wird er erst in der Nacht seine Arbeit aufnehmen; jetzt kommt er von Stanley, wo der Kapitän seine Fanglizenzen vorgelegt und gegebenenfalls erneuert sowie Öl oder Proviant aufgenommen hat.

Nach dem erfolglosen Versuch der Falkländer, eine eigene Fischereiflotte aufzubauen, schöpfen jetzt viele Schiffe anderer Nationen den Reichtum des Meeres rund um die Falkland-Inseln ab. Innerhalb einer Zone von 150 Meilen, der Interim Conservation & Management Zone, müssen Japaner, Taiwanesen, Koreaner, Polen und Spanier (um diejenigen zu nennen, die rund um Fakland am intensivsten fischen) dafür bezahlen, daß sie hier ihre Netze auswerfen dürfen. Knapp zwei Drittel des Einkommens, das die (britische)

Magellangänse beleben fast überall die Landschaft (oben und unten), Tang- oder Kelpgänse halten sich an den Seetang (Seiten 278/279).

Schneeweiß, aber recht verschieden: der Scheidenschnabel (oben) und der Tangganter an der Spitze seiner Familie (unten).

Regierung der Falkland-Inseln verbucht, stammen aus den Fischereilizenzen. Mit je zwei schnellen Schiffen und Flugzeugen überwachen die Behörden die Einhaltung der Bestimmungen. Was nicht ausschließt, daß »Schwarzfischer« es immer wieder einmal versuchen. So wurde vor wenigen Jahren ein Schiff aus Taiwan, das sich der Kontrolle zu entziehen versuchte, bis vor die Küste Südafrikas verfolgt.

Den größten Teil des Fischfangs machen »Tintenfische« (Squid) aus. Die zur Klasse der Kopffüßer gehörenden Schalenweichtiere sind indessen gar keine Fische, sondern gehören mit etwa 730 Arten zur Unterklasse der Tintenschnecken *(Dibranchiata).* Zu »Tintenfischen« sind die in großen Schwärmen lebenden Meeresbewohner geworden, weil sie aus der Anhangdrüse ihres Enddarmes zur Irritierung von Verfolgern eine dunkelbraune bis rötliche Flüssigkeit ausstoßen. Die Wände des japanischen Schiffes vor uns sind voll davon. Unter den Tintenschnecken erfreuen sich die von tierischer Nahrung lebenden Kalmare zu ihrem Nachteil besonderer Vorliebe bei den Menschen. So machen denn auch in manchen Jahren zwei Arten von ihnen, *Illex argentinus* und *Loligo gahi,* mehr als zwei Drittel der gesamten Fänge aus. 1988 waren es

264 000 Tonnen, wovon Illex mit 210 000 Tonnen den größten Anteil hatte. Danach kamen 51 000 Tonnen Seehecht und 48 000 Tonnen Südlicher Blauer Wittling. Alle übrigen Fisch- und Kalmararten ergaben 32 000 Tonnen. 1991 fielen die Fänge von Illex und Loligo um mehr als 30 000 Tonnen zurück, an Seehecht kamen gerade gut 7000 Tonnen zusammen. 1994 mußte die Saison vorzeitig geschlossen werden, da die Ergebnisse noch schlechter waren und sich eine Überfischung abzeichnete.

Die kurzlebigen Kalmare, die in den Falklandgewässern laichen, sind neben Fischen und als »Krill« bekannten Leuchtkrebsen (vier bis sechs Millimeter lange Tiere, die wie Garnelen aussehen, Leuchtorgane haben und in Schwärmen von 100 Millionen und mehr Mitgliedern auf der Suche nach Kleinstlebewesen das Salzwasser durchfiltern) die Nahrungsbasis für die vielen Vögel und für die Robben, die auf Falkland leben. Obwohl ein Zusammenhang noch nicht nachgewiesen ist, vermuten Naturkundler in der starken Befischung der Gewässer um Falkland die Hauptursache für einen besorgniserregenden Rückgang bei einigen fischfressenden Vogel- und Säugetierarten auf den Inseln.

»Falklands Conservation«, die in Stanley ansässige, aktive Naturschutzorganisation, stellt in ihrem Bericht über die Brutstation 1993/94 eine weitere Abnahme im Brutbestand von Felsenpinguinen, Eselspinguinen und Magellanpinguinen fest. Dramatisch ist die Entwicklung bei den Felsenpinguinen *(Eudyptes crestatus)* zu nennen. Für die etwa 60 Zentimeter langen, im aufrechten Gang – wie alle Pinguine – um ein Viertel kleineren, »Rockhopper« sind die Falkland-Inseln der wichtigste Brutort. Mehr als die Hälfte der Weltpopulation hüpft ihrem Namen gemäß hier die Felsen hoch, um in dichtgedrängten Kolonien zu brüten. Ob aber die vor einigen Jahren veröffentlichte Zahl von

Auch mit den eigenen Artgenossen gibt es in der Kolonie mitunter Streit. Deshalb werden die jungen Eselspinguine von ihren Eltern ungern allein gelassen, auch wenn sie schon etwas älter sind. Ein Altvogel ist meistens bei ihnen, schon wegen der Skuas. Auch auf den Falkland-Inseln sind immer häufiger Pinguine mit ölverschmierten Bäuchen zu sehen, eine Folge der schleichenden Ölverschmutzung der Meere.

Unterhalb der auf ihren Topfnestern hockenden alten und jungen »Mollymauks« wirken die Felsenpinguine wie Zwerge. Beide Vogelarten, so verschieden sie sind, brüten gern zusammen. Die Nistgemeinschaft bietet eine größere Sicherheit. Allein der ohrenbetäubende Lärm hält manchen potentiellen Eindringling davon ab, hier auf Beutefang zu gehen.

zweieinhalb Millionen Paaren noch gültig ist, muß bezweifelt werden, wenn man die Auswertungen der Brutbestände zwischen 1991 und 1993/94 und dazu die Vergleichszahlen aus früheren Jahren von einigen wichtigen Plätzen liest. Auf Beauchêne Island beispielsweise brüteten 1980/81 etwa 300 000 Paare, 1991/92 nur noch 72 000. Auf New Island, wo wir als Gäste von Ian Strange und Tony Chater mehrere Tage verbringen und unvergeßliche Naturbeobachtungen machen, ging der Bestand der »Rockies« von 125 000 Paaren zu den Brutzeiten 1976/78 auf 4000 Paare zwischen Oktober 1992 und April 1993 zurück. Die Nachwuchsrate lag 1993/94 in einigen ausgesuchten Kolonien zwischen 60 und 85 Prozent (Küken pro Nest), was bei zwei Eiern zu gering ist.

Wenn auch über einen weit längeren Zeitraum, dafür aber um so drastischer ist der Bestand an Südlichen Seelöwen auf Falkland zurückgegangen: von 300 000 Tieren Mitte der dreißiger Jahre über 30 000 im Jahr 1965 auf heute nur noch 3000 – innerhalb von dreißig Jahren also um 99 Prozent. Dafür kann die erst in den achtziger Jahren drastisch gesteigerte Befischung nicht der Grund sein.

So sehen wir denn auch auf »Sea Lion Island«, das ein ideales Ziel für Ökotouristen ist, keinen einzigen Seelöwen, als wir dort auf unserer Reise zum westlich von Westfalkland gelegenen »Naturreservat« *New Island* vor Anker gehen. Statt von ihnen werden wir nicht nur vom Betreiber der Lodge, sondern auch von mehreren Dutzend See-Elefantenbullen begrüßt, die jetzt, nach der Paarungszeit, faul am Strand liegen. In einer Brutkolonie von Riesensturmvögeln sitzen knapp zur Hälfte ausgewachsene Junge im Sand; kein einziger Altvogel läßt sich blicken. Für den in der Nähe seine drei Jungen bewachenden Südlichen Karakara *(Phalcoboenus australis),* hier Johnny Rook

genannt, sind die jungen Riesensturmvögel als Beute bereits zu groß, und auch die Skuas wagen sich nicht mehr an sie heran.
Zum Höhepunkt unserer Reise wird unser Aufenthalt auf New Island. Wir ankern mehrere Tage in der windgeschützten Bucht und verbringen die Zeit vom frühen Morgen bis zum späten Abend auf der rund zwölf Kilometer langen Insel. Von den 61 auf den Falkland-Inseln brütenden Vogelarten (die beiden »Importe« Haussperling und verwilderte Hausgans mitgerechnet) kommen die meisten hier vor. Ian Strange, ein weit über die Falkland-Inseln hinaus bekannter Naturforscher und -schützer, Autor vieler Bücher sowie exzellenter Maler und Fotograf, lädt uns ein, die Insel zu erforschen. Ebenso Tony Chater, mit dem sich Ian Strange die Insel als Eigentum teilt. Ian Strange gründete Anfang der siebziger Jahre die »New Island Wildlife Conservation Foundation«, mit deren Hilfe auch künftig der natürliche Zustand des 230 Kilometer westlich von Stanley gelegenen Eilandes erhalten werden soll.
Was alles zu schützen ist, sehen wir auf Schritt und Tritt. Neben den Mangellangänsen, die hier besonders vertraut sind, treffen wir mehrfach auf die etwas kleineren Tanggänse. Bei der Art *Chloephaga hybrida* ist der Ganter ganz weiß, die Gans wirkt von weitem fast schwarz. Auf eine große Kolonie von Schlankschnabelwalvögeln *(Pachyptila belcheri)* werden wir durch viele herumliegende Flügel und Köpfe aufmerksam. Die in der Dämmerung oder bei Dunkelheit vom Meer zurückkehrenden Walvögel sind Opfer von Raubmöwen und Karakaras geworden, die sie meistens am frühen Morgen beim Verlassen ihrer in den Torf gegrabenen Bruthöhlen erbeuten. Auch die Reste von Sturmschwalben und anderen kleinen »Röhrennasen«, die das gleiche Schicksal erlitten haben, erkennen wir. Prions, Petrels und Shearwaters, wie die Engländer Walvögel, Sturmschwalben und Sturmtaucher nennen, mußten früher auf einigen größeren Inseln auch vor dem »warrah«, dem »Falklandwolf«, auf der Hut sein. Doch der letzte Vertreter der Art, *Dusicyon australis,* wurde 1876 bei Shallow Harbour geschossen. Statt des großen Fuchses von einst leben hier heute einige »mitgebrachte« graue Patagonienfüchse.
Zwei halbe Tage verbringe ich an der Stelle,

Falkland-Kormorane oder »Königskormorane« (oben) und Felsenpinguine (unten: vor einem Albatrosnest) schließen sich ebenfalls gern zur Brutzeit zusammen (oben).

Von links oben nach rechts unten: Landung und Aufstieg der Felsenpinguine bei ihrer Kolonie. Wo die Vegetation fehlt, hausen die kleinen Meeresvögel, die sich nur während der Brut und Jungenaufzucht längere Zeit auf festem Boden aufhalten. Gras und andere Pflanzen sterben durch den Kot, Nahrungsreste und das dauernde Auftreten mit den Schwimmfüßen überall dort ab, wo sich Pinguine für längere Zeit niederlassen.

Königspinguine sind nicht nur besonders schön gefärbt, sondern auch die zweitgrößte Art ihrer Familie. Daher sind sie als Zootiere aber auch zur – verbotenen – kurzlebigen Bereicherung des Swimmingpools begehrt. Ihr Ei wärmen die Vögel in einer Bruttasche auf den Füßen (unten), aus der später das Junge Kopf und Hals zur Fütterung steckt (Seite 287).

an der sich Hunderte von Felsenpinguinen von den Wellen auf die Klippen werfen lassen. Genauer: Die Vögel nutzen die Brandungswellen und springen torpedogleich wie Delphine auf das Küstengestein. Dabei müssen sie achtgeben, nicht von einem Seelöwen oder Seebären, die vor dem Landeplatz auf- und abschwimmen, ergriffen zu werden. Den Rockhoppern zuzuschauen, wie sie im Eilschritt dicht gedrängt von Fels zu Fels springen und dann in langer Reihe zu ihrer Brutkolonie aufsteigen, gehört zu den bewegendsten Eindrücken, die ich vom Falkland-Aufenthalt mit nach Hause nehme. Es gäbe noch viel zu berichten: Stundenlang sitzen wir inmitten einer gemischten Kolonie von Schwarzbrauenalbatrossen, Felsenpinguinen und Königskormoranen, an deren Rand Scheidenschnäbel *(Chionis alba)*, die weißen »antarktischen Tauben«, auf eine günstige Gelegenheit warten, um ein Ei oder einen kleinen Jungvogel zu rauben. Sie geben sich aber auch mit den Nahrungsresten oder den Ausscheidungen der Koloniebrüter zufrieden. Der Futterbrei aus Krill und Tintenfisch sorgt für eine gleichmäßige rotbraune Färbung des Brutplatzes.

Am liebsten wäre ich vier Wochen auf New Island geblieben, hätte noch länger die Bärenrobben oder Seebären beobachtet, hätte mich ausführlicher zwischen den verrosteten Maschinen der Firma Lanz aus Mannheim umgesehen, die bis in dieses Jahrhundert hinein der Verarbeitung von Tausenden von Walen, Zehntausenden von Robben und Hunderttausenden von Pinguinen zu Öl gedient haben, hätte mich mit den Eselspinguinen angefreundet und gelernt, besser auf die Sturzflugangriffe der Großen Raubmöwen (Skuas) zu reagieren, doch vielleicht wäre ich dann gar nicht mehr weggekommen von New Island, so wie es Ian Strange geht, der seit mehr als dreißig Jahren vom Frühling bis zum Herbst dort lebt.

Die Lungen der Erde atmen immer schwerer

Wann und wo immer ich in einen Wald eintrete, verändert sich meine Stimmungslage. Auch wenn ich mich schon vorher wohl fühle, im Wald wird es noch besser. Das ist, soweit ich mich erinnern kann, schon in meiner Kindheit so gewesen. Auch heute noch kommt es mir so vor, als würde sich mir eine andere Welt auftun, sobald ich unter den ersten Bäumen stehe. Ich sehe anders, ich höre anders, ich rieche anders, ich atme anders, ich fühle anders. Letzteres sogar in doppelter Hinsicht. Denn zum einen verändern sich meine Empfindungen, zum anderen benutze ich im Wald gern meine Hände. Ich berühre die Rinde der Bäume, fasse Blätter, Nadeln und Zweige an, nehme vom Boden Blätter, Nadeln oder Erde auf, zerreibe etwas in der Hand.

Schon in meiner Kindheit hat mein Vater mich immer in den Wald mitgenommen. Von ihm lernte ich, Eiche und Buche zu unterscheiden. Er erklärte mir den Unterschied zwischen Grünspecht und Grauspecht, zwischen Rotwild und Damwild. Der Wald hatte für mich von Anfang an etwas Geheimnisvolles, aber auch etwas Selbstverständliches. Nie habe ich mich nur eine Sekunde im Wald gefürchtet. Je größer die Bäume waren, desto mehr Vertrauen flößten sie mir ein.

Mein eigenes Waldbild ist vom norddeutschen Laubmischwald geprägt, einer Wald-

Bis auf einige blühende Bäume erscheint der immergrüne tropische Wald (das Foto rechts wurde in der südmexikanischen Provinz Oaxaca aus dem Flugzeug aufgenommen) von oben wie eine geschlossene grüne Decke. Doch bei näherem Hinsehen sind unterschiedlich hohe und sowohl in der Kronenausformung als auch in der Blätterform stark voneinander abweichende Bäume zu erkennen. Die Vielfalt der Baumarten und ihre große Altersspanne begründet die Vielfalt der Tierarten in den Tropenwäldern.

Dem viel beklagten Raubbau an den Tropischen (Regen-) Wäldern (das obere Foto entstand im atlantischen Regenwald – Mata Atlantica – im Osten Brasiliens) fällt alljährlich eine Fläche zum Opfer, die halb so groß wie Deutschland ist. Nur wo wirksam genügend große und überwachte Schutzgebiete eingerichtet werden, bleiben die einmaligen Lebensgemeinschaften ursprünglicher Wälder langfristig erhalten – wie etwa am Mount Pirongia in Neuseeland (Seite 291).

form, die nicht etwa einen Urwald, sondern einen vom Menschen beeinflußten Wald darstellt. Da ich das Glück hatte, in einer Gegend aufzuwachsen, in der nicht die Holzproduktion das allein bestimmende Moment des Waldes ist, sondern in der Menschen vom Wald eine vielfältige Funktion erwarten und ihm relativ viel Freiheit zur eigenen Entwicklung lassen, hielt ich diese Wälder mit Bäumen verschiedener Altersklassen und in bunter Zusammensetzung überwiegend heimischer Arten wie Buche, Eiche, Ahorn, Esche, Erle, Birke, Fichte, Kiefer und Weißtanne lange für »urig«. Auch heute sehe ich in diesen Wäldern noch ein gewisses Abbild vom natürlichen Wald. Naturnah sind sie in jedem Fall.

So hat sich mir ein bestimmtes Bild vom Wald eingeprägt, ähnlich, wie es bestimmte Landschaftsbilder sind, die ich als »schön« oder »vertraut« oder als »natürlich« empfinde. Damit begehe ich allerdings schon einen schweren Fehler in der Beurteilung von Wäldern und in der Einschätzung ihrer Behandlung durch den Menschen. So wie die Natur im allgemeinen ist der Wald auch ohne menschliches Zutun einer ständigen Veränderung ausgesetzt. Der Wald befindet sich nicht in einem Zustand, sondern in einem Prozeß. Durch das Wachsen und Sterben von Bäumen und übrigen Pflanzen, durch die Auswirkungen von Klima, Jahreszeiten, Wetter, Feuer, durch die Beeinflussung durch Tiere, Veränderungen im Boden und in der Luft wird jeder Wald von einer Kette aufeinanderfolgender Sukzessionen geprägt. Unter normalen Umständen verändert sich ein Wald langsam, aber stetig. Kommen natürliche Katastrophen wie Feuer, Sturm oder Schneebruch und im Gefolge der Befall durch Insekten hinzu, so kann sich ein Wald schnell, manchmal geradezu schlagartig wandeln. Aber auch solche Ereignisse gehören in die dynamische Entwicklung einer Waldgemeinschaft.

In Mitteleuropa sind solche von der Natur diktierten biologischen Prozesse mit ihren vielen Zufällen weitgehend durch den Menschen, genauer: durch den Förster, ausgeschaltet. In vielen nordischen, den borealen Nadelwäldern, und in den tropischen Wäldern haben bis vor kurzem die natürlichen Prozeßabfolgen die Waldentwicklung nahezu ausschließlich bestimmt. Erst in den letzten Jahrzehnten hat der Mensch der Natur auch hier zunehmend ins Handwerk gepfuscht. Nachdem er fast alle Wälder in den gemäßigten Zonen unter sein Gesetz der »Waldbewirtschaftung« gestellt hat, bringt er nun Stück für Stück den bis jetzt noch großen Anteil der übrigen Wälder unter seine Kontrolle. Das geschieht zunächst fast immer durch Zerstörung.

Nach der unter dem Titel »Unsere Verantwortung für die Erde« gemeinsam von IUCN (International Union for the Conservation of Nature), UNEP (United Nature Environment Programm) und WWF (World Wide Fund for Nature) 1991 herausgegebenen »Strategie für ein Leben im Einklang mit Natur und Umwelt« bedecken Wälder, Baumsavannen und Buschland etwa 40 Prozent der Landfläche der Erde. In Zahlen ausgedrückt sind das 53 Millionen Quadratkilometer, von denen 29 Millionen Quadratkilometer auf geschlossene Wälder entfallen. Zu Beginn des 18. Jahrhunderts waren es noch rund sechs Millionen Quadratkilometer mehr. Von den 29 Millionen Quadratkilometern zusammenhängenden Waldes liegen 42 Prozent in den Tropen, 26 Prozent in den gemäßigten Zonen und 32 Prozent im subarktischen Norden.

Bis vor kurzem hatte man sich daran gewöhnt, in jedem Jahr neue erschreckende Zahlen über das Schwinden des Tropenwaldes zu erfahren. Jährlich wurden mit etwa 180 000 Quadratkilometern (das ist flächenmäßig gut die Hälfte der Bundesrepublik Deutschland) knapp zwei Prozent der Tropenwälder in Asien, Afrika und Lateinamerika vernichtet: zur Gewinnung von Ackerfläche und Weideland, zur Holzgewinnung, zur Industrieansiedlung, Verkehrserschließung und zur Befriedigung vieler anderer menschlicher Nutzungsansprüche. Galt früher der Wald, insbesondere der Urwald, dem Menschen als Feind, den es zu besiegen galt, so haben sich ganz besonders in den letzten

Jahrzehnten die Ansichten stark gewandelt. Aufgrund besserer naturwissenschaftlicher Erkenntnisse ist längst bekannt, daß die Wälder für die Erde und damit für die Menschen lebenswichtig sind. Atmosphäre, Klima, Luft und Wasserhaushalt sind von ihnen stark beeinflußt. Die Wälder, insbesondere die tropischen, beherbergen den größten Teil der an Land lebenden Tiere und Pflanzen. Wälder sind das größte Süßwasserreservoir der Erde. Als äußerst vielfältige Ökosysteme versorgen sie darüber hinaus viele Menschen mit Nahrung und Energie. Neben dem Brennholz liefern die nachwachsenden Rohstoffe des Waldes Baumaterial und Zellstoff. Dank ausgefeilter technischer Entwicklungen lassen sich heute die Produkte des Waldes zu einer unendlich großen Vielzahl von Stoffen verarbeiten. Nicht zuletzt gilt der Wald als große Apotheke, deren Möglichkeiten noch lange nicht erschöpfend erforscht sind. Auf einem einzigen Quadratkilometer Tropenwald gibt es oftmals mehr Pflanzen- und Tierarten als auf tausend und mehr Quadratkilometern Wald der gemäßigten und borealen Zonen. Viele Arten leben im Tropenwald auf eng begrenztem Raum – daher die große Artenfülle. Ein einziger Urwaldriese beherbergt mitunter mehrere hundert verschiedene Insektenarten.

Die Bilder und Nachrichten aus Ländern wie Brasilien, Kamerun und Malaysia, um nur einige der Tropenwald-Länder zu nennen, wurden in den achtziger Jahren so erschreckend, daß der Ruf: »Rettet den Tropenwald!« immer lauter wurde. Gerade in den »entwickelten« Ländern des Nordens, in denen viele Jahrhunderte zuvor die Wälder gerodet waren und seit vielen Generationen eine »geordnete Forstwirtschaft« das Waldbild geprägt hat, fühlten sich immer mehr Menschen dazu berufen, sich für den Erhalt der Tropenwälder einzusetzen. Neben vielen nichtstaatlichen Organisationen, etliche eigens für den Tropenwaldschutz gegründet, machten sich auch Regierungen, unter ihnen die der Bundesrepublik Deutschland, zu Fürsprechern der Tropenwälder. Die betroffenen Staaten weisen zu recht darauf hin, daß sie nur in der Lage sind, im Interesse der Menschheit einen Teil der Tropenwälder zu erhalten, wenn die reichen Länder dafür bezahlen. Und sie machen darauf aufmerksam, daß schließlich die reichen Länder früher mit ihren Wäldern nicht anders umgegangen seien: Die heutige Kulturlandschaft in Mitteleuropa und in Nordamerika etwa wäre ohne eine großräumige Vernichtung ursprünglicher Wälder gar nicht denkbar.

Die Tropenwälder nehmen weiter ab. Schon das derzeitige Tempo, mit dem in Lateinamerika, in West- und Zentralafrika und in Südostasien die ursprünglichen Wälder zerstört werden, zu verlangsamen wäre ein Erfolg. So zielt der WWF in seiner globalen Waldstrategie darauf ab, bis zum Jahr 2000 den Verlust und die Zerstörung (beides ist nicht immer identisch) von Wäldern zu beenden und die Entwicklung umzukehren.

Dabei geht es längst nicht mehr nur um die geschlossenen tropischen Wälder, von denen sich mehr als die Hälfte in nur drei Staaten befindet: in Brasilien, in Zaire und in Indonesien. Erst spät, dafür aber um so intensiver, sind die Wälder der gemäßigten Zonen ins Visier der Natur- und Klimaschützer geraten. Vor lauter Konzentration auf die tropischen Wälder sind die großen Waldgebiete in den gemäßigten Zonen und im subarktischen Norden lange Zeit unbeachtet geblieben. Berichte über riesige Kahlschläge in Skandinavien, in Kanada und Alaska haben Ende der achtziger Jahre die Welt aufhorchen lassen. Mit der Änderung der politischen Verhältnisse in der ehemaligen Sowjetunion gibt es von Jahr zu Jahr auch mehr Erkenntnisse über den Raubbau an Wäldern in der sibirischen Taiga. Amerikanische, japanische, koreanische und taiwanesische

Der größte Teil der europäischen Wälder ist im Lauf der letzten Jahrhunderte in Wirtschaftsforste umgewandelt worden. Nicht überall sehen sie so traurig aus wie der nach einem Windwurf aufgeräumte Kiefernwald (Seite 292 oben). In einem natürlichen Laubmischwald wächst eine junge Eiche zwischen alten Bäumen heran (Seite 292 unten); eine Buche stirbt einen natürlichen Tod.

Auch in naturnahen oder gar ursprünglichen Wäldern der gemäßigten Zonen gibt es eine wesentlich größere biologische Vielfalt als in den vom Menschen nach forstwirtschaftlichen Kriterien bewirtschafteten Holzplantagen. Ein gesunder Mittelweg zwischen Naturschutz und Nutzung ist für den größten Teil der Wälder ein anzustrebendes Ziel. Mittelfristig aber sollen auch in Mitteleuropa mindestens zehn Prozent der Waldflächen einer natürlichen, vom Menschen unbeeinflußten Entwicklung überlassen werden. In solchen Wäldern wachsen auch viele Pilzarten in großer Zahl – wie auf dem Foto oben, das im Bayerischen Wald entstand.

Konzerne haben Abholzkonzessionen für riesige Waldgebiete gekauft und sind rund um die Arktis dabei, ein Zerstörungswerk ohnegleichen anzurichten.

Doch nicht nur im Norden fallen die Wälder der borealen Zone. Auch auf der südlichen Erdhalbkugel werden riesige Wälder zu Bauholz, meistens sogar zu Chips verarbeitet. Ein besonders schlimmes Beispiel in dieser Beziehung gibt Chile. Dort fallen die schönen Araukarienwälder entlang der langen Küste und landen in Form riesiger Berge als Holzschnitzel in den Häfen zur Weiterverarbeitung und zum Export nach Fernost. Wie die Tropenwälder, von denen weniger als die Hälfte immerfeuchte Regenwälder sind, sind auch die Wälder der gemäßigten Zonen die Lebensstätte vieler Tiere und Pflanzen. Zwar gibt es in der Regel in den Wäldern der gemäßigten Zonen nicht eine derartige Vielzahl von Arten, dafür aber ist meistens die Individuenzahl, das heißt die Dichte der Tier- und Pflanzenarten, wesentlich höher.

Wie sich der Tropenwald gürtelartig zu beiden Seiten des Äquators um die Erde spannt(e), so erstreckt sich um die nördliche Halbkugel die boreale Nadelwaldzone von Skandinavien über die Sibirische Taiga nach Alaska und Kanada. Mit einer Fläche von 920 Millionen Hektar stellt sie das umfangreichste geschlossene Waldgebiet der Erde dar. Mehr als zwei Drittel dieser Wälder, 673 Millionen Hektar, liegen in Rußland, den nächstgrößten Anteil hat Kanada mit 198 Millionen Hektar. Finnland folgt mit 19,5 Millionen Hektar, Schweden mit 18,4 Millionen Hektar, Norwegen rangiert mit 15,9 Millionen Hektar immerhin noch vor Alaska mit 5,0 Millionen Hektar. Diese Wälder zeichnen sich durch wenige Baumarten wie etwa Fichte, Kiefer, Lärche, Birke oder Zitterpappel aus. Gelingt es nicht, den derzeitigen Raubbau im Bereich der borealen Nadelwälder in ein vernünftiges Maß der nachhaltigen Nutzung zu bringen, so wird deren fortlaufende Vernichtung nach Einschätzung von Klimatologen und Biologen Auswirkungen auf die Erdatmosphäre und die biologische Vielfalt haben, die nicht wiedergutzumachen sind.

So wichtig es ist, auf Fehlentwicklungen in der Behandlung von Wäldern in anderen Ländern und Klimazonen hinzuweisen, so wenig darf das dazu führen, über eigene Versäumnisse hinwegzusehen. Zu lange sind die meisten Wälder in Mitteleuropa in erster Linie als Wirtschaftswald betrachtet worden. Erst durch die zunehmend negativen Umweltbedingungen und ein gestiegenes Naturschutzverständnis macht sich langsam eine veränderte Betrachtungsweise breit. Die jährliche Erhebung der sogenannten neuartigen Waldschäden zeigt, daß in Deutschland die Wälder einer großen Belastung durch Umwelteinflüsse ausgesetzt sind. Im Jahr 1993 waren nach dem »Nationalen Waldbericht« nur 36 Prozent des Waldes ohne Schadmerkmal. 40 Prozent wurden in der Schadstufe I (Warnstufe, 24 Prozent) als deutlich geschädigt registriert. Läßt sich gegen die durch die Luft eingetragenen Schadstoffe nur überregional und politisch etwas unternehmen, so sind viele nachteilige Entwicklungen in mitteleuropäischen Wäldern durch die Eigentümer unmittelbar korrigierbar. Und Korrekturen sind vielerorts angebracht. Denn die Wälder sind auch hierzulande die wichtigsten Lebensräume für die

wildlebenden Tier- und Pflanzenarten. So etwa kommt rund die Hälfte aller Farn- und Blütenpflanzen in Wäldern vor. Von den rund 45 000 Tierarten in Deutschland, so dokumentiert es der »Nationale Waldbericht« vom April 1994, kommen allein in Buchenwäldern etwa 6800 vor. Zwar zählt der größte Teil dieser Arten zu den Insekten, doch sind auch die meisten Großsäugetierarten und viele Vogelarten an den Wald gebunden. Je naturnäher die Struktur eines Waldes ist, desto vielfältiger ist die Zusammensetzung seiner Bewohner und um so größer ist ihre Zahl.

Um auch in einer dicht besiedelten Landschaft den Wald als einen Hort großer Artenvielfalt zu erhalten, sind in der Zukunft Veränderungen im Umgang mit den Wäldern und ihrer Bewirtschaftung notwendig. Sicherlich geht es nicht darum, überall in Europa wieder Urwald entstehen zu lassen. Eine solche Wunschvorstellung wäre völlig unrealistisch. Aber es muß möglich sein, daß mindestens zehn Prozent aller Wälder als Naturwaldzonen und Totalreservate ausgewiesen werden, daß die Wälder in allen Nationalparken vollkommen von der Bewirtschaftung ausgenommen und ihrer natürlichen Entwicklung überlassen werden, daß in der Zukunft nur standortgemäße Baumarten gepflanzt und gefördert werden, daß die Einzelstammnutzung vor dem flächenhaften Kahlschlag kommt und daß schließlich für Deutschland etwa, das zu 30 Prozent bewaldet ist, der Dauermischwald die überwiegende Waldform ist.

In die Waldbewirtschaftung muß das Prinzip der Nachhaltigkeit auch in bezug auf die biologische Vielfalt und den Ablauf natürlicher Prozesse Einzug erhalten. Zwar wird der Wald weiter als Holzlieferant dem Menschen Nutzen bringen, doch wird die Naturschutzfunktion in einer immer stärker belasteten Welt künftig noch wichtiger sein.

Nicht einmal ein Prozent der Wälder in Mitteleuropa ist noch so naturnah wie dieser Bergmischwald an der bayerisch-böhmischen Grenze im Nationalpark Bayerischer Wald. *Ursprünglich ist auch er nicht mehr. In Osteuropa fallen nach dem Wandel der politischen Verhältnisse die dort noch vorhandenen Urwälder in großer Geschwindigkeit den Sägen zum Opfer.*

Das nicht immer gute Geschäft mit der Natur

An den Iguacu-Wasserfällen zwischen Brasilien und Argentinien kann man, obwohl die Natur Gegenstand der Bewunderung ist, schwerlich noch von ökologisch verträglichem Tourismus sprechen. Hubschrauber knattern bei ihren Rundflügen über dem Naturschauspiel, es gibt umstrittene Pläne für eine Seilbahn. Allein dem schwierig zu begehenden Gelände ist es zu verdanken, daß die Menschenströme sich auf bestimmte Wege und Plätze konzentrieren (rechts).

Die Anzeige hatte eine Reise ins Herz der Natur versprochen. Hautnahen Kontakt mit den Wildtieren Afrikas sollte der Reisende erhalten, die Wildnis erleben, wie es sonst nicht möglich ist. Nun sitzt der Tourist, der eine Safarireise nach Ostafrika gebucht hat, mit sechs anderen Personen in einem VW-Bus und folgt im Schrittempo einem Gepard in Kenias *Amboseli Nationalpark.* Wenn er das Glück hat, gerade einmal an der Reihe zu sein, mit seiner Kamera aus dem aufklappbaren Dach herausschauen zu können und dabei seinen Blick auf den über den ausgedörrten Sandboden laufenden Gepard zu konzentrieren, sieht er die anderen Fahrzeuge, die der Raubkatze in maßvoller Geschwindigkeit folgen, nicht. Anfangs sind es nur zwei gewesen. Nach zehn Minuten folgten bereits sieben Fahrzeuge dem Tier, und nun – inzwischen ist gut eine halbe Stunde vergangen, seit der eigene Fahrer durch den Funkspruch eines Kollegen auf das Fotoobjekt aufmerksam gemacht wurde – haben sich mehr als 30 Kleinbusse und Geländefahrzeuge um die Großkatze versammelt. Sie scheint dieses Spiel zu kennen, macht aber durchaus keine gute Miene zum bösen Spiel. Das gefleckte Katzentier zeigt sich vielmehr zunehmend frustriert. Da es irgendwann vor lauter Autos nicht mehr weiß, wohin es laufen soll, setzt es sich schließlich auf den Boden. Das fassen nun endgültig alle Fahrer und die sie antreibenden »Erforscher der Wildbahn« dahingehend auf, daß das Tier sich bereitwillig fotografieren lassen wolle. Im Nu hat sich ein dichter Kreis von in mehreren Reihen stehenden Autos gebildet. Wie in einer Wagenburg, ohne Chance, daraus zu entweichen, sitzt der Gepard und blickt geradezu verzweifelt in die Runde. Hunderte von Teleobjektiven sind auf den schnellsten Beutegreifer Afrikas gerichtet, doch er kann sich nicht einmal mehr im Zeitlupentempo fortbewegen. Die Meute der Fototouristen hat ihn gestellt. Die Fahrer sind froh, daß sie ihrer Klientel etwas bieten können. Wären jetzt nicht so viele gleichzeitig da, so würde der eine oder andere Fahrer sicherlich noch etwas unternehmen, für etwas »action« sorgen. Hier wird das Gesetz der Wildbahn vom Geschäft des Tourismus bestimmt. Im Nationalpark, in dem eigentlich die Natur Vorrang haben soll, geben oftmals diejenigen den Ton an, die das Geld bringen oder verdienen.

Wäre da nicht die Vorschrift, daß zur Dunkelheit alle Autos in den Camps sein müssen, dann müßten viele Wildtiere schlicht verhungern, weil sie überhaupt nicht mehr ohne menschliche Verfolger leben und demzufolge keine Beute mehr machen könnten. Solche Geschichten sind nicht erfunden, sondern man hört sie häufig von aus Ostafrika zurückkehrenden Urlaubern. Aber so muß es nicht überall mit einer Form des Reisens aussehen, die in den vergangenen Jahren eine steigende Konjunktur hat. Es gibt viele Namen für das Reisen in die Natur: Ökotourismus, Natourismus, sanftes Reisen, grüner, umweltfreundlicher, alternativer, naturverträglicher, nachhaltiger und stiller Urlaub oder Tourismus sind einige der Bezeichnungen, die für eine Form des Ferienmachens werben, von der letztlich niemand eine klare Vorstellung hat.

Auf der einen Seite geht es darum, den Menschen für »die kostbarste Zeit des Jahres« eine Alternative abseits vom Massentourismus

Afrika gibt es zunehmend »Wildfarmen« und private »Naturoasen«, deren Besitzer überwiegend vom Tourismus leben.) Andererseits befürchten Naturschützer, nicht selten zu recht, daß ein zu starkes Anwachsen des Ökotourismus nachteilige Folgen für die Natur haben kann.

Die Galapagos-Inseln vor Ecuadors Küste sind ein gutes Beispiel dafür. Noch vor 20 Jahren gab es einige tausend Besucher im Jahr, und auch damals schon warnten diejenigen, die um Darwins Erbe besorgt waren. Heute landen fast 60 000 Besucher jährlich mit Flugzeugen und Schiffen, um die Wiege der Evolutionslehre aus eigener Anschauung kennenzulernen. Die Inseln haben trotz streng gelenkter Besucherführung in den letzten Jahren zunehmend Schaden erlitten. Beispiele für die übermäßige Nutzung natürlicher Ressourcen durch Touristen gibt es mittlerweile reichlich. Zehntausende von Trekkern hinterlassen in Nepal Berge von

Whalewatching, die Beobachtung von Walen an ihren Versammlungsorten, ist seit den achtziger Jahren in vielen Ländern der Erde zu einem besonderen Schlager für den Fremdenverkehr geworden. Wo die Annäherung an die großen Meeressäuger mit Motorbooten sanft und rücksichtsvoll geschieht, haben sogar die Tiere Spaß daran. Mit dieser Form des Naturtourismus steigt die Zahl der Menschen, die sich gegen eine Verfolgung der Wale einsetzen.

Müll und immer größere Schneisen, die sie zur Gewinnung von Feuerholz schlagen. Die Schäden, die durch Sporttaucher, Harpunenjäger und Freizeitkapitäne unter Wasser an den Meeresküsten jährlich angerichtet werden, sind unbeschreiblich. Bleibende Folgen unsanften Reisens lassen sich an immer mehr Orten feststellen.

Großschutzgebiete wie etwa Nationalparke und Biosphärenreservate sind als Reiseziele immer beliebter. Davon gibt es weltweit gut 5000. Noch immer nicht gibt es für alle einen Managementplan, der auch eine touristische Nutzung berücksichtigt.

Viele Großschutzgebiete hingegen können heute überhaupt nur existieren, weil sie durch die Besucher zum großen Teil finanziert werden. Zwar versteht mancher Besucher nicht, daß er »für die Natur etwas bezahlen soll«, doch ist auch das nur eine Frage des Erklärens. Staaten, die solche Einnahmen nicht wenigstens zum Teil für die Unterhaltung derartiger Gebiete verwenden, haben langfristig zweifellos das Nachsehen. In manchen Nationalparken der Vereinigten Staaten kann der Reisende erleben, was gutes Management bedeutet. Dort gibt es eine funktionierende Kontrolle, dort sind Ranger unterwegs, die den Besucher informieren, dort findet dieser vielerlei Aufklärung und Anregung.

In manchen Nationalparken allerdings ist der touristische Aspekt so weit ausgebaut, daß der Schutz des Gebietes an die letzte Stelle gerückt ist und die Natur unter dem Massenansturm leidet. Den Nachteil hat letzten Endes auch der Tourist.

Moderne Planungen für Naturschutzgebiete sehen daher Verkehrs- und Unterbringungskonzepte vor. Nur so viele Menschen gleichzeitig in ein Schutzgebiet zu lassen, wie die Natur es vertragen kann, ist ein wichtiger Leitsatz moderner Naturtourismusplanung. Mehr und mehr Nationalparke gehen daher

dazu über, ein Tages- oder Wochenlimit an Menschen festzulegen. Quartiere für die Besucher sollen möglichst nur außerhalb der Schutzgebiete entstehen.

Ein besonders wichtiger Aspekt für einen naturnahen Tourismus ist es, die lokale Bevölkerung einzubeziehen. So kritisch es ist, wenn fremdländische Touristen in ihrer oft unsensiblen Art einheimische Kulturen überrollen, die »Eingeborenen« fotografisch erschießen und bewußt oder unbewußt das Wohlstandgefälle zwischen Besuchern und Heimgesuchten demonstrieren, für so wichtig halten es die Befürworter eines sanften Tourismus, daß die Bewohner einer Region, deren Natur touristisch genutzt wird, auch ihren eigenen Nutzen davon haben. Sei es, daß Arbeitsplätze geschaffen werden, daß die Touristen handwerklich gefertigte Produkte kaufen oder, wenn es im richtigen Stil erfolgt, die einheimische Kultur gegen ein Entgelt kennenlernen. Nur wenn die einheimische Bevölkerung merkt, daß »ihre« Natur für sie einen Wert darstellt, der sich auch in klingender Münze auszahlen kann, wird sie auf lange Sicht bereit sein, diese Natur zu schützen. »Naturschutz mit und für Menschen« – so lautet die Devise des WWF, der den sanften Tourismus als ein Instrument des Naturschutzes betrachtet. Das bedeutet nichts anderes, als die Natur so zu nutzen, daß auch den künftigen Generationen die Möglichkeit erhalten bleibt, von und mit der Natur im gleichen Ausmaß zu leben, wie wir es heute tun. Oder sogar noch ausgewogener. Der Tourismus, der sich weiterhin in rasender Geschwindigkeit über die Erde ausbreitet, kann ebenfalls nur langfristig eine gute Perspektive haben, wenn er sich das Prinzip der nachhaltigen Nutzung auf die Fahne schreibt. Das gilt für den »Ökotourismus«, der zur Zeit viele grüne Blätter treibt – von denen allerdings nicht wenige sehr schnell absterben –, ganz besonders.

Aus respektvoller Entfernung beobachten und fotografieren Touristen an der argentinischen Küste See-Elefanten. Menschen mit der notwendigen Behutsamkeit und mit Respekt vor den freilebenden Tieren und Pflanzen in die Natur und an sie heranführen und darüber aufklären: So verstanden, ist der sogenannte Ökotourismus durchaus positiv zu sehen. Schließlich kann mit ihm auch Geld verdient werden, und die Bewahrung der Natur hat ihren Preis.